キャサリン・A・サンダーソン
本多明生 訳

ポジティブ・シフト

心理学が明かす幸福・健康・長寿につながる心の持ち方

The Positive Shift

Mastering Mindset to Improve Happiness, Health, and Longevity

Discover

THE POSITIVE SHIFT
by Catherine A. Sanderson

推薦の辞──本書の刊行を称えて

あなたのマインドセット（身につけている考え方・物事の捉え方）が、あなたの成功と幸せを最も予測する要因の一つである、という研究結果は明白です。著者は、この研究結果を、職場や家族、そしてあなた自身の暮らしの中でどのように応用できるのかを、実践法とエピソードを交えて紹介しています。

ショーン・エイカー（ベストセラー作家）
『成功が約束される選択の法則』『幸福優位7つの法則』著者

本書は、幸せの科学とそれを人生に活かす方法について、スマートかつ魅力的に考察しています。

ダニエル・ギルバート（ハーバード大学心理学教授）
『明日の幸せを科学する』著者

不安や鬱に苦しんだ経験がある私にとっては、あの暗い時代にこの本があれば、と思うばかりでした。本書には、この世の「イーヨー（訳注：くまのプーさんに登場する物事を悲観的に捉えてしまうところがあるキャラクター）」を「ティガー（訳注：同作品に登場する自信家でいつも明るいキャラクター）」に変えるための、証拠に基づいた実践法がぎっしりと詰まっています。私たちはもっとお気楽でご機嫌な人へと生まれ変わることができます！

著者は、時間を節約するためのお金の使い方から、旅行計画の立て方、そしてみんなに贈り物をしたほうが良い理由まで、心の健康に違いをもたらす方法について、温かな語り口で説明しています。私は、自分が心を落ち着かせて元気になろうと努力してきた中で、いつの間にか自然と身につけてきた事柄について、数多くのデータや根拠を示されたことに大きな衝撃を受けました。そして、新しいアイデアをたくさん発見することもできました。それは、「できない」というのではなく「しない」ということ、などです。

本書は希望を与える本です。私たちは、自分の考え方を変えることができます。そうすることで、もっと幸福で健康に、長生きすることさえも可能になるのです。本書の刊行を祝して乾杯！

レイチェル・ケリー（作家）
『ウォーキング・オン・サンシャイン：幸せへの52のステップ（未邦訳）
（Walking on Sunshine: 52 Small Steps to Happiness）』著者

本書は「脳を使って幸福感を高めるにはどうしたらいいか」という、一見抽象的な問いに対して、深く掘り下げた実践的なアドバイスを提供しています。希少かつ貴重な一冊です。

マイケル・ノートン(ハーバードビジネススクール教授)
『「幸せをお金で買う」5つの授業』共著者

長期的に成功した人生を送りたいと願うすべての人が求める本、それが本書です。著者はマインドセットが私たちのパフォーマンスに(良くも悪くも)強く影響する、ということを繰り返し説明しています。そして、著者は、人生のあらゆる段階で、重要な変化を起こす際に役に立つ、素晴らしい道具を私たちに提供しています。

マーク・E・アグローニン(医師)
『老いの終焉:より長くより目的にかなった人生を送るために(未邦訳)
(The End of Old Age: Living a Longer, More Purposeful Life)』著者

サンダーソン博士は、全国的に著名な素晴らしい教師、研究者、企業のスピーカー、コンサルタントとして知られています。博士は、本書を通じて、ストレスを軽減し、私たち

の生活を改善するための情報の金脈をプレゼントしてくれました。博士は、実証的で重要な研究結果やケースヒストリー、個人的な逸話や失敗談、自己診断クイズを用いて、ポジティブなマインドセットを身につけるための明確で説得力のあるキーポイントを示しています。彼女の温かく親しみやすい文体は、あなたがもっと幸せに、より健康に、もっと賢く、より長生きすることを可能にすることでしょう。望むものはこれ以上何もないはずです。

ジェームズ・B・マース博士（コーネル大学元教授・心理学主任、スリープ・フォー・サクセス社最高経営責任者）

本書は、最新の科学的知見に基づいた明晰な著作で、読者が日常生活の中で健康と幸福感を高めることを可能にするものです。私は、サンダーソン博士がご自身の人生の出来事を、他の人を助けるためにデザインされた、このタペストリーに織り込んでいく手腕をとても気に入りました。

エドワード・ホフマン博士

『しあわせへの道：毎日に喜びをプラスする50の方法（未邦訳）（Paths to Happiness: 50 Ways to Add Joy to Your Life Every Day）』著者

CONTENTS

ポジティブ・シフト

第3部 マインドセットを変える

はじめに

数年前、私は金融サービス業界のある大きな集会で、幸福に関する科学についての講演を行いました。その集会で参加者は様々なテーマのプレゼンテーションの中から一つを選んで聴講することができました。私の講演が終わると、一人の女性が私のところにやってきて、講演がとても楽しかったことを話してくれました。そして、彼女はこんなことも言ったのです。

「正直に言うと、私はあなたの話を聞きにくるつもりはほとんどなかったの。だって、あなたのことを本当に嫌いになるかもしれないと思ったから」

彼女のコメントは、(言っておきますが)思いがけないものでした。そこで、私は、彼女に対して「楽しかった」と褒めてくれたことについてお礼を述べ、さらにどうしてそんなにネガティブな予想をしていたのかについて尋ねてみました。そうすると彼女はこう答えたのです。

「一時間も幸せについて話をするくらいだから、きっとお気楽でご機嫌な人だろう、講演が終わるころにはその人の首をしめたくなっているに違いないと思っていたの」

この先何度も繰り返し述べるであろう、重要な法則を説明するために、本書の冒頭でこのエピソードを紹介しました。実際、生まれながらにして幸せな人、世の中を終始一貫してポジティブに捉えている人、いうなれば「お気楽でご機嫌な人」が確かに存在します。もし、あなたが、そんな人であるならば……おめでとうございます。あなたに本書は必要ありません。その理由は、幸福と健康を得るために正しいことをあなたは既に行っているからです。

残念ながら、私はそのような人間ではありませんでした。私は心配性なのです。渋滞にはまって飛行機に乗り遅れることはないだろうか？　この胃の痛みは癌の兆候ではないだろうか？　息子は成績がぱっとしないけれども大学に入れるだろうか？　このように、私は、もともと、楽観的な人間とは真逆のとても悲観的な人間です。

それでは、どうして私が幸福を得るための実践法に関する本を書くことができたのでしょうか？　この素晴らしい質問にお答えしましょう。

過去20年間、私は心理学についての授業を行い、様々なトピックに関する研究を行ってきました。その仕事の一環として、私は定期的に科学的な研究に目を通し、心理学の最新の研究結果に触れてきました。ここ5年ほどの間に、最も興味深く、エキサイティングな研究は、心理的・身体的な幸福感を予測する要因を検証する「ポジティブ心理学」と呼ばれる新しい分野からもたらされました。この分野の研究者たちが発見した興味深い研究成果の一部をご紹介します。

- フェイスブックに時間を費やすと悲しい気持ちや寂しい気持ちになる。[※1]
- 高額だが有名な医薬品は、たとえ同じ成分であったとしても、ジェネリック医薬品と比べて鎮痛効果が高い。[※2]
- 携帯電話をテーブルの上に置くと会話の質が低下する。[※3]
- 窓から自然を眺めることができる病室は、そうではない病室と比べて、患者の手術後の回復が早い。[※4]
- 老化について前向きな人は、そうではない人と比べて、7年半も長生きすることができる。[※5]

私は、様々な研究結果をまとめて、学生たちと共有しようとしました。そうすると、一見バラバラにみえるこれらの研究結果が、実はとても単純なことを物語っている、ということにはっきりと気づくことができました。それは、日常生活の幸福感、身体の健康状態、そして寿命であったとしても、外的な出来事ではなく、自分自身や世の中に対する自分の考え方や物事の捉え方によって大きく左右される、ということです。

フェイスブックに時間を費やすことがなぜ気分に悪影響なのでしょうか？　これは自分の生活と他の人の生活を比較してしまうことが原因です。ほとんどの人は自分の人生の良い部分だけをソーシャルメディアに投稿します。そのため、私たちは、ソーシャルメディアを見ると、他の人が、子どもの成功、素敵な休暇、輝かしいキャリアなど、常に素晴らしい出来事を経験していると考えるようになってしまいます。その結果、私たちは、自分の生活が他の人と比べて、同じようにつり合っている、とは思えなくなるのです。

高価な先発医薬品の方が安価な後発医薬品（ジェネリック医薬品）よりもなぜ効くように感じられるのでしょうか？　これは、高い薬は安い薬よりも効き目があるという、私たちの信念が身体的な心地よさを生み出すように作用することが原因です。あなたがある医療行為を受けるとしましょう。あなたは痛みについて心配しています。そのようなときに、痛みを軽減すると思われる薬剤を投与されれば、あなたの不安は大幅に低下します。不安が軽くなった結果、あなたが感じる痛みも減ることになるのです。

信念が気持ちにどのように影響するかという研究を知るにつれて、私はこの情報を使って、自分自身の思考と行動を変えることでもっと大きな幸福感を得たい、と思うようになりました。その結果、ベッドに寝転んで無心でネットサーフィンをする代わりに、素晴らしい本を見つけて読むようにしました。また、忙しくて運動ができないときでも、昼休みの時間をつかって20分ほど散歩に出かけるようにしました。

ポジティブなマインドセットをいつの間にか自然に身につけている人がいます。そのような人たちは、困難な日々のなかでも希望の光を見つけて、幸せで健康的な生活を送っています。私も含め、そうではない人は、このような楽観的な世界観を身につけるためには、時間と労力が求められます。悲観的な思考ではなく、希望の光を見つけ出す明るい思考ができるように、悪い方でなく良い方に向かう行動がとれるように（例えば、アイスクリーム容器の底にある残り物に幸せを見つけるのではなく、悲しいときこそ、元気よく自然のなかを散歩しようとするように）、自分を変えていかなければいけないのです。

幸せを得るために苦心している人もいますが、良いニュースがあります。私たちは、どんな性格の人でも、自分自身や世の中に対する考え方を少し変えるだけで、より大きな幸せと健康を手に入れることができるのです。作家のエリザベス・ギルバートは２００６年の回顧録『食べて、祈って、恋をして』で次のように書いています。

幸福は日々の努力の積み重ねの延長線上にある。あなたはそれを闘いとらなければ、努力によってもぎとらねばならない。幸福を求め、ときには世界中を旅してまわることもあるだろう。自分にとって幸せとは何かをつねに問い、それを表明しなければならない。そして、幸福な状態に達したら、それを維持することに手を抜いてはならない。永遠の幸福に向かって泳ぎ続けることに、その頂点に浮かび続けることに全力を注がなければならない。

ポジティブな考え方、楽観的な思考は、私にとって容易にできることではありませんでした。そのため、ハッピーになるために努力すること、が私には求められました。ここ数年、私は意図的に自分の考え方を、人々がもっと幸せになれる方法を示した研究結果に沿うものに変えるように努めてきました。他人のソーシャルメディアの輝かしい投稿に一喜一憂したり、自分の幸運(あるいはその欠如)を比較する代わりに、ネガティブな思考を止めて、自分が既に得ている良いことに注目するよう、自分自身の思考を変えるようにしてきました。

例えば、私の子どもは卒業生総代にはならないかもしれませんが、素晴らしい友人たちには恵まれています。そして、私たち家族はタヒチで2週間過ごすわけではありませんが、ジャージー海岸にある貸別荘でとても素晴らしい1週間を過ごしています。

私は、もともと楽観的な考え方をできるような性格ではありません。しかし、私は、時間と労力をかけさえすれば、自分を幸せにする方向に、これまで身につけてきた考え方を変えることはいつでも可能だ、ということを知りました。本書を執筆した目的は、同じように幸福感を得られずに苦しんでいる方々に、人生の質を高め、長生きにも役に立つ、科学的な根拠に基づいた具体的な方法を提供したいと考えたからです。本書があなたにふさわしい幸せを見つける一助となることを私は強く願っています。

キャサリン・A・サンダーソン

第1部

PART 1

マインドセットについて知る

第1章

マインドセットとはなにか

2015年5月1日、シリコンバレーで大成功を収めたフェイスブック（訳注：現在の社名はメタ）の元最高執行責任者であるシェリル・サンドバーグの配偶者であるデイブ・ゴールドバーグが心臓発作で急逝されました（享年47歳でした）。サンドバーグは、突如として、10歳の息子さんと8歳の娘さんという2人の幼い子どもを抱えた、夫を亡くした一人親になりました。

それから30日後、サンドバーグはこの喪失体験から自らが学んだことについて、次のように述べています。「悲劇に見舞われると、人には2つの選択肢が現れます。心に穴が開いたような空虚感を覚えます。何も考えられず、何もできず、時には息をすることすら難しい状態になります。けれども、意味を見出そうとすることもできるのです」。

本書は、そのような選択をするために必要なことについて書いています。選択することは、渋滞、仕事の面接、自動車の故障など、日常生活の些細なトラブルに対処するときはもちろんのこと、離婚、重い怪我や病気、愛する人の死など、深刻な喪失体験に直面した場合にも関係します。

不都合や苦難、大なり小なりの障壁やトラブルは人生につきものです。私たちは、ストレスを避けることはできませんし、自分自身や大切な人に悪いことが起こらないようにすることもできません。しかし、悪いことについてどう考えるか、そしてひどく困難な状況におかれても良いことを見つけられるのかどうかは、私たちがコントロールすることができます。そして最も重要なことは、ポジティブなマインドセットの身につけ方を学ぶことで、幸福感や健康、さらには寿命に至るまで、永続的な効果が得られるということです。

「思考のショートカット」

私たちは、日常生活で様々な情報にさらされています。新聞やテレビ、インターネットなどの情報以外にも、地域の人々と交流していますし、看板を眺めたり、ラジオを聞いていたりします。そして、私たちは、これらの異なる情報源から受け取る、すべての様々な情報を整理して、その意味を理解しようとしています。

しかし、すべての情報を徹底的に整理することは不可能です。そのため、私たちは、しばしば無意識のうちに、思考のショートカット（近道）を行っています。例えば、実際には全く同じワインであったとしても、1本90ドルと言われたワインの方が、1本10ドルと言われたワインよりも、はるかに美味しい、と評価します※1。

私たちは、出会う人についても思考のショートカットを使って予想しています。例えば、病院で医療従事者に出会ったときに、私たちは、その人が男性ならば医師、女性ならば看護師とみなしがちです。

世界を理解するときに使用される、この思考のショートカットは、経験から形成した私たちのステレオタイプ（固定観念）に由来します。私たちは、高価なワインは美味しいとみなしていますが、それは高品質なものにはお金がかかる、と考えていることが原因です。病院で医療従事者に出会ったときに、男性ならば医師、女性ならば看護師とみなしてしまうのも、同じように私たちの経験に関係しているのです。

私たちがメディアから入手するイメージは、こうしたステレオタイプを強化しています。例えば、メディアは、老化について、とても悲惨なイメージを視聴者に与えることが多いです。映画やテレビ番組、広告、特にテレビコマーシャルにおいて、高齢者は記憶障害を起こしたり、様々な身体的な問題に悩まされたりする様子が描写されています。視聴者は、このようなイメージに繰り返し接することによって、老化のプロセスについてネガティブな予想をもつようになります。

ここで最も重要なのは、思考のショートカットは、自分自身についての考え方に影響を与え、私たちの行動にも根本的な影響を与える可能性があるということです。ある研究によると、老化についてネガティブな信念をもつ中年層は、性行為に対する興味や楽しみが少ないと報告されています。[※2] 自分は年を取ったと感じている高齢者は、実際の年齢とは関係なく、特にセックスについてネガティブな信念をもつ傾向があります。

この例はネガティブな期待をもつことの弊害を示していますが、ポジティブな期待をもつことはプラスの結果を生むこともわかっています。例えば、「あなたが打つボールはラッキーボールです」と伝えられた人はそういうことを伝えられなかった人と比べてパターゴルフのカップイン率が35%も良くなることが報告されています。[※3] さらに、痛みを伴う活動や処置に何らかの「プラスの意味」を見出している人はそれほど強い痛みを感じなくなることも知られています。これは、へそピアスやタトゥー、エベレスト登山など、自ら進んで痛みに耐える人が多い理由を説明することができるかもしれません。そして、人間は、実際に痛みを経験したときよりも、後で痛みを思い出してもらったときのほうが、痛みの強度が弱まる傾向があるそうです。このようなことを実践することで、自分の行動にポジティブな影響を与える心のトリックを身につけることができます。

期待が現実をつくりだす

あなたが免許取り立てのティーンエイジャーで、祖父母と一緒に初めてドライブに出かける場面を想像してみてください。「10代は運転が下手」というステレオタイプがあるので、あなたは何か運転ミスをしないかとドキドキしています。運転ミスをするかもしれない、そして祖父母の前で「10代は運転が下手」というステレオタイプを強めてしまうかもしれないという不安は、あなたの注意深い運転への集中を妨げます。その結果、あなたは本来はしなかったかもしれない運転ミスをしてしまうことになるのです。

この一例は、私たちのステレオタイプがどのように行動に影響するかを端的に表しています。心理学者はこのプロセスのことを「ステレオタイプ脅威（stereotype threat）」と呼んでいます。ステレオタイプ脅威とは、自分の所属する集団に関するネガティブなステレオタイプを確証することへの懸念が、特定課題に集中するために必要となる能力を妨げる状況について説明するものです。集中力の欠如は、課題に対するパフォーマンスを、皮肉なことに低下させます。その結果、人々は知らず知らずのうちに、自分たちのグループに関するネガティブなステレオタイプを証明してしまうのです。

ステレオタイプ脅威に関する初期の研究は、アフリカ系米国人に対するネガティブなステレオタイプが彼らの学業成績に与える影響について調べたものです。スタンフォード大学の社会心理学者クロード・スティールとその研究チームは、アフリカ系米国人と白人の大学生を集めて、言語能力に関するテストを行いました。この種のテストは、白人よりもアフリカ系米国人の成績が悪い、というステレオタイプがあります。[※4] このステレオタイプを誘発することがパフォーマンスに影響するかどうかを検証するために、半数の学生には「知的能力を測定するテストを行う」と教示する実験操作を行うことで、学生のステレオタイプを活性化させました。もう半数の学生にはステレオタイプを活性化させないようにするために「能力とは無関係の問題解決課題を行う」と教示しました。その結果、すべての生徒が同じテストを受けたにもかかわらず、知的能力を測定するテストだと伝えられたアフリカ系米国人は白人に比べて大幅にテスト成績が悪くなることが示されました。その一方で、人種に関係する言語能力に関するネガティブなステレオタイプを意図的に想起させなかった学生では、アフリカ系米国人と白人の間のテスト成績に違いは示されませんでした。

その後の研究によって、ステレオタイプが様々な人々の様々なタイプの行動に強く影響することが判明しています。クロード・スティールは2010年に出版した著書『ステレオタイプの科学：「社会の刷り込み」は成果にどう影響し、わたしたちは何ができるのか』において「女性は数学が得意ではない」というステレオタイプを意識させられた女性は、そのようなステレオタイプを想起させられなかった女性と比べて、その後の数学の試験成績が悪くなることを見い出しました。[※5] 同様に、ゴルフのパッティング課題で「生まれつきの運動能力を測定する」と教示された白人のスポーツ選手は、そのような教示を受けなかった選手と比べて、この課題の成績が悪くなるそうです。おそらく、この結果は、自分たちの人種はゴルフに関する運動能力がそれほど高くはない、というステレオタイプが実証されることへの恐れに起因しているのだろう、と思われます。

これらの研究はステレオタイプが私たちの行動に影響を与えること、時にはとても大きな影響を与える力があることを示しています。

ちょっとしたきっかけが生む大きなインパクト

前節の終わりで、ステレオタイプについてはっきりと連想させるメッセージを送った場合に、それがどのように行動に影響するのかについて説明しました。しかし、大抵の場合、ステレオタイプはもっと微妙な姿で私たちに影響を及ぼしています。

例えば、4歳から7歳の少女たちに、人形で5分間遊んでもらった研究があります。[※6] その際、一部の少女たちには医師の姿をしたバービー人形で、別の少女たちにはミセス・ポテトヘッド人形（訳注：トイ・ストーリーに登場するキャラクター）で遊んでもらいました。どちらの人形も少女向けに販売されていますが、バービー人形はポテトヘッド人形よりも魅力的でセクシーな外見をしている、という大きな違いがあります。その後、少女たちに様々な種類の職業に関する10枚の写真を見せて、自分たちや男の子が大人になったときにできる仕事は何かを尋ねました。その結果、バービー人形で遊んだ女の子は、たとえその人形が医師の格好をしていたとしても、職業の選択肢が男の子と比べて少なく回答されることがわかりました。一方、ミセス・ポテトヘッド人形で遊んだ女の子は、男の子と比べて職業の選択肢に変化は認められませんでした。この研究は、性別を強く意識させるおもちゃで遊ぶことが、少女たちの「自分はどんな仕事ができるか」という信念にまで影響することを示唆しています。

同様に、大学生の女性は、中立的なコンピューターサイエンスの教室の写真（自然のポスター、一般雑誌、植物などがあります）を見た場合と比べると、ステレオタイプ的なコンピューターサイエンスの教室の写真（スタートレックのポスター、テクノロジー雑誌、SF関係の本などがあります）を見た場合は、その分野への興味をあまり示さなくなることが報告されています。[※7] これらの研究はいずれも環境におけるちょっとしたきっかけが、人々の考え方に影響を与えていること、そして大きな結果をもたらす可能性があることを示しています。

ここで特に注目してほしいのは、他者へのステレオタイプをさりげなく想起させることで、自分自身の行動にまで影響が生じる、という点です。ニューヨーク大学の研究者は、大学生に言語能力を測ると称するテストに参加してもらい、複数の単語を提示して、その単語だけを使って文法的に正しい文章を作ってもらうという巧妙な実験を行いました。[※8] 半数の学生には、引退した（retired）、古い（old）、しわがある（wrinkled）などの老いを連想させる単語を、もう半数の学生には、私的な（private）、清潔な（clean）、渇いた（thirsty）などの中立的な単語を提示しました。

この課題が終わると、学生は実験が終了したことを告げられて、自由に退出することができました。しかし、実は、研究者は学生に気づかれないように、部屋を出てエレベーターがあるところまで歩くのに要した時間をストップウォッチで測定していたのです。これこそが研究者にとって最も関心があったポイントでした。予想通り、老いを連想させる単語に接した学生は、中立的な単語に接した学生と比べて、廊下を歩く時間が大幅にのびることが示されました。この研究は、ステレオタイプが私たちの行動に影響すること、そして、それが自分自身には直接該当しない場合であっても行動に影響することを示しています。つまり、この研究の学生は高齢者ではないにもかかわらず、高齢者に関するステレオタイプに接したことで、高齢者概念と合致した行動を取るようになってしまったのです。

マインドセットとは何か

　ステレオタイプ以外に、私たちの行動は、自分自身や世の中に対して身につけている特定のマインドセット、あるいは心の枠組みによる影響も受けます。私たちのマインドセットには、思考や信念、期待が含まれますが、マインドセットは私たちの人生における出来事の捉え方と反応の仕方を決定づけます。マインドセットには自分の能力、特性、特徴に対する自己認識が含まれます。自分は楽観的なのか、悲観的なのか？　数学が得意なのか、それとも苦手なのか？　人付き合いが好きなのか、それとも内向的なのか？　つまり、私たちの個性とは、自分自身を個々人として定義するものなのです。

　マインドセットの基本的なポイントについて説明します。マインドセットとは、これらの属性が時間の経過とともに変化する可能性について、私たちが身につけている信念のことです。スタンフォード大学のキャロル・ドウェック教授（心理学）は、このような信念が人々によって異なることを示す数多くの研究を行いました。例えば、ある人々は、知能や性格などの基本的な特質は固定的で安定したものだ、と考えています（固定型マインドセット〈fixed mindset〉）。一方、別の人々は、そのような特質は可鍛《かたん》性があるもので、努力次第で時間の経過とともに変化するものだ、と考えています（成長型マインドセット〈growth mindset)〉[※9]。様々な状況へのアプローチの仕方、ミスや失敗への対応、課題の捉え方と対応の仕方は、あなたのマインドセットが固定型なのか、それとも成長型なのかの影響を受けています。

マインドセットがどれほど私たちの行動に強く長期的な影響を及ぼすのか、について一例をあげます。たくさんの親や教師は、悪気なしに、子どもの学業成績をほめるときに「頭がいい」というレッテルを貼ることがあります。この言葉は、一見するとほめ言葉です。確かに自分の知的能力について、このように言われたい、と思うかもしれません。

しかし、現在では、このレッテルが子どもたちの学習環境における楽しさ、持続性、達成感にとって有害であることを示す多くの証拠が示されています。

「頭がいい」と言われることの欠点は何でしょうか？　このレッテルは、子どもたちに、知能は固定化された特徴であること、つまり、頭がいいのは生まれつきで、そしていつまでも賢い、ということを信じ込ませてしまいます。「頭がいい」と言われた子どもは、しばしば知能の性質について固定型マインドセットをもつようになり、このレッテルを否定される可能性について深く悩むようになります。将来、この子どもがあるテストで悪い成績を出した、としましょう。そうすると、子どもは「ダメな点数をとっちゃったから、やっぱり自分はそんなに賢くないのかもしれない」と考えます。したがって、このたった一度のネガティブな結果は、子どもにとって、衝撃的なものになるのです。
子どもたちは、期待に応えられないかもしれない、という不安に対処するために、パフォーマンスを低下させることで対応する場合があります。すなわち、自分が確実に解くことができる問題だけに挑戦するようになるのです。その結果、そのように対応した子どもは自分自身が挑戦し、成長するための機会を失ってしまいます。タフツ大学人文科学部長のロバート・スタンバーグは「失敗を恐れていると、仕事で学ぶことができなくなり、『失敗しないようにしなければ』という防御的なアプローチをとるようになってしまいます」と指摘しています。[※10]
一方、自分の能力や特性は努力と実践によって変えられる、と考える成長型マインドセットをもつ人は、大きなメリットを得ることができます。その人にとっては、間違いは学び、成長するためのチャンス、として捉えられるので、その力を伸ばすためにチャレンジングな課題に取り組むようになります。例えば、「知的能力は成長する」という信念をもつ中学1年生は、学校の勉強が難しくなり、成績基準が厳しくなる中学1〜2年の間でも成績が上昇しますが、そのような信念をもたない生徒にはそのような上昇が示されなかった、という研究があります。[※11]
同様に、成長型マインドセットのアスリートは、才能だけでは不十分であること、真剣な努力と厳しいトレーニングが成功への鍵であることを理解し、より高いレベルの成果を上げています。ある研究では、精神的な問題を抱えていたティーンエイジャーに、成長型マインドセットと、時間をかけて変化し改善する能力について、30分間のレッスンを行ったところ、9カ月後には不安や抑うつのレベルが下がったという結果も得られています。[※12]

このように、変化する力とその可能性に焦点を当てたマインドセットを取り入れると、大きなメリットが得られます。

マインドセットの重要性

基本的な個人的資質が変更可能かどうかについての信念は、人生のほぼすべての場面に影響します。例えば、どんなに努力しても自分の不安や抑うつのレベルを変えることはできないと信じている人は、そうでない人に比べて不安や抑うつの症状が強いことがわかっています。[※13]こうした信念をもつ人は、心配や悲しみのレベルが高く、手汗やパニック発作といった不安に関する身体的症状を報告します。

同様に、老化に対する考え方も、認知能力や身体的な健康に影響を及ぼします。ある研究によると、61歳から87歳の研究参加者のうち、老化のプロセスは固定的で避けられないものだ、と考えていた人は、老化についてのネガティブなステレオタイプを想起した後に、記憶力テストの成績が低下し、血圧も高くなったことが報告されています。[※14]一方、老化のプロセスは変えることができる、と考えていた人は、このような反応が示されませんでした。老化のプロセスを変えることができる、と考えていた人は、そのようなステレオタイプが必然的なものだとは信じていないことから、ネガティブな結果に悩まされることはないのです。

私たちのマインドセットは他者との関わり方にも基本的な部分で影響を及ぼします。共感性には柔軟性があるのか、すなわち、他人の立場にたつ能力は努力次第で高めることができるのかどうか、についての信念の影響を調べた研究があります[※15]。研究参加者は、人間の共感性はその人にとって基本的なもので変化することはないと思うか、それとも、人間の共感性は変えることができると思うか、を答えました。そして、個人的に重要な社会的、あるいは政治的な問題について意見が異なる人に共感しようとするときの意欲が測定されました。

研究者の予想通り、共感性には柔軟性がある、という信念をもつ人ほど、相手の立場を尊重し、理解しようとする意欲が高いことが示されました。このように努力しようとする傾向は、より良い人間関係の構築や対人葛藤の減少につながる可能性が高い、と思われます。

マインドセットが親密な人間関係の問題を解決する意欲に影響する、ということは驚くことではないかもしれません。運命の人がいるというマインドセットをもつ人は、良い人間関係を築くためには正しい相手を選ぶことが大切だ、と信じています。そういう人は人間関係を一か八かで捉えています。[※16]

残念ながら、この信念は2種類の機能不全行動を引き起こします。それは、問題を無視すること（何らかの問題があればそれは人間関係が悪いことを意味するからです）、あるいはあきらめること、です。恋愛関係にある大学生カップルを対象にした研究によると、このようなソウルメイト型マインドセットの人は、人間関係でストレスがかかる出来事に直面すると、物事を解決しようとする時間を減らしてしまうこと、基本的に努力することをやめてしまい、あきらめる傾向があったことを報告しています。一方、努力型マインドセットの人は、強い人間関係を構築するためには、オープン、かつ建設的な方法で、問題を認めて解決することが不可欠だ、と考えています。ストレスが強い出来事に直面したとき、そういう人は物事を解決しようと努力し、問題をポジティブな方向に捉え直そうとします。

人々の性的満足に関する信念を調べた研究もあります。[※17] この研究では、特に、性的満足は「正しい」パートナーを見つけることによって得られるのか（固定型マインドセット）、それとも努力と頑張りによって得られるのか（成長型マインドセット）を調べました。その結果、性的満足に関する成長型マインドセットをもつ人は、性的満足度や関係性の満足度が高いことがわかりました。この研究では、パートナーも同じように高い性的満足度を報告したことから、良いセックスには時間と努力が必要だという信念をもつことがカップルの間の関係にとって有益であることが示唆されています。

これまで説明してきた研究の例は、自分自身の特定属性が固定的なものなのか、それとも可変的なものなのかについての信念が、心理的・身体的な幸福感と同様に、人間関係の質や寿命にまで重大な影響を及ぼしていることを示しています。

失敗することに対するマインドセット

マインドセットを理解する上でおそらく最も大切なのは、自分の人生における失望や失敗の原因についてどう考えるかは人によって異なる、ということを知ることです[※18]。

ネガティブな出来事の原因を自分のせい、自分の欠点や至らなさのせいにしてしまう人がいます。そういう人は、悪い結果に執着して、反芻し、自分を責めてしまいます。一方、失敗や失望に直面したときでも、もっとポジティブなマインドセットをもつ人もいます。そういう人は、困難は誰にでも起こるものだと認識していて、物事を前向きに捉えようとします。

想像できるかもしれませんが、ネガティブな出来事に直面したときに自分のことを思いやれる人はより良い結果を得ます。そういう人は、不安や抑うつのレベルが低く、将来に対して全体的に楽観的で、幸福感を得ています。例えば、大学1年生であれば、このような困難な人生の転換期に自分のことを思いやる力をもっていた人は、大学生活への関与とモチベーションが高いことがわかっています。[※19]

ここで、あなたが自分自身についてどのように考えているかを知るために、簡単なテストを受けてみてください。クリスチン・ネフ博士が作成したセルフ・コンパッション尺度（Self-Compassion Scale）[※20]は、例えば、物事がうまくいかないときに自分を責めるのか、それとも自分を休ませるのかを評価するためのものです（訳注：同尺度は邦訳されています。項目の邦訳はそれに従いました。出典は有光興記.（2014）．セルフ・コンパッション尺度日本語版の作成と信頼性、妥当性の検討．心理学研究，85（1），50-59.）。その得点を求めるためには、次の5つの文のそれぞれについて、あなたがそう思うのか、そう思わないのかを表す数字にチェックを入れます。

	全くそう思わない	そう思わない	どちらともいえる	そう思う	非常にそう思う
1. 自分自身の欠点や不十分なところについて、不満に思っているし、批判的である。	1	2	3	4	5
2. 気分が落ち込んだときには、間違ったことすべてについて、くよくよと心配し、こだわる傾向にある。	1	2	3	4	5
3. 自分にとって重要なことを失敗したとき、無力感で頭がいっぱいになる。	1	2	3	4	5
4. 本当につらいとき，自分自身に批判的になる傾向がある。	1	2	3	4	5
5. 自分自身について自分が好きでない点について考えたとき，自分自身を批判的に考えてしまう。	1	2	3	4	5

合計得点 ＿＿＿＿

	全くそう思わない	そう思わない	どちらともいえる	そう思う	非常にそう思う
1. 自分にとって物事が悪い方向に向かっているとき、そうした困難は誰もが経験するような人生の一場面に過ぎないと考える。	1	2	3	4	5
2. 何かで苦しい思いをしたときには、感情を適度なバランスに保つようにする。	1	2	3	4	5
3. 何か苦痛を感じることが起こったとき、その状況についてバランスのとれた見方をするようにする。	1	2	3	4	5
4. 自分にとって大切なことを失敗したときは、偏りがないように物事を捉えるようにする。	1	2	3	4	5
5. 自分自身の欠点と不十分なところについては、やさしい目で見るようにしている。	1	2	3	4	5

合計得点 ＿＿＿＿

最初の5項目は、あなたが自分に厳しいのかどうかを測定しています。その次の5項目は、あなたが自分自身への思いやりを実践しているのかどうかを測定します。最初の項目群の得点が比較的低く、その次の項目群の得点が高い人は……おめでとうございます！この得点傾向の人は、失望するような出来事に直面したとしてもポジティブなマインドセットで対処することができるでしょう。しかし、最初の項目群の得点が高く、その次の項目群の得点が低かった人は、自分自身をよりよく扱うためのスキルと方法を身につける必要があります。心配はご無用です。本書では次章でそのことについて学びます。

第１章の KEYPOINT

これまでの研究結果は明白です。自分自身をどのように捉えるのか、そして世の中をどのように捉えるのかというマインドセットは、歩行速度、記憶力、恋愛相手との付き合い方など、人生のほぼすべての側面に強い影響力をもちます。

しかし、ここで最も重要なことをお伝えしたいと思います。それは、私たちのマインドセットは変えられる、ということです。たとえ生まれつきの性分で、物事をイエスかノーか、白か黒かで見てしまう傾向があるとしても、時間と労力をかけさえすれば、成長型マインドセットへと移行して、人間関係の改善から年齢の重ね方まで、人生のほぼすべての側面におけるポジティブな思考の枠組みを身につけることができます。私たちは、全員、物事を考えるうえで新しい方法を学ぶことができますし、その結果、もっと幸せで健康的な生活を体験することができるようになります。

次に、マインドセットのちょっとした変化が、ちょっととはいえないほどの影響を生じる例について説明します。

経験することへの期待を変えてみる

たとえ小さな環境の変化であっても、マインドセットを変えることで、結果に大きな影響を与えることができます。例えば、ベイラー大学のケビン・ダハティー教授（社会学）は、試験を受けることに対する学生のマインドセットの変化に関する研究を行いました。[※21]

一般的に試験は不安を喚起すると考えられています。彼は試験に対する期待感を変えるために一連の方法を用いました。まず、試験日を「学習祝賀会」と名付けて、試験を受けることについてポジティブな期待をもたせるようにしました。次に、試験日には、風船やのぼり、お菓子などを持ち込んで、教室を華やかな雰囲気にしました。このようにした目的は「学習と喜びを高める評価の雰囲気づくりのため」でした。つまり、試験に対する学生のマインドセットを、恐怖心や恐ろしさから、喜びやお祝いの気持ちに変えることを試みたのです。そして、その努力は実を結びました。これらの方法はテストの得点上昇につながったのです。

私たちは全員、自分が経験することに対する気持ちを変える、というシンプルな方法を使うことで良い結果を得ることができます。パーティーの司会や会議での発言、結婚式での乾杯の音頭など、不安を感じることはありませんか？　そのような不安は、警戒心を忘れずに油断しないようにするために、あなたを興奮させているのだ、と捉えなおしてみてください。プロのスポーツ選手や俳優、ミュージシャンは、まさにこのような緊張感がある状況で最高のパフォーマンスを発揮するために、このような工夫をしています。新しいマインドセットを身につけるのには時間がかかりますが、実践することで、不適応な思考のパターンが変わり、より良い結果が得られるようになります。

不安を感じても、とりあえず、ちょっとやってみる

多くの人（おそらくほとんどすべての人）は、失敗する可能性があるリスクを冒すことを怖いと感じながら人生を歩んでいます。そのため、やりがいのない仕事や幸せとはいえない人間関係に甘んじてしまいます。多くの人は、リスク回避型マインドセットをもっているので、未知の世界に果敢に挑戦する代わりに、安全な場所に身を置くことを推奨しています。

本書を執筆しているとき、ノエル・ハンコックという若い女性が、雇用主となる会社が閉鎖されたために、ニューヨークで働くジャーナリストとしての職を失った、という話がソーシャルメディアに掲載されていました。彼女は、自宅のそばで就職先を探すこともできたそうですが、カリブ海にあるバージン諸島の一つ、セントジョン島に移住することを決心したそうです。その島でアイスクリームを売る仕事を見つけた彼女は、現在、これまでとは劇的に変化した生活を送っています。

たくさんの人は、このようなドラマチックな人生の決断を知ると、自分の人生でも同じようなリスクを取ってみたい、と空想しますが……とても不安になるものです。しかし、研究によれば、私たちは「やったこと」よりも「やらなかったこと」に後悔を感じることが多いことがわかっています。

ある研究は、もう一度人生をやり直せるとしたら何を変えてみたいかを尋ねました。[※22] そうすると、半数以上の人が「大学に行くべきだった」「特定の職業に就くべきだった」「人間関係や結婚でもっと頑張るべきだった」などの行動しなかったことに起因する後悔を感じていることがわかりました。一方、「タバコを吸わなければよかった」「早く結婚すればよかった」「一生懸命働けばよかった」など、行動したことに関する後悔はわずか12%でした（その他の34%の後悔は不明でした）。この研究は、行動したことよりも行動しなかったことを後悔する傾向が私たちにはあることを示しています。

したがって、リスク回避型マインドセットは捨てて、不安を感じるかもしれない行動をとってみることを考えるようにしてください。幸福感が得られない仕事はやめてしまいましょう。新しい恋愛を始める、もしくは今の恋愛関係をより満足のいくものにするために行動しましょう。慣れ親しんだ環境に留まるのではなく、世界中を旅してみましょう。作家であるＨ・Ｄ・ジャクソン・ブラウン・ジュニアは「20年後、あなたはやったことよりも、やらなかったことに失望するでしょう。だからこそ、船のロープを解き放ちましょう。安全な港から出航するのです。探検しましょう。夢を見ましょう。発見するのです[※23]」と述べています。

成長型マインドセットを身につける

本章の前半で、特定属性が固定的か、あるいは可変的かについての信念が人によって異なることを説明しました。この連続的な信念のどの位置にいるのかには関係なく、成長型マインドセットを身につけることで、大きな利益が得られる可能性があります。例えば、高校生に知能と性格について成長型マインドセットを身につけるように指導すると、学業成績が良くなり、ストレスや体調不良のレベルが低くなった、という報告があります[※24]。

マインドセットの変化は、他者との関係の仕方を、実に重要な形で変えることもできます。成長型マインドセットの効果を最も顕著に示したものの1つに、共感性に関する2つの記事のうち、どちらか1つを研究参加者に読んでもらった研究があります[※25]。

その研究では、半数の研究参加者は、共感性が時間とともに変化することを説明した記事を読みました。その記事には「人は人生を通して学び成長します。共感性も同じです。それもまた変化しうるものなのです。常に簡単というわけではありませんが、望むのであれば、人は他者に共感する力を形成することができます。岩のように硬い共感性はありません」と書かれていました。

もう半数の研究参加者は、共感性は不変的で時間経過で変わることはないだろう、という内容の記事を読みました。この記事には「ほとんどの人は、幼少期までに、共感する姿勢が石膏のように固く形成されてしまい、二度と柔軟になることはありません。共感性を変えたい、他者に共感する力を形成したいと思っても、通常はうまくいきません。共感性は岩のように硬いのです」と書かれていました。

その後、研究参加者全員は、癌予防のために何らかの形で貢献する機会が提供されました。貢献方法には、お金を寄付する、キャンパス内のブースで情報誌を配るなど、比較的簡単な寄付行動が含まれていました。それ以外の方法には、癌患者さんの話を聞くボランティアなど、より強い共感性が求められる行動もありました。

研究結果を予測できるでしょうか？　お金の寄付、情報誌の配布など、比較的「簡単な」支援方法については、研究参加者が読んだ記事による違いは見られませんでした。しかし、共感性は変えることができるという記事を読んだ人は、最も共感性が要求される支援である、癌ソーシャルサポートグループでのボランティア活動に費やす時間が2倍以上にのびることを示す知見が得られたのです。

これらの研究結果は、成長型マインドセットを身につけることによって、学業成績、身

体的健康、利他主義など、複数の領域で実際に大きな効果が得られるという強力な証拠を
提示しています。

第2章

マインドセットと健康

心臓がドキドキする、胃がムカムカする、筋肉がこわばる、といったストレスを最後に感じた時のことを思い出してみてください。そのストレスの原因は何でしたか？　ほとんどの人にとって、ストレスの原因となる日常の出来事は、物事の全体像から見れば、とても些細なことです。例えば、仕事で大事なプレゼンがあるとか、渋滞に巻き込まれたとか、やらなければならないことや請求書の束に圧倒されたとか。もちろん、これらはすべて現実に存在するストレス要因であり、人体はそれに反応します。

生理的なストレス反応は、大型犬から吠えて追いかけられたときや、戦場にいるときなど、生命に危険がある極限的な状況に対応するために、人間（および動物）に組み込まれたものです。就職面接や初めてのデートなど、一見すると「プレッシャーのかかる」状況でも、こうした生理的なストレス反応が生じることもあります。

実のところ、生命の危機を感じないような状況でも、私たちは、生理的なストレス反応を示すことがよくあります。しかし、このように命に問題がない状況でもストレス反応を示すという傾向は、残念ながら、身体的な健康に悪影響を与える可能性があります。

頭痛、潰瘍、冠状動脈性心臓病など、ストレスに関連した病気が多いのは、日常生活の中でストレス反応が継続的に活性化されていることに由来するのかもしれません。スタンフォード大学の神経科学者ロバート・サポルスキーは「ストレス関連疾患は、主として身体的な緊急事態に対応するために進化してきた生理的システムを、住宅ローンや人間関係、昇進の心配をすることに、何カ月も作動させるようになったことで問題化するようになりました」と述べています。[※1]サポルスキーは「シマウマは潰瘍にならないけれども、人間はしばしば潰瘍になります」ともコメントしていますが、それはこのようなことに関係しているのかもしれません。

幸いなことに、ほとんどの人は、生死にかかわるようなストレスに日常的に（あるいは不定期に）直面することはありません。しかし、小さなストレスに対して心理的に過剰に反応してしまい、自分自身に多大な不安や苦痛を与えてしまうことがあります。そして、少なくとも、場合によっては、この反応が生命を脅かす結果を招くこともありえるのです。

本章では、マインドセットが身体的な健康にどのような影響を与えるかを説明します。ストレスは禁物です。本章の終わりでは、あなたがストレスと上手に付き合うための実践法について説明します。

プラセボ（偽薬）のパワー

風邪の症状（咳、喉の痛み、鼻づまり）を和らげる薬を買うためにドラッグストアの店内を歩いているとします。そのとき、安価なジェネリック医薬品を買うか、それとも高価な有名メーカーが販売している医薬品を買うかを選ぶとします。この二つの薬が全く同じものであることを頭では理解していたとしても、一般的に人は高い薬を選ぶ傾向があります。それはなぜでしょう？　その理由は、ほとんどの人が高い薬のほうが効き目がある、と信じているからです。

有名メーカーの高価な薬のほうがよく効く、この信念が実は正しい、ということに驚くかもしれません。しかし、皮肉なことに、私たちがそのように信じているからこそ、高い薬はより効き目があるのです。そして、そんな思い込みこそが、より大きな症状の緩和を生み出します。このようなプラセボ（偽薬）効果を利用した医薬品や治療法は、胸痛、関節炎、花粉症、頭痛、潰瘍、高血圧、術後の痛み、船酔い、風邪の症状など、ほぼすべての人体器官や多くの病気に対して、実際に大きく持続性が高い効果を生み出すことが可能です。

薬に対する期待がその効果にどのような影響を与えるかについて説明します。

ある研究は、頻繁に頭痛がするという人に「ヌロフェン（商品名）」または「ジェネリック医薬品のイブプロフェン」とラベルを貼った錠剤を配布しました。実際には、その錠剤の半分がイブプロフェン、半分がプラセボでした。結果はどうだったでしょう？　ブランド名のついたプラセボをもらった人は、ジェネリック医薬品名のついた全く同じ錠剤をもらった人よりも頭痛が緩和したことを報告しました。[※2]

この研究は、ラベルが重要であることを示す強力な証拠を提示しています。ブランド名のついた薬を飲んだ研究参加者は、本物のイブプロフェンかプラセボかにかかわらず、同程度の痛みの緩和を報告しました。しかし、ジェネリック医薬品の場合は、プラセボよりも実際の薬をもらった人のほうが、より大きな痛みの緩和を報告しました。薬が良く効くだろう、という私たちの期待が、痛みに対する体験に現実的な効果をもたらすのです。

ブランド名だけではなく、薬の値段が高いと感じることが、高品質を連想させて、薬効を強めることもわかっています。新しく認可された鎮痛剤が1回あたり2・5ドルもすると伝えられた人は、その薬が値下げされて10セントしかコストが発生しないと伝えられた人よりも痛みが和らいだ、という結果が得られています。この研究では、錠剤が使用され

ましたが、薬効成分は何も含まれていませんでした。[※3]

さて、ここでとても重要な問いがあります。高価だと信じている薬には高い効果がある、ということの研究結果が、実験室内の実験だけではなく、現実の世界においても当てはまるのかどうかということです。この答えは「イエス」です。この疑問については、様々な症状の治療に関するあらゆる種類の薬剤をテストした研究で実証されてきました。例えば、パーキンソン病の患者が、1回あたり1500ドルもする薬物（実際は生理食塩水）を注射されたと信じていた場合は、1回あたり100ドルしかしない注射を受けたと信じていた人と比べると2倍以上のプラセボ効果があったことが報告されています。[※4]

「プラセボ効果とは何か」

プラセボ効果とは、ある種の介入（薬、処置、注射など）が役に立つだろう、と期待することによって生み出されるプラスの結果のことで、とても強いパワーをもちます。しかし、痛みが軽くなるという期待が、どのようにして気分を改善するのでしょうか？

説明の一つは、治療に対する私たちの信念が行動に影響する、というものです。具体的には、ある薬には効き目があることを期待すると、私たちは実際に有益な効果が得られるように行動を変える場合があります。例えば、頭が割れるほどの痛みに襲われたときに、この痛みを取り除いてくれることを信じて薬を飲むとします。痛みはすぐに消える、という期待感から、リラックスすることができるので、それによって頭痛が軽減されるのです。

ポジティブなマインドセットが健康状態の改善に効果があることを示した顕著な例を紹介します。この研究は、ヒューストン退役軍人医療センターの整形外科医であるブルース・モーズリーによって行われました。※5 この研究では、変形性膝関節症の男性が以下の三つの条件群のいずれかに無作為に割り当てられました。

- 通常の関節鏡手術が行われる第1条件群。
- 膝関節の洗浄措置は行うが、通常の手術で行うような削り取りは行わない第2条件群。
- 実際の医療処置は行わずに、膝をメスで切るだけの第3条件群。

研究参加者は全員同意していましたが、どのような手術を受けるのかどうかは告げられていませんでした。そして「実際の手術」が「プラセボ手術」よりも本当に優れているのかどうかを判断するために、2年間にわたって定期的な評価が行われました。研究者は、研究参加者の男性たちに、どの程度の痛みを感じているか、歩いたり階段を上ったりといった日常生活の作業に従事するための機能が改善したかどうか、について質問しました。

研究結果は注目に値するものでした。2年間の追跡期間のどの時点においても、これら三つの条件群の間で、痛みや歩行機能の程度に関する差異は示されなかったのです。研究者は、三つの条件群に同等の改善がもたらされた理由を正確に説明することはできませんでした。しかし、可能性の一つとして、機能を改善する手術を受けた、と研究参加者が信じたことで行動が変化したことが考えられます。三つの条件群の男性たちは、動きをよくするために定期的に運動をしたり、理学療法士と一緒に作業を行うなど、回復するための指導に熱心に取り組んでいた可能性があります。その結果、そのような行動をとることによって、痛みの軽減や機能の改善につながったのかもしれません。

他の研究でも「プラセボ手術」の効果について同様の研究結果が得られています。例えば、脊椎を骨折した患者が偽の手術を受けた結果、痛みの軽減や身体機能が改善したことまで報告されていますし、パーキンソン病の患者がプラセボ手術を受けた結果、運動機能に著しい改善が見られたことも報告されています。[※6]

プラセボは、実際に体内で生理的な変化をもたらし、痛みの経験を抑制する、という研究もあります。例えば、ある薬には痛みを減らす効果がある、と信じることで、痛みを緩和する際に体内で自然に作用するエンドルフィン系が活性化される可能性があります。実際に、鎮痛薬を投与されていると信じている人は、痛みに反応する脳や脊髄の領域の活動が低下することが報告されています。[※7] さらに、派手な文字とブランド名のラベルで装飾された高額そうに見える箱に入れられた鎮痛剤を受け取った人は、脳内で同じような反応が示されるのに対し、無地の箱に同じ錠剤を入れてそれにジェネリック医薬品のラベルを貼ったものを受け取った人では、そのような反応が示されないこともわかっています。[※8] これらの研究結果は、プラセボ効果が、少なくとも部分的には、痛みに対する脳の反応を変えることで痛みを軽減することを示唆しています。

マインドセットがホルモン、空腹感、健康に与える影響

プラセボ効果は、薬効に対する期待が、身体や脳の反応を物理的に変化させることを明確に示しています。このように、薬効に関するマインドセットは、実際に私たちの気分を改善することに関係しているのです。ところが、これはマインドセットが身体の生理的反応に影響を与える方法の一つに過ぎません。

マインドセットの影響を実証したある研究では、研究参加者は2種類のフレンチバニラミルクシェイクを試飲しました。[※9] 半数の研究参加者は、はじめに飲むミルクシェイクはダイエット飲料で脂肪や糖分がカットされているので140キロカロリーしか含まれていない、と教示されました。残り半数の研究参加者は、はじめに飲むミルクシェイクはデザート飲料で脂肪と糖分が多く620キロカロリーが含まれている、と教示されました。1週間後、研究参加者全員は、もう一方のミルクシェイクを試飲することを求められました。

もちろん、実際には二つの飲み物は同じものでした。

研究参加者が試飲した後、研究者は体内のグレリン値を測定しました。グレリンは飢餓感に関係するもので、このホルモンの数値が上がると、空腹感が増すことを意味します。そのため、たくさん食事をした後は、グレリン値が低下するのですが、それは「もう十分に食べましたよ」と身体に教えているのです。

研究者の予想通り、高カロリー飲料を摂取したと信じた人は、ダイエット飲料を摂取したと信じた人と比べて、グレリン値が約3倍も大幅に低下しました。カロリーを多く摂取したと信じるだけで、身体の生理的な反応が変化して、空腹感が著しく減少したのです。

さて、このミルクシェイクの研究は、マインドセットの短期的な効果を調べたに過ぎません。しかし、別の研究によれば、マインドセットが私たちの身体に大きく、そして持続的な生理学的な変化をもたらすことが示されています。例えば、ホテルの客室清掃の仕事をしている女性たちが運動の効果に関するある研究に参加しました。[※10] この研究では、はじめに、研究参加者全員に、健康維持のために定期的に体を動かすことの重要性に関する情報を提供しました。次に、半数の女性には、ホテルの客室を掃除する仕事は、外科医の1日の活動量に匹敵する十分な運動量であることを教示しました。例えば、リネン類を15分間交換すると約40キロカロリー、掃除機を15分間かけると約50キロカロリーを消費するこ

上段のミルクシェイクの画像は商品がヘルシーで低カロリーであることを、下段のミルクシェイクの画像は同じ商品が高カロリーのデザートであることを表現しています。

Crum, A. J., Corbin, W R., Brownell, K. D., & Salovey, P, Mind over milkshakes: Mindsets, not just nutrients, determine ghrelin response. Health Psychology, 30(4), 424-429, 2011, APA, reprinted with permission.

とを伝えました。
もう一方の研究参加者群にはこの情報は提供されませんでした。

研究者たちは、4週間後にホテルに戻って、体重、体脂肪、血圧など、女性たちの健康状態の変化を測定しました。その結果、研究参加者に「身体を動かす仕事をしている」と伝えただけで、健康状態が改善されることがわかりました。具体的には、何も知らされなかった女性たちに比べて、掃除が1日の推奨運動量に含まれるということを知らされた女性たちは、体重、血圧、体脂肪、ウエスト／ヒップ比、BMI（訳注：Body Mass Indexの略称。ボディマス指数と呼ばれる指標で、体重と身長から算出される肥満度を表す体格指数のこと）が減少したのです。

どうしてでしょうか？　正確な理由はわからないそうです。掃除をするという仕事が身体活動に含まれると知らされた女性は、これまで以上に精力的に仕事に取り組んだのかもしれません。推奨される1日の身体運動量を満たしている、という確信を得たことが食事や運動に関係する行動に何らかの変化をもたらしたのかもしれません。このような効果が得られる正確なメカニズムは不明ですが、この研究結果は、運動に対する人々のマインドセットを変えるだけで、より健康的な結果が得られる可能性があることを示唆しています。

この研究を発表したハーバード大学のエレン・ランガー教授（心理学）は「この研究は、

ほとんどの人が思っているよりも、はるかに多くの心理的・身体的機能をコントロールできる可能性があることを明らかにしたと思います」と述べています。

ポジティブな人はストレスが少なく健康的な理由

本章の冒頭で述べたように、ストレスに対する考え方は、身体的健康に大きく影響します。ストレスを有害なもの、身体を衰弱させるものと捉えている人は、困難な状況に直面したときに、ストレスホルモンであるコルチゾールの濃度が高くなることがわかっています。このような生理的な反応は、やがて血圧の上昇や心臓血管系疾患など、健康にとって悪い結果をもたらす可能性があります。

しかし、健康に影響するのはストレス経験だけではありません。ストレスが健康に影響する、という認知それ自体も健康に影響を与えるのです。2万9000人あまりの人々に、過去1年間のストレスの程度と、そのストレスが健康に及ぼす影響（少し、中程度、大きく）を尋ねた研究があります。[※11] ストレスをたくさん経験したと回答し、さらにストレスは健康に大きく影響すると信じていた人は、その後の8年間で死亡する確率が43％も高くなることがわかりました。一方、ストレスをたくさん経験したけれども、ストレスが健康に及ぼす影響は少ない、あるいは中程度だ、と回答した人は、少し、あるいは中程度のストレスを経験していた人と比べても、死亡する確率が高くなることはありませんでした。

この結果は、死亡リスクを高めるのは、必ずしも高レベルのストレス経験ではなく、むしろ高レベルのストレスと、ストレスが健康に悪い結果をもたらすという信念の結びつきが関係していることを示しています。実際、ストレスが健康に「大いに」あるいは「極めて」影響すると信じている人は、そうした考えをもっていない人に比べて、心臓発作で死亡する確率が2倍以上になるそうです。[※12]

その一方で、人生をポジティブに生きる人々は、幸福感が高いだけでなく、ほぼすべての側面において、身体的な健康状態が良好である、といわれています。[※13] 咳や倦怠感、喉の痛みなどの身体症状が少なく、手術後の回復も早く、痛みも少なくて済むそうです。喘息、インフルエンザ、潰瘍、高血圧、糖尿病、脳卒中、冠状動脈性心臓病など、様々な病気の罹患率が低いことも報告されています。ここで特に注目してほしいのは、卵巣癌の化学療法を受けていた患者で、楽観的な性格だった人は癌マーカーの数値が大きく低下した、という研究結果さえある、ということです。[※14]

ポジティブに人生を歩んでいる人は、ストレスが少ないこともあり、健康状態が良好です。人生の辛い状況に直面したときに、彼らは問題に正面から取り組み、社会的支援を求め、明るい兆しを見出そうとするなど、適応的な対処メカニズムを用いています。[※15] その結果、このようなアプローチを実践する人や、コップにまだ水が半分残っていると、物事をポジティブに捉える習慣がある人は、免疫系が強くなり、小さな感染症に抵抗する能力も高くなります。

健康な成人193人の幸福感を測定した後、研究参加者の同意を得て、風邪のウイルスを含む溶液を鼻孔に滴下した研究（健康な人を研究対象にしたので命に別状はありませんでした）があります。[※16]その後の4週間、研究参加者は咳、くしゃみ、鼻水など、風邪に関する症状について報告しました。研究参加者全員が風邪のウイルスに直接さらされたにも関わらず、全員が風邪をひいたわけではありませんでした。この研究によれば、全体的にポジティブな考え方をする人は、風邪の症状が少なく、風邪をひく可能性も低いことが示されました。この結果は、年齢、性別、体格、健康状態など、病気のかかりやすさに影響する他の変数を考慮した場合でも当てはまった、といわれています。

［ストレスについて捉えなおすことのパワー］

私が20代前半の頃、ボーイフレンドのバートと一緒にアトランタのダウンタウン近くのフリーウェイを走行していたときに、自動車のタイヤがパンクしたことがあります。携帯電話が普及する前のことだったので、私はすぐにパニックになりました。何時間も足止めされるんじゃないかと心配になったのです。一人で歩いて助けを呼びに行くか、車で二人きりになるのか、この車のトラブルで一日が台無しになるのではないか、とドキドキしました。

バートが道路脇に車を止めたので、私はいろいろと心配していることを打ち明けました。彼は怪訝そうな表情を浮かべて、私にむかって「ちょっとタイヤを変えてくるよ。2、3分のことだから」と言いました。

私にとっての大問題がバートにとってはちょっとした面倒事だったのです。彼がタイヤを交換して、私たちは15分ほどで帰路につくことができました（これが、私がこの人と結婚するべきだと決めた出来事で、そんな彼が私の現在の夫です）。

マインドセットがいかに大切かを示すもう一つの個人的なエピソードを紹介します。マスコミは、子どもたちが標準学力テストを受ける際に感じるプレッシャーについて、膨大な記事を掲載していますが、多くの教師や親もこのテストには不満を抱いています。地区によっては、テストの日に親が学校から子どもを連れて帰るところもあるくらいです。そこで、息子のロバートがテスト初日に登校したときに、どんな気分なのかを聞いてみました。そうすると、彼は笑顔で「テスト、大好きだよ」と言いました（とても父親に似た息子です）。

テストの日が好きな理由について尋ねてみると、彼は「とても静かなんだ。誰もしゃべらないし、もくもくと回答を書いている。そして、お菓子がもらえるんだ」と答えました。

多くの人は、標準学力テストはストレスが多く、不安を煽るものだと考えています。しかし、内向的なロバートにとっては、このテストは学校の騒々しい雰囲気から解放される、とてもありがたいものでした。みんな静かに本を読んだり、回答をマークシートに記入したりするのです。さらに、彼からすれば、最後にお菓子までもらえるのですから、一体何が気に入らないというのでしょう？

このエピソードは「同じものでも人によって反応が異なる」という、科学的な研究成果を裏付けるものです。

ストレスは、子どもにおけるテストの点数低下、経営者の燃え尽き、アスリートのチョーキング（訳注：不安を感じ息苦しくなる精神状態）など、悪い結果をもたらすこともあるため、多くの人がストレスをネガティブで避けるべきもの、として捉えています。

残念ながら、ストレスをネガティブに捉えることは、不安を増大させて、パフォーマンスを低下させます。したがって、このマインドセットがあるからこそ、自己成就的な予言になってしまうのです。

しかし、ポジティブなマインドセットをもつ人は、ストレスを日常生活の一部であると考えて、ストレスは爽快感や活力を生むもので、様々な課題に効果的に対応するための余力を身体に与えている、と捉えています。ご想像通り、このようなマインドセットをもつ人は、プレッシャーのかかる場面で最高の仕事をこなすことができるので、良い結果が得られやすくなる、と考えられます。

ストレスに対する自分のマインドセットを知る

あなたは今、自分自身のことについて考えているのではないでしょうか。研究者のアリア・J・クラム、ピーター・サロベイ、ショーン・エイカーは、自分自身のストレスに対するマインドセットを評価するための自己評価式テストを開発しました。[※17]

点数を求めるためには、次の8つの文のそれぞれについて、そう思うか、そう思わないかを表す数字にチェックを入れてください（訳注：同尺度は邦訳されています。項目の邦訳はそれに従いました。出典は岩本（大久保）慧悟・竹橋洋毅・高史明．（2020）．ストレスマインドセット尺度の邦訳および信頼性・妥当性の検討．心理学研究，90(6)，592-602．）。

	全くそう思わない	そう思わない	どちらともいえる	そう思う	非常にそう思う
1. ストレスは悪影響があり、避けるべきだ。	1	2	3	4	5
2. ストレスがあると、私の健康や活力が悪くなる。	1	2	3	4	5
3. ストレスがあると、私の学びや成長が妨げられる。	1	2	3	4	5
4. ストレスがあると、私のパフォーマンスや生産性が低くなる。	1	2	3	4	5

合計得点 ＿＿＿＿

	全くそう思わない	そう思わない	どちらともいえる	そう思う	非常にそう思う
1. ストレスがあると、私の学びや成長の助けとなる。	1	2	3	4	5
2. ストレスがあると、私のパフォーマンスや生産性が高まる。	1	2	3	4	5
3. ストレスは良い影響があり、利用すべきだ。	1	2	3	4	5
4. ストレスがあると、私の健康や活力がより良くなる。	1	2	3	4	5

合計得点 ＿＿＿＿

質問群ごとに別々に合計得点を求めてください。はじめの4項目の質問群の合計得点が高いほど、あなたのストレスに対する考え方がネガティブであることを示しています。次の4項目の質問群の合計点が高いほど、あなたのストレスに対する考え方がポジティブであることを意味しています。

ストレスに対する自分自身の考え方がわかったところで、あなたの得点には関係なく、良くも悪くもマインドセットは変えることができる、ということを知ってください。ストレスに対するマインドセットの役割を理解することは、ストレスについて新しく、もっとポジティブなものとして捉えなおす実践法を学ぶための第一歩です。

第2章の KEYPOINT

ストレスは避けられないものです。私たちは全員、長い行列に並んだり、イライラする同僚に対応したりしなければいけません。終わりのないやることリストに圧倒されそうになるなど、日々イライラする煩わしさを経験しています。したがって、日常生活からストレスをすべてなくすことは不可能です。しかし、直面する問題についてどのように考えて、どのように解決するのかは、私たちがコントロールすることが可能です。これから、ストレスと上手に付き合い、身体への悪影響を軽減するための実践法を紹介します。

リラクゼーション技法を学ぶ

ストレスが健康に悪影響をもたらすのは、ストレスが生理的な興奮を引き起こし、それが時間の経過とともに身体を消耗させるからです。しかし、挑戦することに対する身体の自然な反応を抑制する方法を学ぶことで、覚醒を抑え、それによってストレスの悪影響を予防する、あるいは少なくとも軽減することはできます。心身をリラックスさせるテクニ

ックを学ぶことは、ストレスが血圧、心拍数、筋肉の緊張に及ぼす悪影響を軽減するために大いに役に立ちます。[※18]

深呼吸法は、身体を休息とリラックスの状態に戻すために考案されたシンプルなリラクゼーション技法です。ストレスがかかると、私たちの呼吸は自然と、速く、浅くなります。深呼吸をして肺を酸素で満たすことに意識を集中させることで、体全体がリラックスして、覚醒度が低下します。戦場でトラウマを経験して帰国した兵士は、たった1週間の集中的な呼吸法の実践によって不安のレベルが低下することがわかっています。[※19]

漸進的筋弛緩法は、手、肩、足など、体の各部位を意識的に緊張させて、一度に解放することに集中する技法です。これは、緊張状態と弛緩状態の区別を学習するのに役立ち、ストレスの多い状況で身体を穏やかにするのに有効です。

イメージ誘導法は、特定の心地よいイメージと筋弛緩を組み合わせたリラクゼーション技法の一種です。この方法は、身体的にリラックスし、ストレスの原因以外のものに心を集中させるようにデザインされています。

リラクゼーション技法をトレーニングすることは、とても深刻なストレスや、さらには生命を脅かすようなストレス要因への対処にも役立つ場合があります。例えば、乳癌の女性がリラクゼーション技法のトレーニングを受けると、うつ症状のレベルが下がること、冠状動脈性心臓病の患者がリラクゼーション技法のトレーニングを受けると、その後の心筋梗塞の発生率が低下することが報告されています。[※20]

人生の様々な出来事に対して常にストレスを感じている人は、体と心を落ち着かせるための方法を学びましょう。リラクゼーションを実践するためのテクニックは、インターネット上でたくさん紹介されています。さらに、本書の第8章では、心理的・身体的な健康をもたらすリラクゼーション技法の一つである「瞑想」について説明します。

ストレスに対するマインドセットを変える

私たちの社会では、ストレスが身体的・心理的な幸福感に悪影響を及ぼすことが常に言及されています。しかし、このメッセージに惑わされる必要はありません。私たちは、自分が直面する問題についての考え方を変えることで、ストレスに対して、もっとポジティブなマインドセットを身につけることができます。

前向きに人生を歩んでいる人がいます。そういう人は人生でどんなトラブルが発生したとしても、このような再評価を自然のうちに行っています。ポジティブなマインドセットは、経験がもたらすネガティブな生理的影響を軽減する仕組みとしてとても優れています。[※21]

そして、ポジティブな人が人生の危機を経験した後にうつ病になりにくい理由にも、このマインドセットが関係している、と考えられています。[22]
ストレスに対する考え方を変えるだけで大きな効果が期待できます。ストレスは単に疲弊や衰弱を生じるだけではなく、活力や感動を与える働きもあります。そのためストレスに対するより適応的な思考法を学んだ人は、身体的・心理的な幸福感が改善することが報告されています。例えば、ストレスが覚醒を促し、学業成績を向上させるなど、ストレスの長所について学んだ大学生は、数学に対する不安が軽減して、数学の成績もよくなったそうです。[23] このように、ストレスに対する捉えなおしを行うことは、心血管系のストレスを減らして、身体全体の消耗を軽くします。

ストレスに対するマインドセットを変えることで、実際にどのような効果が得られるのか、簡単な例を挙げます。ある研究では、大手金融機関の従業員を研究対象に、2種類のビデオを視聴する効果を調べました。[24] ある条件群の研究参加者は、ストレスが仕事のパフォーマンスの低下や健康に悪影響を及ぼすことなど、ストレスの有害性が説明されたビデオを視聴しました。別の条件群の研究参加者は、ストレスが創造性や生産性、免疫力を高めるという内容のストレスの長所を説明するビデオを視聴しました。
研究者の予想通り、ストレスのメリットを説明するビデオを見た人は、仕事のパフォーマンスが向上し、不安や抑うつのレベルも低下したことを示す結果が得られました。

人生は何が起こるのかはわかりません。しかし、私たちは困難な出来事を脅威としてではなく、挑戦課題として捉えなおすことはできます。マインドセットをこのように転換することによって、私たちの心理的・身体的な健康は大きく改善されます。

自分のことを大切にする

ストレスが健康に及ぼす悪影響を最小限に抑えながら、ストレスに対処する最も簡単な方法の一つは、自分自身を休ませることです。第1章でマインドセットの重要性について説明しましたが、セルフ・コンパッション（self-compassion）、すなわち、自分自身に優しさと思いやりをもって接する傾向が強い人は、ネガティブな出来事をより切実なものとして捉えにくい、と言われています。[※25] そういう人は、悪いことが起きたときに自分をあまり責めることがないので、ストレス経験も減るそうです。

悪いことが起きても自分に寛容な人は、様々な病気をうまく切り抜けることができる、という指摘もあります。セルフ・コンパッションの実践が健康に及ぼす効果を調べるために、ある研究では、研究参加者に自分の欠点や不十分な点を受け入れるかどうかを評価してもらいました。[※26] その後、研究参加者にストレステストを行い、心血管疾患、癌、アルツハイマー病と関連するストレスの生理学的マーカーを使って炎症レベルの測定を行いました。

その結果、セルフ・コンパッションが低い人は、ストレステストを受ける前から炎症レベルが高く、この人たちは基本的にストレスを多く経験しながら生活していることがわかりました。また、セルフ・コンパッションが低い人は、ストレステスト後の炎症レベルの数値も高いことが示されました。この知見は、セルフ・コンパッションが低い人は、日常生活で経験するストレスから悪影響を受けやすいことを示唆しています。このように、セルフ・コンパッションの欠如は、健康や寿命に経年的な影響を及ぼす可能性があります。

もっと幸せに、より健康的になるためのシンプルな実践法をご紹介します。自分のことを大切にしてください。自分を許し、自分に優しくし、思いやりの気持ちをもって自分に接しましょう。

第3章

マインドセットと記憶

テキサス大学オースティン校のジョン・グッドイナフ教授（機械工学、材料科学）は、電池の開発で数多くの賞賛を受けている人物です。２０１４年には、リチウムイオン電池の開発への貢献が評価され、チャールズ・スターク・ドレイパー賞を受賞しました。２０１７年にはグッドイナフ教授は新型の電池の特許を申請しています。また、ノーベル化学賞を受賞する可能性のある人物だ、と常々言われています（訳注：２０１９年ノーベル化学賞受賞）。

しかし、最も驚くべき事柄はグッドイナフ教授の年齢です。御年95歳です（訳注：２０１７年時点）。教授は、自分が最高の仕事をしたのは年を取ってからだと考えています。

彼は「私たちのなかには亀のように、這いつくばったり、もがいたり、三十路になっても、まだよくわからないような人がいます。しかし、そんな亀のような人は歩き続けなければならないのです」と述べています。[※1]このような考え方から、彼は70代、80代、そして90代になってからも物理学の様々な問題に取り組み続けています。グッドイナフ教授は、この年齢特有のメリットとして、新しいアイデアを自由に探究できることをあげていて、そのことについて「もう、仕事を続ける心配がありませんから」とコメントしています。

年老いるということについて、あなたはどんな信念をもっているのか、考えてみてください。何が思い浮かびますか？　老若男女を問わず、多くの米国人にとって、老化のプロセスに関するステレオタイプはとてもネガティブです。高齢になると、活動量が減り、健康上の問題が生じ、記憶力が低下すると考えられています。高齢者の忘却には「お年寄りの物忘れ（senior moment）」という言葉もあるくらいです。

高齢者は、問題解決、反応時間、記憶などの認知プロセスが年を取るにつれて低下するのでしょうか？　答えは「イエス」です。

ところが、これらの能力の低下は、一般的に想定されているよりも、はるかに少ない、と考えられています。問題解決能力や推論能力を測定する流動性知能は、加齢に従って、多少は低下します。ただし、技術、知識、経験を活用する能力である結晶性知能は、若年者よりも高齢者のほうが高い得点を示すのです。[※2]この結果は道理にかないます。高齢者は、このような能力を身につけるために、人生で多くの時間を費やしてきたのですから。

ある研究は、若年者（18歳から29歳）と高齢者（60歳から82歳）の双方に、金利、債務契約、経済的意思決定など、金融リテラシーを評価する一連の質問を行いました。[※3] 高齢者は、若年者と同等かそれ以上の得点を全項目で獲得することができました。若い人のほうが新しい情報を習得しやすいという利点はありますが、このように、高齢者がこれまでの人生で身につけてきた知識は、新しい情報を獲得する能力の低下を補って余りあるものなのです。

「お年寄りの物忘れの真相」

数年前のことです。私はマサチューセッツにある自宅から車で4時間ほどのニュージャージー州プリンストンで開催される会議に向かう予定がありました。その日は、授業や会議、出発前の洗濯など、やることがたくさんある長い一日でした。家を出たのが午後9時、出発が予定よりも遅れたので、とても急いでいました。

夜間で交通量が比較的少なかったので、順調にドライブを続けることができました。ところが、午後11時にタッパン・ジー橋（訳注：移動の中間地点の目印になる橋）に差し掛かったところで、夫のバートからこんな電話がかかってきたのです。「スーツケースがベッドに置いたままだけれども、これはどういうこと？」

あぁ…私はスーツケースをベッドに置いたままにしておくつもりは、全くありませんでした。その時間になると、スーツケースを取りに戻ることは不可能なので、これはとても悪いニュースでした。そして特についていなかったのは、深夜に運転をするという事情から、スウェットパンツにボロボロのTシャツを選んで着ていたことでした。翌朝8時には会議があるというのに…。

このままでは会議に出席することはできないと思ったので、バートにプリンストン近辺で朝8時前にオープンしているお店をインターネットで調べてもらいました。ご想像通り、こんな時間に新しい洋服を買うことができるのはウォルマートだけでした（これは、物を恵んでもらうのに好き嫌いは言えない、という良い例だと思います）。

私は、午前1時過ぎにホテルに到着して、6時にモーニングコールをお願いしました。そして、私はウォルマートに行って、30分以内にその日のための洋服を、マイリー・サイラス（訳注：米国の歌手、女優。過激な言動や先鋭的なファッションで知られる）のコレクション・シリーズから（いつもの服装とは全然異なります）、購入する羽目になったのです。

この恥ずかしいエピソードを昼食時に同僚にしました。そして、その日の最後の打ち合わせをキャンセルして、ショッピングモールに行って、数日後の会議用の洋服を買い物させてほしい、とお願いしました。私の同僚は笑いをこらえることができませんでした（今ではその後の会議のたびに、スーツケースを忘れていないかどうかを聞かれるようになりました）。このとき、私は40代だったので、他の人は、私の物忘れについて、過労と疲れ、そして多忙のせいだと考えていたと思います。

それでは、この出来事が、私が60代、70代、80代の頃に起こったとしましょう。どのような説明が行われるのかを想像できますか？ これは、同じ出来事でも、自分のもっているステレオタイプに合わせて様々に解釈してしまう、というシンプルな例です。忙しく働く母親、というマインドセットは、物忘れ行動は、様々な役割をこなしすぎていることが原因だ、と考えることにつながります。同様に、大学生がＩＤカードや鍵、携帯電話を紛失したとしても（いずれも日常的に起こることです）、誰もその学生が記憶喪失に陥っている、とは考えません。これに対して、高齢者の物忘れ行動に対する私たちのマインドセットは、それは認知症が原因だ、ということを前提にしているのです。

本章では、このようなステレオタイプが、私たちの行動の見方や解釈の仕方に影響を与えるだけでなく、高齢者自身の記憶にも大きな影響を与える可能性がある、ということを説明します。実際、年を取るにつれて記憶力が低下する、というような年齢差別的なステレオタイプを高齢者に想起させるだけで、記憶力テストの成績が低下することがあります。したがって、結果的にそうしたステレオタイプが確証されることになるのです。このような自己成就的なプロセスは、第1章で説明したように、ステレオタイプ脅威によって発生する、と考えられます。

ネガティブな老化ステレオタイプの危険性

雑誌やテレビ番組、映画からのメッセージなど、日常生活の中では常に「お年寄りの物忘れ」について言及されていることを考えると、高齢者が自分の記憶力を心配するのは納得できます。メディアは毎日、老化に関するネガティブなイメージを私たちに浴びせています。老化とは、物忘れがひどくなること、魅力がなくなること、活動量が減ること、そして死に近づくことだ、と考えるように仕向けているのです。しかし、ステレオタイプ脅威に関する研究が他のネガティブなステレオタイプについて既に示しているように、年を取ることで生じる記憶力の低下を高齢者に明示的に想起させることによって、実際に記憶力が低下する場合があります。

ある研究では、老化に関するステレオタイプが記憶力に与える影響を調べるために、62歳から84歳の高齢者と18歳から30歳の若年者に、3種類の偽の新聞記事のうち、一つを読んでもらう実験を行いました。※4 その記事の一つは、典型的な老化による記憶力の低下を強調しており、高齢者は他人に頼る必要があることを示唆するものでした。このような内容です。

このような研究結果は、老化が心的能力にネガティブに影響するという考えを強めるものですが、研究者は、それは必ずしも高齢者が日常生活を送れなくなることを意味しない、とも述べています。しかしながら、これらの知見は、高齢者が十分な機能を維持するためには、友人や家族だけでなく、記憶装置の助けを借りなければならなくなる可能性があることを示唆しています。

別の記事では、記憶と年齢の関連について、もっとポジティブな知見が強調されているものでした。

このような研究結果は、老化が心的能力にネガティブに影響するという考えを弱体化するものです。これらの研究結果は、生物学的な変化が必然的な損失をもたらすという考えを支持するのではなく、記憶力の低下はある程度、環境と個人の力でコントロールできる、ということを示唆しています。

3番目の中立的な記事は、記憶と年齢の関連についての具体的な情報は含みませんでした。研究参加者全員が、30個の単語のリストを2分間学習した後、覚えている単語を書き出すという標準的な記憶課題に取り組みました。

実験の結果、どのような新聞記事を読んだのかには関係なく、若年者は比較的良い記憶成績を示すことがわかりました。平均すると60％の単語を記憶しており、記事内容による記憶成績の違いは示されませんでした。

高齢者を対象に行った実験の結果はどうだったでしょうか。想像できるかもしれませんが、老化が記憶に与える悪影響を強調した記事を読んだ場合、記憶成績が悪化しました。具体的には、中立的、あるいはポジティブな記事を読んだ高齢者は、57％の単語を思い出したのに対し、ネガティブな記事を読んだ高齢者は44％しか思い出すことができませんでした。

この研究は、記憶に関する一つの記事を読むことが、その後に高齢者が受ける単純な記憶課題の成績に影響する可能性を示しています。このようなステレオタイプを常に耳にしていると、現実世界ではどのような影響があるのかを想像できるのではないでしょうか？そして、そのようなステレオタイプ自体が、高齢者の記憶パフォーマンスの低下につながる可能性があるということもおわかり頂けるのではないでしょうか？これは、私たちのマインドセットのパワーを示す、はっきりとした例です。

「テストに対する表現の仕方の影響」

その他の研究によれば、例えば、微妙にテストに対する表現の仕方を変えることによっても高齢者の記憶に影響が生じることが明らかになっています。ある研究は、若年者（17歳から24歳）と高齢者（60歳から75歳）を対象に、雑学テストを実施して、その成績を比較しました。[※5] 研究参加者全員に「ダチョウの卵をゆでるのには約4時間かかる」「ジェームズ・ガーフィールド（訳注：米国の第20代大統領）は米国大統領の中で靴のサイズが最も大きい」など、60個の雑学をランダムに選んだリストを渡して、記憶してもらいました。研究参加者は、このリストを学習するように教示され、後日、そのリストから無作為に選んだものを使って記憶力テストを行う、ということも伝えられました。

ところが、実際は、記憶力テストの性質について、研究参加者の条件群ごとに、微妙に異なる情報を提供しており、これこそが、研究の重要な要素でした。

若年者と高齢者を含むある条件群は、後で記憶力テストを行うので、このリストからできるだけ多くの文章を「記憶」してください、と教示されていました。具体的には、この記憶教示条件に割り当てられた人は「この実験は、あなたの記憶がどの程度優れているかに関心があります」「次のフェーズでは、このことについての情報を得るために、あなたの記憶力をテストします」と伝えられました。

一方、別の条件群には、「記憶」という言葉は使わず、リストの中からできるだけ多くの文章を「学習」してください、と教示しました。この学習教示条件に割り当てられた人は「この実験は、あなたが事実を学習する能力に関心があります」「次のフェーズでは、このことについての情報を得るために、あなたをテストします」と伝えられました。

次に、研究参加者全員に同じテストを行いました。テストでは、雑学に関する文章のリストを読んで、その正誤を評価しました。その文章には「ダチョウの卵をゆでるのには約6時間かかる」など、元々の文章に手を加えて誤りにしたものも含まれていました。研究者は、若年者と高齢者のテスト成績を求めました。

研究者の予想通り、テストに対する教示の仕方の変えることで、テスト成績に大きな差が生じました。学習教示条件では、高齢者と若年者の成績差は認められませんでしたが、記憶に焦点を当てた記憶教示条件では、高齢者の成績は若年者と比べて大幅に低下しました。これらの結果は、高齢者が若年者と比べて記憶成績が悪いとは限らない、ということを示しています。実際は、高齢者は記憶力が悪い、という老化に関するステレオタイプを、高齢者が確認しようとした場合においてのみ、テスト成績が悪化するのです。

この研究は、心理学の実験によって、テストに対するフレーミング（表現の仕方）が短期記憶テストの記憶成績に影響することを示しています。ただし、この研究は、重要ではあるものの、その効果が大きいということを証明した、とまではいえないかもしれません。

ところが、テストに対する表現を微妙に変えることによって、臨床的に大きな効果が得られる可能性がある、ということは他の研究からも明らかにされています。例えば、60歳から70歳の研究参加者を対象としたある研究は、研究参加者の半数の条件群に、「この研究では40歳から70歳がテストを受けているので、この条件群は『高齢者側』です」と教示しました。別の条件群には「この研究は60歳から70歳がテストを受けているので、この条件群は『若年者側』です」と教示しました。[※6]

この二つの条件群の研究参加者の半数に「記憶力と高齢者」と題した偽の記事を配布しました。この記事には高齢者が経験する一般的な記憶障害について説明されていました。それは、約束を覚えられない、よく使うもの（鍵や眼鏡など）を置いた場所を忘れてしまう、記憶のトラブルに対処するためにカレンダーやノートを使って定期的にリマインダーやリストを作成する必要がある、などの情報を記述したものでした。もう半数の研究参加者には「一般的な能力と高齢者」という記事を配布しました。この記事では、加齢に伴う認知機能の低下について、もっと一般的に説明されていましたが、記憶力については言及されていませんでした。そして最後に、研究参加者全員は認知症の診断に使われる標準的な記憶力テストを受けました。

研究結果は、記憶成績が悪くなることを予想することが絶大なパワーをもつことを示していました。具体的には、自分は研究参加者のなかで「高齢者」に位置すると信じて研究に参加した人のうち、老化による記憶障害について説明された記事を読んだ人の70％が認知症の診断基準を満たしたのです。一方、他の三つのグループで認知症の診断基準を満たした人はわずか14%でした。この結果には、同じように「高齢者」に位置すると信じていたけれども、老化による記憶障害を強調していない記事を読んだ人が含まれていました。そして「若年者」に位置すると信じて研究に参加した人では、配布された記事の違いは示されませんでした。

老化による記憶の問題を耳にするだけで、日常生活に重大な影響が生じる可能性があるということは、研究から繰り返し明らかにされています。南カリフォルニア大学のサラ・バーバー教授（老年学）は「高齢者は、老化によるネガティブなステレオタイプを信じないように気を付けなければいけません。物忘れをすべて老化のせいだと決めつけると、かえって記憶に関する問題が悪化することもあります」と指摘しています。[※7]

無意識的な手がかりによる記憶への影響

これまで説明してきた研究では、老化と記憶の関連性についてのネガティブな情報の明示、そして記憶力テストに対する微妙な表現の仕方の双方が、それぞれ記憶成績に影響することを示しています。しかし、特に注目すべきは、サブリミナルな手がかり、つまり無意識的なレベルで処理される手がかりであっても、高齢者にネガティブなステレオタイプを想起させ、記憶成績を低下させる場合がある、ということです。

高齢者の記憶に対するこうした手がかりの効果を調べるために、研究者はサブリミナルなプライム刺激を研究参加者に提示する実験を行うことがあります。

この種の研究では、コンピュータの画面に瞬間的に単語を表示することで、研究参加者が特定の単語を意識したり、意識レベルで処理したりせずに、プライム刺激の影響を受けるようにします。この方法を使うことで、研究者は、このような無意識の、あるいはサブリミナルなプライム刺激が、行動に影響を与えるのかどうかを調べることができます。

ある研究は、60歳以上の高齢者に2種類の単語のどちらかをサブリミナルなプライム刺激として提示しました。※8 研究参加者の一方には、思慮深い（wise）、洞察に満ちた（insightful）、熟練した（accomplished）などのポジティブな老化に関するステレオタイプを表す単語を、もう一方の研究参加者には、老いぼれた（senile）、混乱した（confused）、ヨボヨボした（decrepit）などのネガティブな老化に関するステレオタイプを表す単語を提示しました。この研究では、単語の長さ、英語での出現頻度、老化プロセスの相対的典型度など、様々な次元で単語を照合することで、その他の要因が結果に影響しないことも確認していました。

研究参加者全員は、どちらかのプライム刺激の提示を受けた後、様々な記憶を調べるために一連の記憶課題を行いました。例えば、そのうちの課題の一つでは、紙の上に並べられた7つの点の列を10秒間見せられた後、その配置を再現することが求められました。別の課題では、研究者が単語のリストを読み上げた後、研究参加者は覚えている単語をできるだけ多く書き出すことが求められました。

それから、2種類のプライム刺激を提示された研究参加者が、これらの記憶課題でどのような成績を示すのかについての検討が行われました。プライム刺激の提示時間は、瞬きするよりも短い時間に設定されていた、という点に留意してください。実験の結果、老化に関するネガティブなプライム刺激にさらされた人は、ポジティブなプライム刺激にさらされた人と比べて記憶課題の成績が悪いことがわかりました。

さらに、この研究では、無意識的なプライム刺激が記憶に与える影響以外に、これらのプライム刺激が老化に対する人々の態度やステレオタイプにも影響するのかどうかについても検討が行われました。具体的には、研究参加者全員に、成人した娘と同居している、マーガレットという名前の73歳の女性が、大学の同窓会に出席するという物語を読んでもらいました。そして、記憶力テストの一環として、この物語から思い出せる限り多くの事柄を書き出すように求めました。さらに、研究参加者は、老化に対するステレオタイプを調べるために、マーガレットに関する自分の考えや意見を述べることも求められました。

老化に関するポジティブなプライム刺激を提示されたある研究参加者は、マーガレットについて「トラウマになるような出来事の後に、新しい状況に適応しようとしている、わりとどこにでもいるおばあちゃん。子どもや孫の幸せを願っていて、同年代の人に関心がある」と記述していました。一方、ネガティブなプライム刺激を提示されたある研究参加者は「年を取って物忘れがひどくなるのは、ほとんどの年寄りにとって自然なこと」、別の研究参加者にいたっては「アルツハイマー病」と短く記述していました。

この研究は、老化に対するステレオタイプが高齢者の記憶や加齢に対する印象に影響を与えることを示しています。そして、このプロセスが、ネガティブな手がかりが意識されずに与えられた場合でも起こりうるという、実に重要な証拠を示しているのです。

「主観年齢と記憶力」

老化に関するネガティブなステレオタイプを、たとえ無意識のレベルであっても想起させることは記憶に影響するだけでなく、人々の身体的な感じ方にも影響を与える可能性があります。実際、記憶力テストを受けるという行為だけで、高齢者はさらに老け込んだように感じてしまう場合があります。

この問題を検討するために、ある研究は、65歳から86歳の高齢者に、自分が何歳だと感じているのかを、0と120を端点とする線上に印をつける形式で答えてもらいました。[※9]

その結果、研究参加者の平均年齢は75歳でしたが、自分たちの主観年齢を約58・5歳と若く感じていることがわかりました（これは良いニュースですね）。

次に、認知機能と標準的な記憶力を評価する簡単なテストを研究参加者に受けてもらいました。この記憶力テストは、30個の名詞のリストを2分間で確認して、その中から覚えている単語をできるだけ多く書き出すという内容でした。その後、自分が何歳だと感じるかを研究参加者に再回答してもらいました。

その結果、当初は58・5歳くらいと答えていた研究参加者の主観年齢がテスト終了後には63・14歳と5歳近くも上昇することがわかりました。この結果は、5分程度の短いテストを受けるだけで5歳近くも老けたように感じられる、という点において注目に値します。記憶力テストは、老化に対する一般的なステレオタイプを浮き彫りにすること、その結果、高齢者がさらに年を取ったように感じるきっかけになる可能性があります。事実、その後の研究によれば、記憶力テストの説明書を読むだけでも、つまり、実際にテストを受けなくても、高齢者の年齢に対する認知に同様の影響が生じることが明らかになりました。このような行動が老化に対するネガティブなステレオタイプを活性化させ、その結果、高齢者がさらに年を取ったように感じるようになるのではないか、と研究者は考えています。

最初の研究に対するフォローアップとして、研究者は、記憶力テストを受けることが若年者にも同様の効果をもたらすかどうかについても検討しています。テストを受けるだけで、人は疲れたり、精神的な困難を感じたりして、その結果、年を取ったと感じることがあるのかもしれません。しかし、フォローアップ研究を行った結果、若年成人の主観年齢には、そのようなテストの影響は認められませんでした。つまり、記憶力テストは、若年者の年齢に対する認知には全く影響しないのです。

本書で後述しますが、主観年齢は健康状態に影響することから、これらの研究結果にはとくに実践的な重要性が大きい、と考えられます。

「老化に関するステレオタイプの現実世界への影響」

これまで紹介してきた研究の大きな課題の一つは、統制された実験室環境で実施されてきたということです。そのため、老化に関するネガティブなプライム刺激の影響について説明したこれまでの研究が、現実世界でも影響を及ぼすのかどうかについて、疑問をもたれたかもしれません。言い換えるならば、心理学の実験によって、そのようなステレオタイプの想起が短期記憶の成績に影響することが示されたとしても、そのようなステレオタイプは本当に高齢者の日常生活体験に影響を与えている、といえるのでしょうか？

老化に関するネガティブなステレオタイプが現実世界に及ぼす影響を調べるために、記憶と加齢について世界で最も長く研究が行われている、ボルチモア加齢縦断研究で収集されたデータを分析した研究があります。[※10] ボルチモア加齢縦断研究は、38年間にわたって、研究参加者の健康状態や記憶力を調べていることから経年的な変化を調べることが可能です。

ただし、このボルチモア加齢縦断研究の研究参加者は、健康に対する自己評価がとてもよいこと（1点から5点の尺度で平均4・51点、5点は素晴らしい健康状態であることを意味します）、研究参加者の77%が大学を卒業した高学歴者であることから、若干特別な方々かもしれません。

この研究では、老化に関するステレオタイプを測定する尺度の初期得点が調べられました。この尺度は「老人はぼんやりとしている」「老人には集中力がない」などの様々な記述に対する賛意を問うものでした。

次に、研究開始38年後の研究参加者の高齢期における記憶力の評価を行い、健康や老化に関するステレオタイプの測定も実施しました。記憶力の評価では、幾何学的な図形を10秒間見せてその絵を描いてもらう、という標準的な記憶力テストを行いました。

最後に、老化に対するステレオタイプが時間の経過とともに記憶能力に影響を及ぼすかどうかという本質的な疑問を調べるために、研究を開始した時点で老化に関するポジティブなステレオタイプをもっていた人とネガティブなステレオタイプをもっていた人の間で、38年後の記憶力テストの得点を比較しました。もうおわかりかもしれませんが、老化に関するネガティブなステレオタイプを最も強くもっていた人は、ポジティブなステレオタイプの人と比べて、記憶力テストの成績が著しく悪いことがわかりました。60歳以上の高齢者では、老化に対して当初からネガティブな態度だった人は時間の経過とともに記憶力の成績が30％も低下していたのです。

この研究結果は、年齢、うつ病、学歴、配偶者の有無、病院の記録に基づく慢性疾患の数、人種、自己評価による健康状態、性別など、経時的な記憶力の低下に関与する他の多くの要因をも考慮に入れていることから、特に注目に値します。

この研究は、老化に対してネガティブな見方をすることは、実験室内での記憶能力の短期的な低下をもたらすだけでなく、長期にわたって記憶に現実的かつ持続的な影響を与えるという重要な証拠を提供しています。

文化の違いによる影響

老化をよりポジティブに捉える文化圏の高齢者では、加齢による記憶能力の低下がみられないことも重要なポイントです。この知見は、多くの西洋文化における老化に関するネガティブな文化的なステレオタイプを変えることが、高齢者の認知能力の向上に大きく貢献する可能性があることを意味しています。

米国では、老化に対する態度はとてもネガティブです。しかし、特に、加齢による記憶への影響は、他の文化圏ではそれほどネガティブに捉えられていない場合もあります。例えば、中国では、高齢者は若年者と比べて知恵がある、ということでポジティブに見られています。中国文化には、高齢者を尊重する、賞賛と尊敬の念で高齢者を捉える、ということについて長い歴史があります。

このことから、研究者は、中国や老化をポジティブに捉えるその他の文化圏では、老いを想起させることが記憶能力に同様の悪影響を及ぼすことはないだろう、と仮説を立てました。そして、この仮説を検証するために、中国と米国の若年者と高齢者の記憶成績を検討しました。※11 この研究では、年齢と文化が特定のテスト成績に影響を与えるかどうかを調べるために、異なるタイプの記憶力テストを使用しました。そのテストの一つは、10秒間見たドットのパターンを再生してもらうもので、他には「彼女は毎日水泳をする」「彼は転んで腰を痛めた」など、人物と活動を組み合わせた写真を記憶してもらうテストもありました。

研究者の予想通り、中国と米国の若年者は、記憶に関する全指標でとても良い結果を示し、そこには文化による成績の違いは認められませんでした。しかし、米国の高齢者は、中国の高齢者と比べて、このような記憶力テストで大幅に悪い成績を示しました。

これらの結果は、老化による自然な記憶力の減衰といった生物学的要因では、米国の研究参加者に認められる記憶力の変化を説明できないことを示しています。生物学的な老化現象であれば、文化が違っても同じように記憶力の減衰が進行するはずだからです。研究者は、むしろ、米国で一般化している老化に対するネガティブなステレオタイプが、このような記憶力の低下を生む原因だ、と考えています。

国際アクティブ・エイジング会議の最高責任者であるコリン・ミルナーは「東洋文化では、高齢者はその知識によって尊敬を得ています。マーケット関係者が高齢者に対する関心を失っていて、仕事を得ることが難しくなっており、高齢者は引退して何もしないほうが良い、と考えているのは西洋文化だけです」と述べています。※12

第3章の KEYPOINT

記憶において、老化に関するネガティブなステレオタイプがもたらす実質的な影響、そしてそのようなステレオタイプが固有的な生物学的プロセスよりもはるかに強い影響を認知能力に与えていることをご理解頂けたと思います。

良いニュースがあります。それは、老化の必然性を受け入れることができない人は、老化に対するネガティブなステレオタイプが生む有害、かつ自己成就的な結果に対抗することができる、ということです。実際、そのようなステレオタイプとその影響について学習するだけでも、加齢による記憶力の向上につながるかもしれません。詩人ヘンリー・ウォズワース・ロングフェローは、その詩「いまわの挨拶（Morituri Salutamus）」で、このように結んでいます（訳注：アーサー・ビナード（著）『日々の非常口』（２００９）、新潮文庫、より引用）。

見栄えは違うが、本当は老いが、若さに
負けないくらいの可能性を孕んでいる。
日が沈み、夕闇が迫ると、昼間はまったく

――見えなかった星が、天いっぱいに現れる。

ロングフェローにとって、老化は可能性に満ちたチャンスです。もし、あなたがそのように感じ始めているのでしたら、あなたの年齢に関係なく認知能力を保ち、さらに強化するためのシンプルな実践法をご紹介します。

新しいスキルを学び続ける

私たちは全員、快適で慣れ親しんだ日常生活の習慣から抜け出せなくなってしまう傾向があります。ところが、意図的に新しいスキルを学び続けている人は、年を取ってもシャープな頭脳を保持しています。言い換えれば、脳の機能に関しては、それを使うか、それとも失うかの二者択一なのです。

認知障害の初期症状がある高齢者に、かなり複雑な振り付けを伴うカントリーダンスのレッスンを受けてもらったところ、6カ月後に脳の構造が改善された、という結果が報告されています。[※13] その他の運動（早歩きや軽いストレッチ）をしている人には、そのような変化は認められませんでした。

新しいスキルを身につけることの重要性を示した代表的な研究があります。その研究は、

60歳から90歳の研究参加者に、3カ月の間、週15時間、何らかの活動をするように求めました。[※14] 研究参加者のある条件群には、デジタル写真やキルティングなど、難易度の高い新しいスキルを習得してもらいました。この活動には、積極的な取り組みと高度な記憶・認知プロセスが必要でした。別の研究参加者には、音楽を聴いたり、言葉のパズルを完成させたりするような、より身近で受動的な活動に参加してもらいました。そして、最後の条件群は、社会的な交流、遠足、娯楽などの社会的な活動に参加してもらいました。

新しいスキルを学んだ研究参加者は、他の二つの条件群と比べて、認知機能の向上が示されたという結果は、おそらく皆さんも予想できたと思います。この研究は、年齢にとらわれず、精神的な挑戦を経験すること、そして新しいことを学ぶために自分を追い込むことの重要性を示しています。このような精神的な刺激は、高齢者になっても高い認知機能を維持するうえで大いに役に立ちます。この研究を行ったテキサス大学ダラス校のデニス・パークは「ただ外に出て何かをすればいいというわけではありません。慣れないこと、精神的に挑戦すること、精神的・社会的に広く刺激を与えるようなことを、外に出て行うことが大切です」と述べています。

したがって、年齢を重ねても精神的な健康を保ちたいのであれば、自分を奮い立たせて学び続けましょう。教室に通ったり、読書会に参加したり、新しい場所に出かけるのです。学び続けるように自分自身を励ましましょう。新しいスキルを身につけるのに遅すぎるということはありません。精神的な刺激は実際に脳を変える可能性があります。

言葉による表現の仕方を変えてみる

老化に関するネガティブなステレオタイプを高齢者に想起させることの危険性が知られるようになると、研究者はこれらのネガティブな結果を克服するための実践法を検討するようになりました。心強いことに、その結果、いくつかの研究は、言い回しをシンプルに変更することで、高齢者がステレオタイプの脅威に直面した場合でも、高い記憶成績を示すことができるようになることを発見しています。

南カリフォルニア大学の老年学教授が行った興味深い研究では、高齢者が優れた記憶力を発揮した場合に報酬を与える方法を調べました。[※15] この研究では、はじめに高齢者（59歳から79歳）に、老化による記憶力の低下について書かれた偽の新聞記事を読んでもらい、その後、標準的な記憶課題に取り組んでもらいました。

研究者は、この標準的な記憶研究に独創的な工夫も加えました。半数の研究参加者には、単語を正しく記憶するたびに、ご褒美としてポーカーチップを2枚もらえること、それは研究終了時に換金できることを伝えました。そして、もう半数の研究参加者には、最初に15ドルを渡し、その後、単語を忘れるたびに、ポーカーチップを3枚失うこと、研究終了時にマイナスになれば清算してもらうことを伝えました。この手続きによって、一方の研究参加者は、より多くの単語を学習することに、もう一方の研究参加者は、単語を忘れないことに集中しました。

そして、研究参加者の高齢者が記憶課題でどのような成績を示すのかを調べたところ、記憶課題の表現の仕方を変えることで、記憶成績が大きく異なることがわかりました。具体的には、「単語をたくさん覚えたらお金がもらえる」と教示された高齢者は、老化に関するステレオタイプについて何も情報をもたなかった高齢者と比べて、記憶成績が20%程度低下しました。一方、「単語を忘れたらお金を失う」と教示された高齢者は、年齢に関するステレオタイプに関する情報をもっていなかった高齢者と比べて、良い記憶成績を示しました。

これらの研究結果は、例えば、認知症のスクリーニング検査を受ける高齢者の記憶力を向上させるためには、検査を行う臨床医は、できるだけ多くの単語を覚えるように促すのではなく、間違えないことの重要性を強調したほうがよい、というシンプルな実践法を提案すると思います。高齢者は、覚えることではなく、忘れないことに集中することで、記憶成績を向上させることができるかもしれません。

老化に対するマインドセットを変える

残念ながら、メディアによって描写されるステレオタイプの多くは、老化に関するネガティブなステレオタイプを助長するものです。しかし、良いニュースもあります。こうしたイメージを払拭することで、年を重ねることについて、もっと楽観的で、率直に表現すると、現実的な見方ができるようになるのです。

ある興味深い研究によると、高齢の政治指導者がいる国では高齢者に対する見方がよりポジティブであることがわかっています。これは、著名なロールモデルの存在が、人々の老化に対する認識を変える可能性があることを示唆しています。[※16] 例えば、72歳のフォーチュン500社の最高経営責任者など、社会的な地位が高い高齢者の写真に接するだけで、もっとポジティブな印象を与えることができます。

高齢者は、70代、80代、そして90代でも偉大なことを成し遂げたジョン・グッドイナフ教授のようなロールモデルを心に留めておくことで、年を取るということについての自分自身がもつネガティブなステレオタイプを変えることができます。

宇宙飛行士のジョン・グレンは「年を取ると、暦通りに生きなければいけないと考える人が多すぎます」と述べています。[※17] グレンは、米国人として初めて地球の軌道を周回したことで著名ですが、77歳のとき、スペースシャトル「ディスカバリー」の搭乗科学技術者として加わり、宇宙飛行した最高齢者になりました。さらに、このシャトルが地球を134周した9日間の旅の最中、彼は米国の上院議員も兼務していました。暦や年齢にとらわれないことが大切だ、という彼の言葉は、彼が70歳を過ぎてもなお、社会的な貢献を続けることができることを示しています。

長生きするためには「年を取る」ということに対するステレオタイプを変えることが大切です。どうすればよいのでしょうか？　それでは、早速、年齢には関係なく、インスピレーションと影響を私たちに与え続けている人物を紹介していきましょう。

- 俳優・映画監督であるカール・ライナーは、96歳で最新作『死ぬほど忙しい（Too Busy to Die）（未邦訳）』を出版しました。
- セックスセラピストのルース・ウィーストハイマーは、90歳のときに『ジェットコースターおばあちゃん：ルース・ウィーストハイマー博士の驚くべき物語（Roller Cooster Grandma: The Amazing Story of Dr. Ruth）（未邦訳）』という子ども向けの自伝をグラフィックノベルで発表しました。
- クリント・イーストウッドが2015年のアカデミー賞の作品賞にノミネートされた「アメリカン・スナイパー」を監督したのは83歳のときでした。
- ルース・ベイダー・ギンズバーグは、80歳を過ぎても連邦最高裁判事として活躍しています（訳注：2020年死去）。

老化に関するマインドセットを変えることは、あなたの人生の質を向上させ、長寿を実現する上で大きな意味があります。今度、老化に関するネガティブなステレオタイプを耳にしたり、考えることがあったら、その代わりに、社会の様々な場面で大活躍している、ポジティブな高齢者のロールモデルの姿を思い浮かべてみてください。

第4章

マインドセットと長寿

1942年9月25日、オーストリアで脳神経外科と精神医学を専門とする医師ヴィクトール・フランクル博士は、妻と博士の両親と一緒に強制収容所に送られて、そこで3年間を過ごすことになりました。博士の妻と両親は生き延びることはできませんでした。

強制収容所の解放後、博士はウィーンに戻り、とてつもない苦しみに直面したとしても意味を見出すことの重要性を説きました。著書『夜と霧』において、彼は「人は強制収容所に人間をぶちこんですべてを奪うことができるが、たったひとつ、あたえられた環境でいかにふるまうかという、人間としての最後の自由だけは奪えない」と記しています[※1]。フランクル博士は1997年に92歳で亡くなりました。

ほとんどの人は、幸いなことに、彼が経験したような悲劇を経験することはないでしょう。しかし、博士のメッセージを受け入れることはできると思います。もっと長く、より良い人生を送りたいのであれば、このようなポジティブなマインドセットを身につけることがとても重要だということが、現在、数多くの科学的な証拠から明らかにされています。この素晴らしい効果を得るために、暮らしの中で工夫できることはたくさんあります。しかし、その前に、まず、事実について説明します。

「百寿者の心得」

100歳になる多くの人は、体に気をつけています。野菜や豆類をたくさん食べ、お肉はあまり食べず、お酒はほどほどに、そしてタバコは吸わない傾向があります。そして、ガーデニングや散歩、ハイキングなど、定期的に体を動かしている人が多いです。ところが、特徴は、それだけではありません。

世界でも百寿者（訳注：センテナリアン（centenarian）とも呼称される100歳以上の人のこと）が顕著に多い5つの地域の特徴について考えていきましょう。

- 男性百寿者が最も多いイタリア・サルデーニャ島のオリアストラ県。

・中高年死亡率と認知症有病率が世界で最も低いギリシャのエーゲ海に浮かぶ島、イカリア島。
・中年期の死亡率が世界一低いコスタリカにあるニコヤ半島。
・平均的な米国人よりも健康寿命が10年長い安息日再臨派の信者が暮らす、カリフォルニア州ロマリンダ市。
・女性百寿者が最も多い日本の沖縄県。

これらの文化に暮らす人々は、大半の時間を、拡大された社会的なネットワークの中で他の人々とともに過ごしています。彼らは、家族、友人、隣人と頻繁に交流し、祖父母と孫が一緒に過ごす緊密なコミュニティで生活しているのです。

確かに、これらの文化で暮らす人々は、私たちと同じように、日常生活の中でストレスを経験しています。しかし、彼らはストレスを軽減するためにとても効果的な方法を利用しています。例えば、沖縄の人々は毎日先祖について考える時間をもち、イカリア島の人々は定期的に昼寝をし、サルデーニャ島の人々は毎日ハッピーアワーでお酒を飲んでリラックスする傾向があります。また、これらの文化の人々は、宗教的・精神的な信念を強くもつ傾向がありますが、それは様々なストレスを減らす効果があります。

最も重要なことは、これらの文化で暮らす人々は、いくつになっても自分の人生に意味と目的を見出すことができる、という点です。沖縄の人々は「生きがい」、ニコヤ半島の人々は「プラン・デ・ビダ（訳注：人生の目標）」という言葉を使いますが、それは大まかに訳すと、どちらも「私が、朝、目覚める理由」という意味です。80代や90代になっても、体を動かしたり、ガーデニングをしたり、伝統を若い人に伝えたり、自分が大切にしていることに参加するアクティブな人を、あなた自身やあなたの親戚、友人のなかに見つけられるのではないでしょうか？　年齢や環境に関係なく、すべての人にとって、朝、目を覚ます理由が求められるのです。

人生の意味や目的を見つけることと、寿命が延びることとの関連性は、確かな事実によって裏付けられています。米国の20歳から75歳までの6000人以上のデータを14年間にわたって調べた研究の結果、この期間に生存していた人と死亡した人の間には、一貫してある一つの違いがあることがわかりました。明らかにされたことは、年齢や性別、退職したか働いているかどうかに関係なく、生存者は意味と目的をより強く感じていた、ということでした。[※2]

この重要な洞察から恩恵を得ることが可能です。もし、あなたが長生きしたいのであれば、身体のケアを始めるだけでなく、愛する人と時間をともに過ごし、ストレスを管理し、人生の意味を見出してください。国立老化研究所の初代所長であるロバート・バトラー博士は、しばしば「自分の人生の意味を明確にすることができれば、寿命は延びるのです」

とコメントしています。[※3]

ポジティブな期待のパワー

100歳以上まで生きる文化に共通する特徴の一つは、老いに対する期待感です。実際、サルデーニャ島に住む人々は、イタリアの他の地域に住む人々よりも、老いに対してポジティブな信念をもっています。[※4]『THE BLUE ZONES：世界の100歳人に学ぶ健康と長寿9つのルール』の著者ダン・ビュイトナーは、次のように語っています。

もし、あなたが、高齢者に対して、あなたが必要だ、ということを伝えれば、高齢者はもっと長生きしてくれると思います。例えば、サルデーニャ島や沖縄、そしてイカリア島には定年退職という発想がありません。高齢者は介護を受けるだけでなく、料理をしたり、子どもの世話や庭の手入れをしたりすることが期待されています。[※5]

これらの文化では、80代以降の人々は身体的に活動的で、賢く、価値ある貢献を行うことがまだできる、というポジティブなマインドセットを取り入れています。そして、老化に対してポジティブな期待をもつことは、本当に実を結ぶのです。ある研究は、18歳から

49歳の人々に、老化に対するネガティブな信念とポジティブな信念の両方を評価する尺度に回答することを求めました。[※6] その尺度には次のような項目が含まれていました。

- 私が年を取ると物事は悪くなるだけだ。
- 年を取ると私は役に立たなくなる。
- 私は若いときと同じように今幸せだ。
- 私は去年と同じくらい元気がある。

その後、研究参加者を30年以上にわたって調査することで、これらの信念がその後の健康上の出来事をどの程度予測するのかを検討しました。その結果、期待がその後の健康に重要であることを示す顕著な証拠が得られました。30年後、老化に対してネガティブな信念をもっていた人の25％が何らかの心血管疾患（心臓発作、脳卒中、狭心症など）を経験していました。一方、老化に対してポジティブなステレオタイプをもっていた人では同疾患の経験率はわずか13％でした。

他の研究でも、老化に対してポジティブな期待をもつことの利点について、同様の結果が得られています。このような信念をもっている人は、様々な慢性疾患にかかる可能性が低いこと、障害から回復する可能性も高いことが報告されています。[※7]

老化に関する信念が健康状態に強い影響を与えるのはなぜでしょうか？　老化に対してポジティブな態度を示している高齢者は、ストレスの多い状況に直面したときにも、回復力が高いことがわかっています。ある研究は、60歳から96歳までの研究参加者に、老化に対する態度とその日に経験したストレスについて尋ねました。[※8]当然のことですが、全体的にストレスを多く感じていた人ほど、恐怖、イライラ、苦痛などのネガティブ感情を多く報告しました。しかし、老化に対してポジティブな態度を示した人は、そんな大変な日々からは容易に立ち直っており、ネガティブ感情の増加は示されませんでした。

この研究結果は、老化に対するポジティブなステレオタイプをもつことがなぜ健康に良いのかを説明するうえで手助けになります。このような信念をもつ人は、おそらく、老化をたいしたことではないと考えているので、それによってストレスが減るのです。そして、この信念が、ひいては、第2章で述べたような健康状態の悪化を生むネガティブな生理的反応を軽減させます。したがって、このような信念をもつ人は、免疫系も強くなり、その結果として、様々な病気にかかりにくくなる、と考えられます。[※9]

ここで最も重要なのは、年を取ることについての人々の信念が、実際に寿命に影響を与えるということです。別の研究では、50歳以上の研究参加者に、老化に対する自分の態度を答えてもらいました。[※10]その後、23年間にわたり、研究者は定期的に研究参加者と連絡を

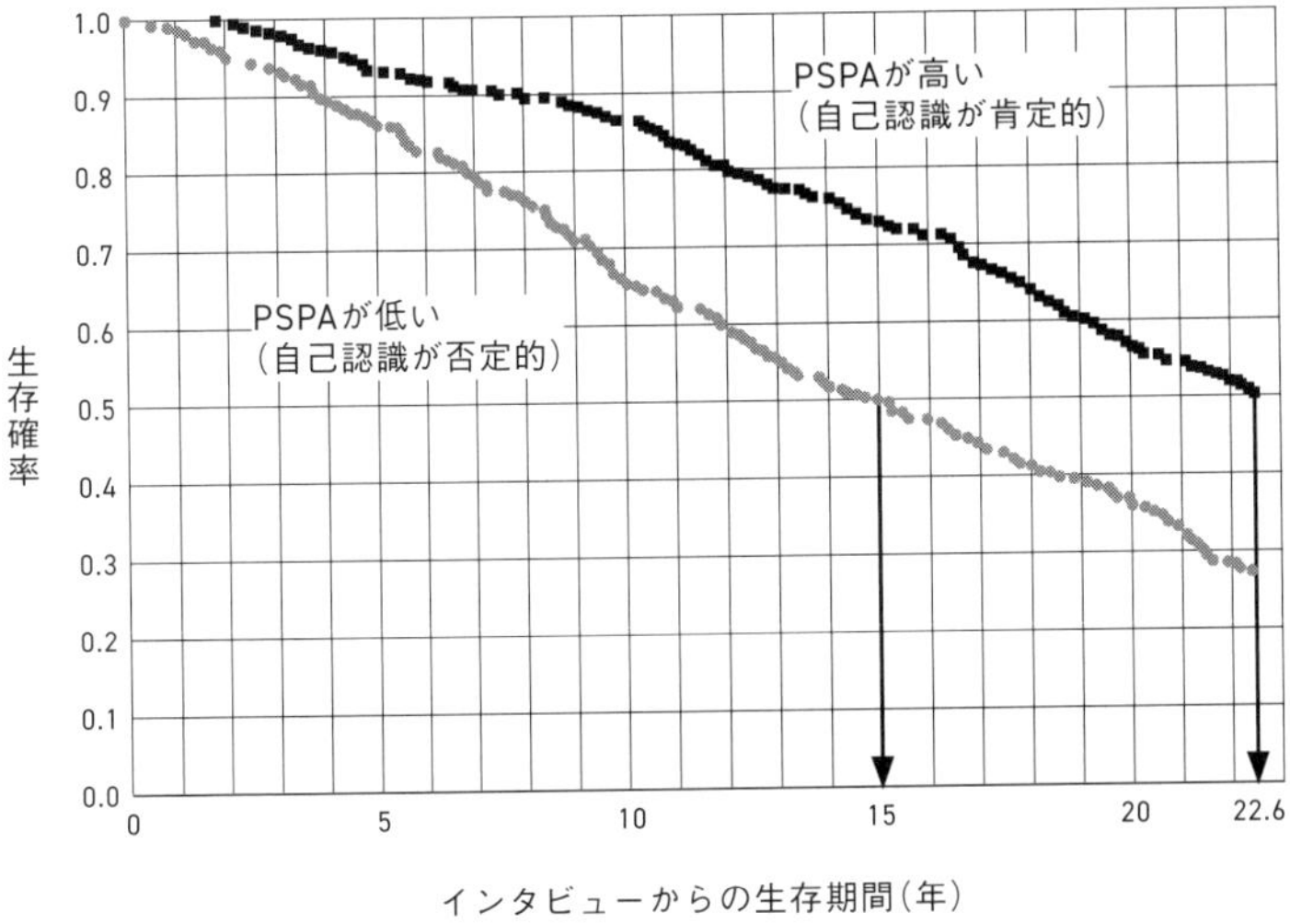

老化に対する自己認識が肯定的な人(PSPAが高い)の生存期間の中央値はベースラインを過ぎて22.6年であるのに対し、自己認識が否定的な人(PSPAが低い)ではわずか15年でした。

T K. Levy, B. R., Slade, M. D., Kunkel, S. R., & Kasl,S. V (2002). Longevity increased by positive self-perceptions of aging; Journal of Personality and Social Psychology 83(2), 261-270.

取って、健康状態を測定しました。その結果、驚くべきことが判明しました。老化についてポジティブな態度を示した人は、ネガティブな態度を示した人に比べて、平均すると7・5年も長寿だったのです。そして、意外なことに、長寿における老化に対する態度の影響は、孤独感、性別、喫煙、運動よりもはるかに強いことも示されました。

したがって、100歳を迎えるための鍵の一つは「老化が意味すること」について、ポジティブな期待をもつこと、です。

「老けたと思うことは健康にとってマイナス効果」

前章では、年を取ったと感じるだけで、記憶力が低下することを学びました。そして、予想通りかもしれませんが、実際の年齢とは関係なく、自分が何歳だと感じるのかが老化の進み具合に影響するのです。

ある研究は、65歳から102歳までの研究参加者に、自分が何歳なのかを尋ねて、暦年齢を測定しました。[※11] 次に、自分が何歳だと感じるかを尋ねて、主観年齢を測定しました。そして、研究参加者が暦年齢よりも老けたと感じているのか、それとも若いと感じているのかを求めたのです。数年後、同じ人たちに再び連絡を取って、過去1年間に病院で一晩過ごしたことがあるかどうかを質問しました。

研究者の予想通り、自分は暦年齢よりも老けていると感じていた人は、入院を経験する可能性が非常に高いことがわかりました。実際、実年齢よりも老けていると感じていた人は、自分の年齢やそれよりも若いと感じていた人に比べて、病院で一晩過ごす可能性が10％から25％高くなったのです。

これらの研究結果は、私たちの思考が身体的な健康に強く影響することを示しています。しかし、さらに驚くべきことは、人々の身体活動レベルに対する認知が寿命までを予測する、ということです。

ある研究は、人々の長寿に対するマインドセットが寿命に与える影響を調べるために、全米に住む6万人以上の成人データを調査しました。[※12] これらの研究参加者は、年齢、BMI、慢性疾患、身体活動レベルなど、一般的な健康習慣に関する情報を提供しました。研究では、さらに一つの質問が行われました。それは「同年代の他の人と比べて、あなたは身体的に活発ですか、活発ではありませんか、それとも同じくらいですか？」というものでした。

21年後、研究者たちは死亡記録を調べて、研究参加者のうち、どの人が亡くなったかを追跡調査しました。自分は他の人よりも運動量が少ないと思っていた人は、他の人よりも運動量が多いと思っていた人と比べて、追跡期間中に死亡する確率が71％も高かったことがわかりました。身体活動に対する認知と生存率との間にあるこの関係は、ＢＭＩや実際の身体活動レベルなど、長寿と関連する他の要因の影響を考慮しても、当てはまりました。

これらの知見は、マインドセットのパワーを物語っています。すなわち、歴年齢には関係なく、自分のことを若いと感じている人は健康で長生きすることができます。

［ポジティブに生きることのメリット］

前章で学んだように、世界をポジティブに見る人は、幸福で健康的です。実際、悪いことではなく、良いことに目を向けて生きている人は、長生きします。※13

ある研究は、修道女が成人後の間もない時期（18歳から32歳まで）に書いた自伝を調べました。※14 この研究では、自伝の語りに含まれる様々な種類の感情をコード化し、ポジティブ感情の程度を評価しました。以下はその例です。

- 「私は1909年9月26日、5人の女の子と2人の男の子の7人兄弟姉妹の長女として生まれました……。私が志願した年は、マザーハウスで過ごし、ノートルダム女学院で化学と2年生のラテン語を教えました。神の恩寵を受けて、私は修道会のため、宗教の普及のため、そして私自身の聖化のために最善を尽くすつもりです」
- 「神様は私に計り知れない価値をもつ恵みを与えてくださり、私の人生は良いスタートを切ることができました……。ノートルダム女学院で志願者として学んだこの1年間は、とても幸せなものでした。今、私は聖母の聖衣を受け取り、神聖なる愛と一体となった生活を送ることを切なる喜びとともに待ち望んでいます」

最初の文章には、その人の人生についての客観的な事実が多く含まれていることがおわかり頂けると思います。これに対し、2つ目の文章には「とても幸せなものでした」や「切なる喜び」といったポジティブ感情がいくつか含まれています。

次に研究者は、修道女たちが何歳で亡くなったのかを調べました。自伝に含まれるポジティブ感情の割合が下位の25%に位置した修道女の平均寿命は86・6歳でした。一方、ポジティブ感情の割合が上位4分の1に該当した修道女の平均寿命は93・5歳でした。これは、全員が宗教に関心が高い女性という、とてもユニークな方々を対象とした研究ですが、この7年近くの寿命の差は、ポジティブなマインドセットを身につけると、寿命が延びることを示しています。

別の研究では、65歳から85歳の研究参加者を対象に、楽観主義を評価するために、様々な文章への賛意を回答してもらいました。[※15] 楽観主義が強い人は、以下の文章に同意していました。

・私は、人生は約束に満ちていると感じることが多い。
・私の人生には幸せを感じる瞬間がたくさんある。
・私には、まだまだ頑張らなければならない目標がたくさんある。
・たいていの場合、私は上機嫌だ。

9年後に研究参加者の死亡記録を調べたところ、楽観的な人の死亡率は悲観的な人の約半分だったことがわかりました。また、年齢、性別、BMI、コレステロール値、教育水準、喫煙や飲酒の割合、慢性疾患、心血管疾患、高血圧の既往歴など、長寿を予測する他の要因を考慮しても、この結果に違いは示されませんでした。すなわち、楽観的な人は長生きする傾向があります。

楽観主義と寿命の関係は、さらに長期間の追跡調査を含む、様々な研究においても実証されています。例えば、メイヨー・クリニックによる30年間の研究によれば、悲観主義者は楽観主義者と比べて、死亡リスクが19％高いことがわかっています。[※16]

全米百寿者意識啓発プロジェクトの創設者であるリン・アドラーは「シンプルに言えば、百寿者は諦めることがありません。彼らは、あらゆる場面で人生の再交渉を行い、老化に伴う損失、課題、変化を受け入れて、そのことを止めないという驚くべき能力をもってい

ます」とコメントしています。[※17]

末期的な病状にいる人でも、楽観的な態度の人は悲観的な態度の人と比べて、平均6カ月長く生存できるそうです。ある研究は、治療から5年後、楽観的な肺癌患者の33％が生存していたのに対し、悲観的な患者では21％しか生存できなかったと報告しています。[※18]このように、年齢、性別、健康関連行動、癌のステージ、治療法の種類に関係なく、楽観主義と平均余命には関連性があることが確認されています。

笑顔は寿命を延ばす

中国には「笑顔は寿命を10年延ばす」という古いことわざがあります。そして、現在、実証的な研究が、このことわざが真実であることを証明しています。

1952年に発行されたメジャーリーグの全選手名簿から、230人のルーキーカードを分析した研究によれば、笑顔と寿命の間には明確な関係があることがわかりました。[※19]これらの選手の写真には、まったく笑顔のない選手、わずかに笑顔の選手、そして満面の笑みを浮かべた選手がいました。研究者は、各選手が何歳で亡くなったのかを調べました。そして、出生年、BMI、キャリア期間、配偶者の有無、大学への進学など、寿命に影響しうる他の変数も同じように調べました。その結果、平均寿命は、笑顔のない選手72・

9歳、部分的な笑顔だった選手は平均75歳、そして本物の大きな笑顔だった選手は平均79・9歳だったことがわかりました。

満面の笑みを浮かべることで実際に寿命が延びることについて不思議に思う方に、ある研究者の発見をご紹介します。笑顔を浮かべるという行為は、実は体の生理的な変化に直結しており、健康を増進させる可能性があります。例えば、ある研究は、箸を口にくわえたまま、3種類の表情のいずれかを保つように求めました。その表情は、面白いことがあったときに自動的に浮かべる本物の笑顔、写真撮影のときに作る標準的な笑顔、そして中立的な表情でした[※20]。

そして、指示された表情を保ったまま、片手を氷水の入ったバケツの中に入れるという、かなり辛い作業を行いました。

その結果、笑顔が痛みに耐える能力に大きな影響を与えることが明らかになりました。どちらの笑顔の人も心拍数が低く、体はストレスを感じていなかったのです。

この研究結果で特に重要なポイントは、笑顔になることが幸せではなかった人にも効果をもたらす、ということです。つまり、この研究では、笑顔の効果、すなわち表情の効果だけを調べています。心から幸せだったかどうかを調べているわけではありません。しかし、それでも、本物の笑顔を浮かべてそれを保った人は痛みのレベルが低いことがわかりました。

ポジティブなマインドセットを身につけるのが苦手な人は、たとえ気分が乗らないときがあったとしても、もっと笑顔でいるようにしましょう。笑顔は周囲の反応を変えるので（常に良い方向へ）、あなたの気分も改善されます。そして、この良い気分が、ストレスの軽減、心拍数の低下、健康増進につながります。

ベトナム仏教の僧侶で作家のティク・ナット・ハン（本書執筆時91歳）は「あなたの喜びが笑顔の源となることもあれば、あなたの笑顔が喜びの源となることもあります」と記しています。[※21] したがって、幸せなふりをするだけでも、やがて幸せを生み出し、寿命も延ばすかもしれないのです。

第4章の
KEYPOINT

本書でこれまで説明してきたように、老化に対するネガティブなステレオタイプは、私たちの周りにあふれていて、記憶力や歩行速度、健康、そして寿命に至るまで、現実的で重大な影響を及ぼしています。しかし、そのようなステレオタイプを変えようと、積極的に取り組むことによって、良い結果が得られます。

ＡＡＲＰ（訳注：全米退職者協会）サービスの最高医療責任者であるシャーロット・イェの例を紹介しましょう。車にはねられた後、リハビリで杖をついていた彼女は、見知らぬ人たちから、まるで自分が無力であるかのように扱われることに気がつきました。そのようなやりとりは彼女を落ち込ませる場合があったので、彼女は杖にリボンや花を飾ることにしました。そうすると、人々の反応は一変し、彼女に対して、障害ではなく、創造性を連想するようになりました。このエピソードは、ちょっとした変化が、他人への自分の見せ方、他人からの反応、そして自分自身の考え方に影響することを示しています。

次に、老化についてのあなたの考え方を変えるためのシンプルな実践法を説明します。これらの実践法はあなたの人生の質と量を改善すると思います。

ネガティブな信念を修正する

年を取ることについてポジティブな考えをもつ人もいます。それは良いことです。しかし、もし、あなたがそうではないのならば、老化に関する不適応な、そして率直にいうならば、不正確な考え方に挑むことで、現実的でポジティブな変化がもたらされます。

ある研究は、高齢者の「年を取る」ことの本当の意味についての考え方を変えるために属性再教育と呼ばれる方法を用いました。[※22] 研究参加者は、ロサンゼルス地域の3つの高齢者センターで募集された65歳以上の人たちでした。定期的な運動をしている人はいませんでした。

これらの高齢者は、訓練を受けたファシリテーターが教える1時間のグループセッションに毎週4回参加して、年を取ることは必然的に座りっぱなしになるということだ、などの加齢に対するネガティブな信念を修正していきました。さらに、高齢者でも安全に体を動かすことができること、そして実際に行えることなどを教わりました。最後に、研究参加者全員は、グループセッションの後、筋力、持久力、柔軟性のトレーニングを含む1時間のエクササイズクラスに参加しました。このプログラムの開始時に、研究参加者全員に電子歩数計が配布されました。この歩数計を常に身につけてもらい、毎週の歩数を計測しました。

7週間後、研究参加者全員は、老化に伴う心身の変化についての見解を評価するアンケートに回答することを求められました。そして、グループセッションとエクサイズクラスを終了する前と比較して、どの程度活動量が変化したかを調べました。その結果、どのようなことがわかったでしょうか？

第一に、研究参加者の老化に対する態度が改善されました。老化に対するポジティブな期待感が高まっただけでなく、睡眠時間の増加、痛みのレベルの低下、活力の増進、日常生活における困難の減少が示されました。第二に、もっと重要なこととして、このプログラムに参加した高齢者が身体的に活発になったことがわかりました。具体的には、歩行量が約24%増加し、1週間あたり約2・5マイル（訳注：約4キロメートル）増えたのです。

この研究は、老化に対する人々の信念を変えるだけで、身体活動のレベルに劇的な影響を与えることを実証しています。

したがって、私たちの文化に蔓延している老化に関するネガティブなステレオタイプを信じ込んでしまっている人は、今すぐこうした不適応な思考を改める努力を始めてください。決して遅くはありません。

価値ある目標を設定し、それに向かって努力する

私のメンターの一人であるスージー・ウィルソンは、成功を収めている人物です。彼女は、「LIFE」誌の記者として働き、ジャッキー・ケネディ（訳注：第35代米国大統領だったジョン・F・ケネディの夫人）が（キャロライン・ケネディのために）ホワイトハウスに初めて開設した保育園を手伝い、ラトガース大学の家庭生活教育ネットワーク（現在、アンサー〈訳注：正式にはAnswer - Sex Ed, Honestlyという名称のセクシュアリティ教育を提供する団体〉として知られている団体）のディレクターを23年間務めました。

引退後、彼女は活動レベルをさらに上げています。80代になると、出産で傷ついたアジアやアフリカの貧しい女性たちを支援する「フィスチュラ財団」の理事を務めました。2016年5月には、86歳だった彼女は、ペンリレー（訳注：ペンシルバニア大学がフィラデルフィアのフランクリンフィールドで開催している米国最古・最大の陸上競技大会）の百メートル走の80歳以上のマスターズ部門で女性トップになりました。そして『走り続ける（Still Running）（未邦訳）』というタイトルにぴったりの自伝も執筆しています。

スーザンのストーリーは、多くの科学的研究と一致しており、大切な目標を設定し、それに向かって努力し続けることが、気持ちよく、長生きするための素晴らしい実践法であることを示しています。実際、本章で紹介した百寿者は、まさにこのような生きがいを感

努力の価値ある個人的な目標
1
2
3
4
5

じています。同様に、ある日に目標に向かって前進したと感じた65歳以上の研究参加者は、翌日、幸福感が高まり、身体的症状も少なくなったことが報告されています。※23

２０１６年に公開されたドキュメンタリー映画『インポッシブルドリーマーズ（Impossible Dreamers）』は、水泳、ランニング、テニス、ウェイトリフティングなど、国内外の大会に向けてトレーニングを積むシニアアスリートたちを追った作品です。彼らの物語は、年齢には関係なく、大切な目標を設定し、それに向かって努力することの計り知れないメリットを鮮やかに描写しています。73歳のダニエラ・バルネアは、次の年齢層へのステップアップへの意気込みについて「グループの中で若い方になると新記録を出せるんですよ」とコメントしています。

私は、読者の方に、トライアスロンや国際大会のためのトレーニングを始めてください、と言っているわけではありません。しかし、見たこともない国への旅行、誕生日や結婚記念日の盛大なパーティーの企画、新しい趣味の習得など、あらゆる種類の個人的な目標を設定し、それに向かって努力することは、素晴らしい実践法だと思います。ぜひ右の図にあなたの「個人的な目標」を設定してみてください。

人生の意味を見つける

ホロコーストは、世界史の中で最も悲惨な出来事の一つです。したがって、あなたは、それを乗り越えた人の寿命が短くなるだろう、と思うかもしれません。ところが、ある研究はそれが正反対であることを発見しました。強制収容所から戦後生還した男性は、強制収容所を逃れた同年齢の男性と比べて平均で14カ月長生きすることを明らかにしたのです。[※24]しかし、この発見は、現在、私たちが知っている、心的外傷後成長の価値、すなわち、本当に悲惨な人生経験をした後に経験する恩恵、を考慮すれば、納得できます。

ホロコーストの生存者は、親密な人間関係への強い関与、より大きな回復力、日常生活の小さな喜びへの深い感謝など、まさにそのような生き方の変化を示します。これらの驚くべき研究結果は、ひどいストレスがいかにポジティブなマインドセットへの転換をもたらし、それによって、人生の質と持続性に大きなメリットをもたらすのかを示しています。

どのような環境にあったとしても、次のような活動を行うことで、自分の人生に意味を見出すことができます。

- 環境保護活動、動物保護、政治的主張など、あなたが個人的に意義があると思う団体でボランティア活動を行ってみる。
- 親しい家族や友人と一緒に過ごす。例えば、定期的な活動（演劇や映画を見る、新しいレストランに行ってみる、ゴルフをする、など）を計画する、子どもや孫と旅行に行く、好きな思い出や家族の歴史、愛する人と共有するためのアドバイスを書き留める、など。
- 博物館、大学、政治団体など、自分にとって大切なことに寄付をする。

実際、年齢や生活環境には関係なく、自分が有意義だと思う人や運動に時間や労力を費やすことは不可欠です。ここで最も重要なのは、そのような意味を見出すことに焦点化したポジティブなマインドセットを身につけることが、もっと長く、より良い人生を歩むことにつながる、ということなのです。

第2部

PART 2

マインドセットについて詳しくなる

第5章

マインドセットと性格

3人目の子どもの妊娠後期のことです。私と夫は、赤ちゃんの健康状態を確認するために、超音波検査の定期健診で近所の病院に行きました。既に2人の男の子の親になっていた私たちは、そこで、この赤ちゃんが女の子であることを知り、天にも昇るような気持ちでした。

ところが、その後、医師はあまり良くない知らせを私たちに伝えました。超音波検査の結果、赤ちゃんの脳の一部に斑点のようなものがみとめられる、というのです。それは、深刻な遺伝性疾患である18トリソミー症候群（訳注：18番染色体に異常があること）の可能性があることを意味していました。もし、この疾患があれば、体重はスムーズに増えず、1

歳の誕生日を迎える前に亡くなる恐れがある、という説明も受けました。

車に乗り込んだとたん、両目から涙があふれてきました。私の頭の中には、この子が亡くなることを知っていながら、出産までの間、この子を身ごもることだけが浮かんでいたのです。幸せな結末を想像することができず、この時は、自分の妊娠について涙を流さずに語ることはできませんでした。

夫は、このパニックになるほどのニュースに、私とは大きく異なる方法で対応しました。彼は、私を家まで送り届けた数時間後にブランケットやスリーパー、小さなクマさん人形など、ピンク色のプレゼントを抱えて戻ってきて、私に「この子は大丈夫」と言ってくれました。楽観的な性格の彼は、良い結果だけを頭に思い描いていました（ちなみに、この赤ちゃんは生まれたときの体重は8ポンド（訳注：約3600グラム）以上もあって、現在はちょっと頑固ですが、とても健康的な14歳の女の子に成長してくれました）。

このエピソードは、性格が、私たちが身につけるマインドセットに、とても大きな役割を果たしていることを説明するために紹介しました。恋愛関係の失敗、仕事の結果に対する失望、友人との喧嘩、恐ろしい病気の告知など、悪いことは誰にでも起こり得ます。しかし、不幸な出来事に対する反応は実に様々です。

私の夫のように、どんな状況でも魔法のように明るい兆しを見出すことができる人がいます。クリスマスに馬の糞だらけの部屋をもらった楽観的な少年が「この中に馬がいるに違いない！」と叫んだ、というジョークを耳にしたことがあるかもしれません。

一方で、私を含め、他の人たちは、明るい兆しを自然に見つけることはできません。その代わりに、過去の嫌な出来事に執着して、頭の中で何度も何度もその出来事を再生し、未来の出来事に最悪の結果を思い描いてしまうのです。この方法は、確かに体調を良くするレシピではありません。

本章では、ポジティブなマインドセットで人生に臨む人が、どのような状況にあったとしても幸せである理由について説明します。もし、ポジティブなマインドセットが自然のうちに身につかない場合は、本章の終わりの部分で、あなたが、もっと明るい展望をもって、より幸せな人生を送るための実践法をご紹介します。

「ポジティブな考え方のパワー」

あなたがとても素晴らしい気分だった時のことを思い浮かべてみてください。あなたが幸せを感じているときは、渋滞や長蛇の列、イライラする人など、日常の小さなストレスが気にならなくなっているはずです。よくある迷惑な話だと思いますが、確かに、気持ちが良いからこそ、そのような出来事も受け入れてしまうのです。おそらく、気分が良ければば、スーパーで長蛇の列に並んでいても、雑誌をパラパラめくって対応したり、友人から夕食の約束を直前でキャンセルされたとしても、家でテレビを見ながら、思いがけずに静かな夜を過ごしてリフレッシュするという対応をとることができると思います。これらはすべて、良い気分でいられれば、どんなことがあっても問題にはならず、ポジティブでいられることを示す例です。

人は、誰であれ、幸せを感じる時がありますが、私の夫のように、労せずとも、とても良い気分で人生を歩んでいる人もいます。このような人は、物事がうまくいくことを期待して人生を歩んでいるので、比較的容易に明るい面を見つけることができます（このようなポジティブな結果しか予見しない能力について、ジークムント・フロイトは、妻に「もし、私たちのどちらかが先に亡くなった場合、私はパリに引っ越すよ」と語ったある男のエピソードを鮮やかに取り上げています）[※1]。そして、そういう人は、ネガティブな経験から比較的簡単に立ち直ることができる回復力も備えているのです。

ポジティブなマインドセットを身につけている人は、当然ながら、不安や抑うつなどの症状が少なく、心理的な幸福感が良好です。「グラスには水がまだ半分も残っている」といつも考えることができる人は、人生の難局に対応する準備が整っています。その結果、癌の診断や配偶者の死など、人生において本当に困難な状況が発生したとしても、その影響を和らげることができます[※2]。例えば、人生に対して楽観的な人は、学校での銃乱射事件

を経験しても、心的外傷後ストレスのレベルが低いことがわかっています。※3

しかし、ここで良いニュースがあります。それは、私たちの生まれつきの性格傾向には関係なく、実践を重ねれば、誰でも人生の試練に対して、よりポジティブに対応することができるようになる、ということです。

実際、よりポジティブなマインドセットを身につけるための方法を学び、実践することで、脳の神経回路が変化し、このような適応的な反応が自然とできるようになります。ノースカロライナ大学チャペルヒル校の心理学者バーバラ・フレデリクソンは「時間をかけてポジティブ感情を自己生成するスキルを身につけることで、もっと健康で、より社会的で、回復力も高い自分になることができます」と述べています。※4

私たちは、ネガティブな出来事を経験すると、嫌な気分になると思いがちです。失望や動揺を伴う人生経験が、短期的にも長期的にも幸福感に影響を与えることは事実ですが、本当に重要なのは、そのような出来事を経験することよりも、それに対してどのように反応し、どのように考えるか、ということなのです。つまり、まったく同じ出来事を経験したとしても、その出来事に対するその人の反応や考え方が、その人の気持ちに大きな影響を与えます。

そこで、本章では、はじめに、生まれつき楽観的な人たちが、ポジティブな考え方を維持するために、どのようなことをしているかについて説明します。そこで示すように、日常的なストレス要因やより深刻な人生経験に対する考え方や対応の仕方には、人によって大きな違いがあります。

「ポジティブな人は行動に移しやすい」

ポジティブな考え方で人生を生きている人は、ストレスに直面しても、それに対処することができます。そういう人は、やるべきことが山ほどあって圧倒されそうなときも、腰を据えて一つひとつのことに取り組む計画を立てます。同僚や友人と口論になったときには、落ち着いてから、その問題を解決するために手を差し伸べます。

このように、問題に正面から向き合うという選択は、問題をなくす、あるいは少なくとも問題を減らすのに役立ちます。おそらく、やることリストが小さくなったり、見解の違いによる緊張がなくなったりするのでしょう。楽観主義者は手術後の回復が早いそうですが、その理由の一つは、何が起こるかについての情報を求めているためです[※5]。この知識は、手術の準備と回復のための現実的で実用的な方策を与えることになるので、患者の回復が自然と早まるのです。

たとえ絶望的な状況であっても、ポジティブに生きる人は前進し、忍耐強くあり続けることができます。南アフリカの活動家だったネルソン・マンデラ元大統領は、次のように語っています。

わたしは根本的に楽観主義者だ。生まれつきなのか、育った環境のせいかは、なんとも言えない。楽観的であるということは、顔を常に太陽へ向け、足を常に前へ踏み出すことだ。人間性に対する忠誠を厳しい形で試されるつらい瞬間も数多くあったが、私は絶望に身を任せようとは思わなかったし、そうはできなかった。それは敗北と死に至る道だったからだ。※6

一方、ネガティブな考え方をする人は、悪い結果を予想するので、困難な状況に直面すると、あきらめてしまいます。そういう人は、問題を無視して、問題が解決することを願うのですが、それは、やることリストが単に長くなって、口論が長引く結果になります。このような「頭でっかち」なやり方では、状況を改善する可能性のある実用的な情報が得られません。さらに、何も良くならない、という思い込みは、行動を起こすことを妨げます。例えば、愛する人を失った後、死別支援グループに参加した方が良い、と客観的にわかっていたとしても、実際には参加しない場合があります。

ポジティブな考え方をする人は、ストレスの多い時期でも前進しやすいです。これは、多くの友人や強い人間関係など、強力な社会的な支援のネットワークをもっていることが一因だと考えられます。[※7]これは、いつも陰気でネガティブな顔をしている人よりも、幸せそうで楽観的な人のそばで過ごすことを私たちが好むことを思えば、驚くことではないでしょう。このような良好な社会的なネットワークは、日常生活におけるストレスの悪影響を緩和するのに役立ちます。悪いことが起こったとき、友人や家族から良いサポートを受けている人は、愛する人に助けを求めることができることを知っています。その結果、これらの出来事はストレスとして感じられなくなります。癌の診断や自然災害など、とても深刻な出来事に直面した場合でも、高レベルのサポートがあれば、人は対処することができるのです。[※8]

「明るい兆しを見つける力」

ポジティブな考え方を身につけて人生を歩んでいる人は、どんな状況でも良い面を見出すことができる優れた能力をもっています。「グラスには水がまだ半分も残っている」と考えることに関係するこの能力は、ネガティブな出来事を冷静に受け止めて、常に何か明るい兆しを見つけ出せるのです。

長男のアンドリューは、このポジティブ思考の才能に長けています。中学3年生の時、アンドリューは、スペイン語の成績が悪く、秋の3学期半ばの時点で成績は50点でした。そんな状況だったことから、学期末にアンドリューから電話がかかってきて、スペイン語について良いニュースがあるといわれるまで、私は不安でした。その電話で、彼は堂々と58点をとったことを発表してくれたのですが、しかし、それはどう考えても私が期待していた良いニュースとは異なるものでした。

ところが、アンドリューはそれに臆することなく、この成績は中間テストの平均点と比べて8点高いことを主張したのです。私は「58点でも評価はFでしょう」と言ったのですが、それに対して、アンドリューは楽観的に「本当の評価はF＋だよ」と答えました。このとき、私は冷静さを失っていたのかもしれませんが、私は大学教授の仕事をしているので、F＋という成績の評価は存在しない、ということを、彼に思い出すように、と伝えました。ところが、彼はまたもや、8点も成績が良くなったということは、2学期末には66点になっているということだ、と言い張ったのです。

間違いなく、アンドリューはあらゆる物事を楽観的に見る名人です。スペイン語の成績は明らかに残念でしたが、彼の「F＋」という成績に対する解釈は、実のところ、とても勇気づけられました。58点もとった、という良いニュースを知らせるために、家に電話をかけてくるような人は、明るい兆しを見つけ出す能力に長けています。

このような楽観的な物事の捉え方をするメリットは、実証的研究からも証明されています。ある研究は、交際中のカップルを招き、全く同じアンケートに答えてもらうことで、交際中の人がお互いを同じように見ているのかどうかを調べました。[※9] カップルは小さなテーブルに向かい合わせに座り、同一のアンケート用紙と思われるものを手渡されました。その用紙の最初のページには「どこで知り合ったのか」「いつから付き合っているのか」といったことが書かれていて、それは実際に同じ内容のものでした。

ところが、2ページ目になると、研究者は独特の工夫を凝らしていました。カップルの一方には、付き合っている相手の嫌いなところをこのページに全部書いてください、と教示していました。もう一方には、自分の寮の部屋や寝室、アパートの中にあるものを一つひとつ書き出して、最低でも25個はリストアップしてください、と教示していました。

さて、「相手の嫌いなところを書いてください」と言われて、パートナーも同じ教示を受けてそのことを書いている、と思った人の体験について、少し考えてみてください。その人は、パートナーが自分のことをたくさん（少なくとも25個は）嫌いなところがある、と仮定して、必死になってリストアップしている姿を眺めていなくてはいけません。

最後に、研究参加者は、パートナーに対する気持ちや交際関係への満足感を評価することが求められました。

研究結果は私たちが想定するものとはまったく異なるものでした。自分のことをあまり良く思っていない人は、パートナーが自分のことをネガティブに見ている、と捉えることで、満足感や親密感が低下することがわかったのです。この結果は納得できます。ほとんどの人は、自分の恋愛相手が自分のことについて、たくさん批評している、と信じ込んだ場合、とても気分が悪くなるのは間違いない、と思います。

ところが、自分自身のことを良く思っている人、つまりポジティブな考えをもって人生を歩んでいる人では結果は正反対になりました。実際、これらの人々は、パートナーが自分に対してたくさん不満がある、と考えることで、もっと親密な感情を抱くようになりました。それはどうしてでしょう？　パートナーとはまだ交際中なので、欠点があっても一緒にいたいと思うほど、熱烈に愛しているのでしょうか？　ひょっとして、相手をソウルメイトだ、とでも思っているのでしょうか？　この研究結果は、言い換えるならば、自尊心が高い人は、本来ならば恋愛関係が崩壊するような経験をしたとしても、良い面を見出すことができることを示しています。そして、どんな状況であったとしても、このようにポジティブに物事を捉える能力は人間関係の満足感を高めるのです。

「ネガティブな思考を反芻しない」

カーネギーメロン大学のランディ・パウシュ教授（コンピューターサイエンス）は、45歳の時に膵臓癌と診断されました。1年間の治療は芳しい結果とはならず、医師からは病状は末期であること、「健康な状態」でいられるのは3カ月から6カ月程度であること、を告知されました。

しかし、その告知から1カ月も経たないうちに、パウシュ教授は「最後の講義」と題する講演を行い、人生を精一杯生きるための知恵を惜しみなく披露してくれました。その中で、彼は「楽しむことの大切さ」を説きました。教授は「楽しむことの重要性を過小評価してはいけません。私は亡くなりますが、楽しんでいます。私は毎日楽しみ続けるつもりです。それ以外に方法はないのですから」と述べています。※10

パウシュ教授のメッセージは、とても悲惨な状況に直面したときでも、楽観主義者がどのように対処するのかを的確に示しています。楽観主義者はコントロールできることに集中します。教授の場合は、楽しむというコントロール可能なことに集中していますが、楽観主義者は、そうすることによって、悲しみや後悔を反芻したり、もがき苦しんだりすることがありません。

物事をこのように受け入れる能力は、特に状況を全くコントロールすることができず、解決するための行動をとることが困難な場合に、人々がポジティブな考え方を維持するうえで有効です。一方、明るい面を見つけようとする、このような傾向がない人は、深刻でコントロールできない出来事に直面したときに、しばしばネガティブな思考に陥ってしまいます。

ある研究は、大規模な自然災害が発生したときの人々の反応を調べました。研究対象となったのは１９８９年にサンフランシスコ近郊で起きた「ロマ・プリエタ地震」で、この災害では、57人が亡くなり、莫大な物的損害が生じました。[※11] その結果、ある被災者からは、この震災に対するネガティブな感情を紛らわすために、友人と楽しいことをしたり、好きな場所に行ったりする傾向がある、という回答が得られました。また、地震が起きた瞬間や亡くなった人のこと、次の地震で何が起きるかなどを繰り返し考える、といった震災について反芻する傾向がある、と答えた人もいました。

２カ月後、研究参加者がどのような状態になっているのかを調べました。予想できたかもしれませんが、震災について反芻する傾向は気分の状態を悪化させていました。震災に関するネガティブな面をよくよく考えていた人は、そういう思考傾向を示さなかった人と比べて、うつ病や心的外傷後ストレス障害の症状が強かったのです。

ネガティブな思考に繰り返し注目することは、時間が経つにつれて、臨床的なうつ病にまで発展する可能性さえあります。例えば、終末期を迎えたパートナーの死をきっかけに反芻した人は、社会的な支援のレベル、悲観主義、性別、その他の人生のストレス要因を考慮に入れても、６カ月後にうつ病になる可能性が高いことが報告されています。[※12]

実際、トラウマ的な出来事を反芻する傾向がある人は、そうではない人と比べて、臨床的なうつ病になる確率が4倍高くなるそうです（反芻傾向がある人：20％、反芻傾向がない人：5％）[※13]。

このようなネガティブな思考の悪循環は身体症状にも影響します[※14]。ネガティブな思考が続くと答えた乳癌患者の女性は、抑うつ症状のレベルが高いだけではなく、痛みと身体症状が重くなり、ＱＯＬ（生活の質）も低下することがわかっています。

これらの研究結果は、うつ病の主要な予測因子の一つが、「嫌なことを放っておけない」ということであることをシンプルに示しています。言い換えれば、うつ病の人は悪い考えに固執してしまい、この負の連鎖から抜け出せなくなります。心理学者のユッタ・ヨールマンは「うつ病の人は、基本的に、自分に起こったことを何度も思い起こすマインドセットから抜け出せないのです」と指摘しています[※15]。そして、当然ですが、ネガティブな人生体験を何度も思い返すと、私たちは落ち込んでしまいます。

「遺伝子は幸福感を予測する」

次に、人によって自分自身や世界の見え方が異なる理由、について説明します。その理由の一つは、性格は、少なくとも部分的には遺伝子に由来していることから、ポジティブなマインドセットを身につけるのが容易な人がいる、ということです。実際、私たちの幸福感の約半分は遺伝子が決定している、という研究結果もあります。例えば、楽観的な人、外向的な人、あるいは精神的な回復力が高い人がいるのは、遺伝子の影響力による説明が有効かもしれません。

遺伝子は一体どのようにして幸福感を予測するのでしょうか？　これは明らかに重要な問題ですが、研究者はこの関連性を説明するメカニズムの理解に関する研究をスタートしたばかりです。

ある研究は、一卵性双生児と二卵性双生児の830組以上を対象に、人々の幸福感を予測する上で、遺伝的な性質と環境がそれぞれ果たす役割を検討しました。[※16] 研究参加者は、はじめに、自己受容、自律感、自己成長、ポジティブな人間関係、目標の追求、人生に対するコントロール感など、幸福感を予測する諸要因に関係する尺度に回答しました。

その結果、遺伝は幸福感の6つの構成要素すべてを予測することが示唆されました。ところが、遺伝的要因によって関連する構成要素は異なることもわかりました。言い換えれば、単一の遺伝子で幸福感を予測することはできないこと、異なる遺伝子が幸福感の異なる構成要素を予測することが示されたのです。

また、困難な状況に直面しても、人生をうまく切り抜けられる人と、ネガティブ思考に陥ってしまう人がいる、ということにも遺伝子が関係しています。ある縦断的研究は、研究参加者が生まれてから26歳になるまで、失業や虐待、障害となる怪我などのストレスの多いライフイベントが、どのようにうつ病を予測するのかを調べました。[※17]その結果、あるタイプの遺伝子をもつ人は、ストレスの多いライフイベントをどれだけ経験しても、ストレスの多いイベントを全く経験しなかった人と比べて、うつ病になる可能性は高くありませんでした。しかし、ある別の遺伝子をもつ人では、4つ以上のストレスとなるライフイベントを経験した人のほぼ半数がうつ病になったこと、自殺を考える傾向も強かったことがわかりました。

ところで、遺伝子が幸福感を予測するという情報を知って、とても落ち込む人がいるかもしれません。それは、結局のところ、幸せを見つけるのが簡単な人とそうではない人がいる、ということを意味しているからです。これはその通りなのですが、私は幸福感と遺伝子の関係を、代謝、すなわち、体内でのカロリー消費の速さ、と同じものとして理解しています。他の人よりも代謝が良く、好きなものを食べても、ほとんど太らない人がいます（私はそういう人と仲が良いわけではありませんが、確かにそういう人は存在しています）。一方、代謝が良くない人は、やせやすい体を維持するために、より食事に気を配り、定期的に運動することが求められます。

ただし、代謝が良くない人であったとしても、健康的な食事と定期的な運動をすることで、その目標を達成することに集中すれば、やせた状態を維持することはできます。

つまり、遺伝的に幸せを感じやすい人、幸せを見つけるための努力が不要かもしれない人は存在します（スペイン語の生徒である息子は、おそらくこのカテゴリーに入るのでしょう）。しかし、ＤＮＡには関係なく、すべての人が日常生活の中で、幸せになるための行動を選択することはできるのです。

第5章の KEYPOINT

長引く健康上の問題、苦しい経済状況、友情の喪失など、誰もが困難を経験します。そのような難しい課題を避けて人生を送ることは不可能です。

ただし、私たちは、そのような出来事についてどう考え、どう対処するのか、ということについて、コントロールすることはできます。ランディ・パウシュ教授が最後の講演で述べたように「あなたが、自分のことを、ティガーなのか、それともイーヨーなのかを決めるだけ（訳注：ティガーとイーヨーは、くまのプーさんのキャラクター）」なのです。ティガーは、ご存じの通り、エネルギッシュで熱狂的、そして何事にもポジティブな性格の持ち主です。一方、イーヨーは悲観的で、陰気で、憂鬱な性格です。しかし、あなたの生まれもっての性格がどのようなものであったとしても、実践を重ねれば、思考を転換して、人生の質を向上させ、寿命を延ばすことはできます。

人生のネガティブな事柄について、常に考え、反芻ばかりしていると、明晰な思考力が損なわれて、やがては大うつ病になることを示す数多くの科学的根拠があるのですから、この実践はとても大切な一歩になります。ここで、あなたに求められることは、比較的簡単にできるマインドセットの調整だけです。

問題のポジティブな点に注目する

幸福感を高めるために比較的簡単にできることの一つは、日常生活で直面する問題を、悪い点ではなく、良い点に注目して捉えなおす、という実践法です。私の友人の一人は、交通事故による渋滞でイライラしているときに、ポジティブになるための素晴らしい方法を知っています。それは、自分は事故に遭った人よりもずっといい状況にいるんだ、と思い直す、というテクニックです。

ポジティブな考え方をする人は、困難な状況に対処するときにも、ユーモアを見つけ出すことができます。ニューヨーク・タイムズ紙のコラムニストのアーサー・ブルックスは、自身の10代の子どもの成績の問題を話し合う保護者面談で、大変な目にあった妻が「少なくとも、親としては、あの子がカンニングをするような子じゃない、ってことはわかったわ」と述べたエピソードを紹介しています。[※18]

ユーモアを見つけることは、日常生活の小さなイライラへの対処に有効ですが、人生の深刻な状況に対処する際には特に大切です。

線維筋痛症という体のあちこちに痛みを感じる慢性疾患をもつ方を対象とした研究によれば、研究参加者が、日常生活の小さなストレス、例えば、ウェイターが水をこぼすといった出来事への対処に、笑顔や笑いを大切にしていた場合、心理的苦痛のレベルが低く、身体的症状も少なかったことが報告されています。[※19] 第2章で説明したように、物事を冷静に受け止めることで、ストレスや身体への悪影響が軽減されます。つまり、笑いは、少なくともある場合においては、最良の薬となり得ます。

次に、もし、あなたが不快な状況に直面するときがあれば、どんなに小さなことでも構わないので、何か良いことを見つけて、それに注目してみてください。ここで、ネガティブな経験を捉えなおす方法の例をいくつかご紹介します。

- 空港で足止め中？ 私たちは、皆、自分のための自由な時間がない、と不平を言っています。この機会を利用して、友人に電話をしたり、良い本を読んだりしましょう。
- 昇進を見送られた？ 今こそ、履歴書に磨きをかけ、もっと充実したキャリアの選択肢を模索する絶好の機会です。
- 大晦日に予定がない？ 落ち込まないでください。夜道も安全ではありません。家にいるのはあなただけではありません。テレビの前でくつろいでお祭りを見ましょう。新年の抱負として、整理整頓を早めに始めて、あふれかえるクローゼットをきれいにするのも良いと思います。

これらの実践法は、日常生活の中で起こる小さなストレスに対する簡単な解決策ですが、このように、ストレスにどう対処するのかはあなたのマインドセット次第です。ポジティブに捉えることによって、あなたの気持ちに大きな違いが生まれてきます。

ネガティブな気持ちは受け入れて、次に進む

ポジティブ思考のティガーとネガティブ思考のイーヨーとの大きな違いの一つは、悪いことを許せるかどうか、です。ティガーはそうですが、イーヨーは概してそうではありません。もっと悪いことに、気分が悪いことで自分を責めてしまう人は、驚かないかもしれませんが、さらに気分が悪化する傾向があります。

ある研究は、1300人以上を研究対象者にして、ネガティブな思考や感情をもつことについて自分を批判する傾向があるかどうかを尋ねました。[※20] その結果、ネガティブな感情をもつことは悪いことだ、と感じている人は、うつ病や不安神経症のレベルが高く、心理的幸福感や生活満足感のレベルが低いことがわかりました。ネガティブな思考や感情をもつことに嫌悪感を抱き、その嫌な気分を反芻するという負の連鎖に陥ってしまうのです。

	全くそう思わない	そう思わない	どちらともいえる	そう思う	非常にそう思う
1. 私は、今のような気持ちになってはいけない、と自分に言い聞かせている。	1	2	3	4	5
2. 自分の考え方が良いのか悪いのか、判断してしまう。	1	2	3	4	5
3. 私は、こんなことを考えてはいけない、と自分に言い聞かせている。	1	2	3	4	5
4. 自分の感情の中には、悪いものや不適切なものがあって、それを感じるべきではない、と思う。	1	2	3	4	5
5. 非論理的な考えをもつ自分を否定してしまう。	1	2	3	4	5

合計得点 ＿＿＿＿

ご想像通り、このような傾向は、すぐに悪循環に突入してしまいます。

ネガティブになりがちな性格傾向なのかどうかについて、自分自身で確かめてみませんか？　ケンタッキー大学の研究者は、自己批判をする傾向があるのかどうかを測るためにマインドフルネス質問票を作成しました。[※21] 上の表の各項目について、あなたがあてはまる程度を評価してみてください。

これらの5つの項目の得点を合計して、あなたがどれくらい自己批判をする傾向があるのかを確かめてみましょう。高得点は自己批判傾向が強いことを意味します。あなたがこの自己批判傾向タイプであることが判明した場合、大切な最初の一歩は、このような思考や感情を受け入れて、そんな傾向がある自分を責めないようにする、ということです。
トロント大学のブレット・フォード教授（心理学）は「自分のネガティブな感情にどのようにアプローチするかは、私たちの健康全般にとって、とても大切なことがわかりました。これらの感情を批判したり、変えようとしたりせず、受け入れることができる人は、より上手にストレスに対処することができます」と述べています。※22
そのため、友人との喧嘩、職場での困難な状況、米国の政治の現状などについて、反芻している自分に気づいた場合は、これらのネガティブな考えや感情を特定して受け入れてみる、という新しい方法を試してみてください。そうすると、あなたは「私は孤独を感じている」とか「私の仕事はうまくいっていない」などと思うかもしれません。しかし、自分の気持ちを認めて、それを受け入れて、次に向かって進むようにしましょう。

ハッピーな友人を見つける

インフルエンザと同じように、幸せも伝染する、ということをご存じかもしれません。一緒の時間を、いつも機嫌が良さそうな友人や恋人と過ごすと、気分が晴れる、という人は多いと思います。

このように他人の幸福感が自分の幸福感に影響を与えることを示す最も明確な研究の一

つに、大規模な社会的なネットワーク研究のデータを調べたものがあります。この研究では、米国マサチューセッツ州フラミンガムに住む5000人以上の研究参加者から、1971年から2003年までの30年間にわたってデータを収集しました。[※23] この研究は、心臓病の危険因子（肥満、喫煙、飲酒）を調べるために特別に企画されたものでしたが、研究参加者の「社会的なつながり」についても質問しました。この社会的なつながりには、親族（両親、配偶者、兄弟姉妹）、友人、仕事の同僚、隣人などが含まれていました。研究参加者は、自分の人生に関係するこれら人々の名前を列挙したのですが、研究者はそのデータを使って研究参加者の社会的ネットワークの広さと、接触のしやすさ、すなわち、研究参加者のそばにどれだけの人が住んでいるのかを調べました（なお、この研究がスタートしたのは1971年で、携帯電話や電子メール、テキストメッセージを使って遠くに住む人と連絡を取り合うことができるようになる前のことです）。

この社会的なネットワーク分析の結果から、幸福感が伝染することがはっきりと示されました。具体的には、ハッピーな人に囲まれている人は、時間の経過とともに幸福感が上昇することが示されたのです。例えば、ハッピーな友人が研究参加者の自宅から1マイル（訳注：約1・6キロメートル）以内に住んでいた場合、研究参加者の幸福感は25％上昇していました。幸せな配偶者、幸せな隣人、幸せな兄弟姉妹（1マイル以内に居住）がいることも、幸福感の上昇に関係していました。

さらに驚くべきことに、幸福感は社会的なネットワーク内の幅広いつながりによって間接的に増加することもわかりました。例えば、ハッピーな友人をもつことは、あなたの幸福感を約15%高めます。しかし、幸せそうな友人がいる友人をもつことでも（たとえ、あなたの実際の友人が幸せではないとしても）、あなたの幸福感は10%近く上昇することもわかりました。さらに、もっと遠いつながりであったとしても、私たちは幸福感が得られる、という結果が示されました。ハッピーな友人をもつ、友達の友達がいれば、私たち自身の幸福感は5・6%増加することがわかったのです。

この社会的なネットワーク分析では、自身の社会的なネットワークに幸せな人がいることのメリットに注目しましたが、このような関係性は、当然、逆にも作用します。ネガティブな人と一緒にいると気分が悪くなる、ということは、経験上、ご存じでしょう。それでは、ここで「気分が良くなる人たち」と「気分が悪くなる人たち」の2種類のリストを作ってみましょう。そして、できるだけ、「気分が良くなる人たち」と一緒にいる時間を増やすようにしてください。

ある研究は、ネガティブな体験が社会的なネットワークの中でどのように広がっていくのかについて、独創的な検証を行いました。この研究では、まず、研究参加者のフェイスブックの投稿に含まれるポジティブな感情とネガティブな感情の両方を評価しました。※24 そ

気分が良くなる人	気分が悪くなる人
1	1
2	2
3	3
4	4
5	5

して、それらの感情表現の頻度を、各投稿者の居住都市の降雨量と比較したのです。予想通り、雨の日の投稿は、ネガティブな感情が多く、そしてポジティブな感情は少なくなる傾向がありました。実際、ニューヨークのような大都市では、雨の日は、雨以外の日に比べて、その都市に住む人々によるネガティブな投稿が1500件も増えるそうです。

しかし、この研究でさらに興味深いのは、ある人のフェイスブックの投稿が、別の都市の友人が投稿した表現にどのような影響を与えるかを調べた、というポイントです。研究結果は、ネットワーク内での感情伝染のパワーを改めて強く証明するものでした。すなわち、フェイスブックで友人がネガティブな投稿をすると、自分の友人が、ネガティブな投稿をする可能性が高まり、ポジティブな投稿をする可能性が低くなることがわかったのです。

ニューヨーク市の例に話を戻しますと、この街で雨が降った場合、市内に住む（雨を体験した）人たちからさらに1500件のネガティブな投稿があるだけでなく、他の場所に住む（必ずしも雨を体験していない）友人たちからも、さらに700件のネガティブな投稿がある、ということを意味します。

あなたの人生から、ネガティブな家族、隣人、同僚、などを常時取り除くことは不可能です。しかし、自分が気持ちよく過ごせる人との時間は増やして、嫌な気分になる人との時間は極力減らすように、意図的に試みることは可能だと思います。この方法は、もともとポジティブなマインドセットを身につけていない、私と同じような方には、特に良いアドバイスになると思います。本章の冒頭で、私が心配と悲しみに暮れていたとき、夫が娘の健康について楽観的な見通しを立てていたことをご紹介しました。私がなぜ彼と結婚したのか、きっとご理解頂けただろう、と思います。

第6章

マインドセットと環境

米国カリフォルニア州パロアルトは、スタンフォード大学のすぐ向かいにある、シリコンバレーの心臓部ともいえる静かな街です。これ以上に美しく、のどかな環境はないかもしれません。この街の子どもたちは億万長者の家庭に生まれ、超一流のパブリックスクールに通って、お金がもたらすあらゆるアドバンテージを享受しているように見えます。

ところが、この10年間、この高学歴者がたくさんいる、裕福な町に暮らすティーンエイジャーが、電車に飛び込んで自殺する事態が多発しています。実際、パロアルトのティーンエイジャーの自殺率は、全米平均の4倍から5倍にのぼります。

自殺には多くの要因が関係しますが、パロアルトでのストレスの多い高校生活が何らかの役割を果たしていることは、ほぼ全員が認めるところです。一流大学への入学をめぐる競争は熾烈を極めます。地元2校の高校のうち1校の2015年度卒業生のGPAは3・51以上が64%でした（訳注：GPAは成績評価値の指標で一般的に最大値は4）。ほとんどの生徒が複数のAPクラスを履修し（訳注：APクラスはAdvanced Placementの略称で高校在学中に特定の科目を大学レベルまで学ぶクラスのこと）、宿題や課外活動に膨大な時間を費やし、親や教師、仲間たちからの、優秀でいなければならない、という大きなプレッシャーを受けています。

しかし、このエリート環境における「ストレス」の本当の意味を少し考えてみて頂けないでしょうか。この子たちは、十分な食べ物や安全な寝床があるかどうか、あるいは犯罪や戦争で荒廃した地域に住んでいる、という物理的な脅威を心配しているわけではありません。少なくとも、この生徒たちが経験しているストレスは、ほとんど彼ら自身の考えと、おそらく両親や仲間たち、教師の考えによって生じたものです。そして、この高校生たちがストレスを感じているのは、まさに「名門大学に進学することが幸せの秘訣である」というマインドセットを彼らが身につけているから、です。

本章では、地域、国、ソーシャルメディアなどの環境要因が、どのように特定の考え方を身につけるように私たちを誘導するのか、そして、そのようなマインドセットが、少なくともいくつかのケースでは、私たちの気分を悪化させていることを学びます。そして、私たちの気分を落ち込ませる外的要因の影響を減らし、自分自身の中にある本当の幸せを見つけ出すための実践法についても学びます。

「社会的比較の危険性」

社会的比較は、人間の基本的・自動的な衝動です。これは、自分が他人と比べてどうなのか、何が得意で何が不得意なのかを理解するうえで役に立ちます。私たちは、外見、収入、成功など、事実上あらゆる面で自分を評価するために、この社会的比較を使用します。

人生には、はっきりとした客観的基準がない要素が多いことから、社会的比較は重要な役割を果たします。例えば、ある人物が年間10万ドルのお給料をもらっている、としましょう。この年収についてどのように思われるでしょうか？　アーカンソーの田舎町に暮らす教師の人は、実に素晴らしい年収だ、と考えるかもしれません。しかし、マンハッタンの弁護士の人は、これは哀れな年収だ、と思われるかもしれません。このように、自分の置かれている環境と他人を比較することで、自分自身の状況を容易に把握することができるのです。

社会的比較は、自分の状態を測るのに有効な手段ですが、一方で、妬みの感情を生み出すこともあります。私のお気に入りの漫画の一つに、二人の男性が話していて、一人が相手に向かって「私は自分に起きた幸運を数えるようにしているのですが、自分よりも良い幸運をもっと得ることができた人がたくさんいる、ということを考えてしまうと、腹が立ってどうしようもないのです」と述べるシーンがあります。このメッセージは、比較することが、自分の人生をいかに悪化させるのかを的確に示しています。

ある研究は、カリフォルニア州の州職員に、全員の正確な給与情報が名前順に掲載されたウェブサイトがあることを知らせました。[※1]予想された通り、同僚の給与を知るためにたくさんの人がこのサイトを訪問しました。数千人の従業員に送られたこのウェブサイトを教えるメールは、サイトへのアクセス数を急増させたのです。

数日後、研究者は同じ従業員にフォローアップのメールを送りました。このメールでは、自分の仕事について、特にお給料にどの程度満足しているかを質問しました。予想通り、同じ仕事をしている同僚よりも自分の収入が少ないことを知ったばかりの人たちは、イライラしていました。そして、メールを受け取らなかった人に比べて、現在の仕事に対する満足感が低くなり、新しい仕事を探すことに関心をもつようになっていました。つまり、メールを受け取った人は、同僚が得ているお給料と自分のお給料が釣り合っていないことに気づくことになったのですが、この比較は彼らにとって決して幸せなことではありませんでした。

ここで、比べることの危険性に関する思考実験をしてみましょう。あなたは、今まで、とても自慢げな手紙を受け取った経験はありませんか？　例えば、スポーツ大会で入賞したとか、優れた学業成績を収めたとか、お金がたくさんかかったエキゾチックな旅行で家族の絆を深めることができたとか、家族全員が順風満帆であるかのように見える手紙のことです。

このような手紙を読んだ後、あなたはどのように感じますか？　私たちの多くは、このような手紙を読むと、自分の平凡な人生がもっと悪く感じるような、特殊な社会的比較を強いられることになります。つまり、他人の素晴らしい人生、例えば、優雅な休暇、すぐれた仕事上の業績、充実した人付き合いの予定などを耳にすると、自分の人生について、それまでよりも悪いもののように感じてしまうのです。このことについて、テディ・ルーズベルト（訳注：米国第26代大統領セオドア・ルーズベルト）は「比較することは喜びの泥棒である」と述べています。[※2]

裕福な地域住人のパラドックス

比較することの危険性に関するこれらの研究結果は、一貫しているけれども、不可解ともいえる現象を説明するうえで役に立ちます。例えば、お金をたくさん稼ぐことが、なぜ必ずしも大きな幸せにつながらないのか、などです。私たちは、もっとたくさんのお金を手に入れれば、もっとたくさんの幸福が得られるだろう、としばしば予想します。それは、つまり、お金があれば幸せは買える、ということです。

所有しているお金の総額を意味する絶対収入は、幸福感の大きさと関連していますが、周囲の人よりも収入が多いか少ないかを意味する相対収入は、満足感の大きさを予測する上で、少なくとも絶対収入と同程度に大切であり、潜在的にはもっと重要です。それはなぜでしょうか？　その理由は、私たちの収入に対する感情は、単に自分の客観的な豊かさではなく、自分の豊かさが比較対象である人たちの豊かさと比べてどうなのか、ということによって左右されるからです。

相対収入の重要性を評価するために巧妙な研究が行われました。研究参加者は、以下の2つの選択肢のどちらかを選ぶように求められました[※3]。

- 選択肢A：あなたの現在の年収は5万ドル、他の人の年収は2万5000ドル。
- 選択肢B：あなたの現在の年収は10万ドル、他の人の年収は20万ドル。

この実験計画では「客観的に見て、もっと多くの収入を得たいのか（選択肢B）」、それとも「周囲の人と比べて、もっと多くの収入を得たいのか（選択肢A）」について、はっきりとした選択肢が用意されていました。収入が良いほうの選択肢がどちらなのかはわかりやすいので、研究参加者全員が、選択肢Bを選ぶだろう、と思いますよね。ところが、驚くべきことですが、半数以上の研究参加者は選択肢Aを選びました。これは、他の人よりも収入が多ければ、全体としての収入は少なくなってもよい、ということを意味します。この例は、比較することが気持ちに大きな影響を与えること、そのことについて、私たちがよく理解していること、を示しています。

このように、比較することが自身の幸福感に影響を与える、ということは、裕福な地域に住んでいる人の幸福感が実は低い、ということを説明するうえで役に立ちます。

別のある研究では、全米の約３０００人の研究参加者に、次のような文章で、所有物に対する総合的な欲求を評価してもらいました。

- 私は、高価な家、車、服を所有している人たちに憧れている。
- 私は、自分の生活の中で贅沢することが好きだ。
- 私は、人を感動させるものを所有したい。
- 持っていないものを手に入れることができれば、私の人生はもっと良くなるはずだ。※4

これらの質問項目は、１（強く反対）から5（強く賛成）で回答されました。そして、その合計得点は、高くなるほど物欲が強いことを示しました。さらに、この研究では、回答者の世帯収入と近隣の社会経済的状況を総合的に評価するために、郵便番号を使って全体的な収入と貧困率の双方の指標を調べました。

これまでの研究と一致して、研究者は、より多くの収入を得ている人は、物欲が少なくなることを発見しました。この結果は理にかなっています。生活にゆとりのある人は、もっとたくさんの品物を入手することには執着しなくなるはずだからです。

ところが、裕福な地域に住む人々の場合は、物欲が強くなることがわかりました。さらに、その地域の人々は、衝動的な買い物が多く、貯蓄行動も少ないことがわかりました。研究者は、常に周囲の豊かさに触れていると、相対的な欠乏感が生じるのではないか、と考えています。つまり、そのような欠乏感がある人は、おそらく社会的地位を維持するために、自らの物欲を強めていくのだろう、と考えられます。

ただし、物欲を満たすことが幸せを生むわけではありません。むしろ、地位や名声を他者にアピールするために、商品をひたすら買い求める人は、人間関係で不幸になり、心理的な問題も増えることがわかっています。

そして、相対的な窮乏感は、国家レベルでも幸福感を損なうことがわかっています。ある大規模な研究は、158カ国に住む80万人以上の人々を対象に、生活全般の満足感と日々の気分を調査しました。[※5] 収入が多いことは一貫して幸福感の大きさと関連していましたが、裕福な国に住んでいる人々ほど、心配や怒りのレベルが高くなることもわかりました。裕福な国は、生活のペースが速く、工業化も進んでおり、自然の中で過ごす機会が減ることから、ネガティブな感情のレベルが高くなる可能性があります。

さらに、裕福な国に住む人々は、幸福感を損なうような社会的比較を行う傾向もあります。それらの国に住む人は、自分が持っているものと自分が欲しいものとの間に食い違いがある、いわゆる願望格差を経験します。そして、予想されるように、この格差のギャップが大きければ大きいほど、私たちは嫌な気持ちになります。

「あなたが思うほど、他人は幸せではない」

ある学校の同窓生たちのちょっとした集まりに招かれて講演をしたことがあります。その会場は、専門家が選んだ家具、絨毯、窓の装飾、きれいによく手入れされた景色、銀のトレーに乗せた飲み物や食べ物を配るケータリングスタッフなど、すべてがとても素敵な御宅でした。ご家族も印象的でした。立派なご主人と奥様、そして身なりがよく、行儀が良い2人の幼いお子さんたちです。その夜はとても楽しく、イベントが終わって車に乗り込みながら、この家族はなんて完璧な人生を送っているのだろう、と思いました。

正直なところ、私はこの人たちの完璧な生活と、完璧とは程遠い自分の生活を比べていました。散らかったままの家、伸び放題の芝生、そして不機嫌な子どもたち。つまり、この家族は完璧な生活をしていて、私の家族はそれに追いつくことは不可能だ、と思ったのです。

翌日、このイベントに参加したことを友人に話すと、その家族のヒストリーについて知っているのかどうかを聞かれました。知らなかった私は、そのとき、ご主人が初婚だったこと、奥様は再婚だったことを知りました。奥様は、大学卒業の数年後に、学生時代の恋人と初めての結婚をされたそうです。ところが、結婚から1カ月もたたないうちに、そのご主人は、職場があったワールドトレードセンターのノースタワーに飛行機が衝突したことで亡くなられてしまいました（訳注：2001年9月に発生したアメリカ同時多発テロ事件）。亡くなられた最初のご主人は、結婚式の写真を見ることはかなわなかったそうです。

私は、比較することに内在する誤った論理について、重要な教訓を得ました。それは、私たちは、他人の人生について、本当のことは何も知らない、ということです。社会的比較は、他者が提示する、あるいは場合によっては、他者が提示しようとして選んだ、外的な現実に基づいて行われます。経済学者のセス・スティーヴンス＝ダヴィドウィッツは、人々は皿洗いにゴルフの6倍の時間を費やしているけれども、ゴルフに関するツイートは皿洗いに関するツイートのおよそ2倍もある、ということを指摘しています。[※6] 同様に、ラスベガスの格安ホテル「サーカス・サーカス」と高級ホテル「ベラージオ」の客室数はほぼ同じですが、フェイスブックでチェックインしたことを報告する人の数は「ベラージオ」のほうが約3倍もあるそうです。

そして、イメージがたとえ印象的であったとしても、私たちは、他人が実際に何を経験しているのかを知ることはできません。作家チェーホフは、作中でイヴァン・イヴァーヌイチという登場人物に「われわれの目につくのは市場へ食料品を買い出しに行ったり、昼は食って、夜はねむったりする連中、たえずとりとめのないことをしゃべったりしながら、結婚して、年をとって、身うちの物が死ねば神妙に墓地へなきがらをはこんで行く連中です。ところが、苦しんでいる者の姿は見ることができない。その声をきくこともできない。この人生のほんとうにおそろしいことがらは、すべてどこか目に見えない舞台うらで行われるのです」と語らせています（訳注：チェーホフ（著）木村影一・神西清（訳）（1971）チェーホフ、筑摩書房、より引用）。[※7]

チェーホフの直感には強い裏付けがあります。ある一連の研究は、大学生に、ネガティブな出来事（例えば、低い成績をとった、恋愛相手に断られた、など）とポジティブな出来事（例えば、楽しいパーティに参加した、友人と外出した、など）を、過去2週間のうちに、どれだけ経験したのかを尋ねました。[※8] さらに、他の学生が同じような出来事を経験している頻度も推測してもらいました。

結果を予測できるでしょうか？　学生は、他の学生と比べて自分はネガティブな出来事を頻繁に経験していると考えていました。例えば、60％の学生が過去2週間に悪い成績評価を受けていましたが、そのような経験をする学生は44％に過ぎない、と考えていました。一方、学生は他の学生が自分よりもポジティブな出来事を頻繁に経験している、と考えていることもわかりました。例えば、過去2週間に楽しいパーティーに参加したと答えた学生は41％でしたが、このような経験をした学生が62％もいる、と考えていました。

悲しいことですが、このような知覚の相違は、たとえその内容が間違っていたとしても、ネガティブな結果を生みます。他の学生がネガティブな出来事を経験する頻度を過小評価し、ポジティブな出来事を経験する頻度を過大評価した学生は、孤独を感じ、人生への満足感が低下するのです。

現在、多くの大学が、自らの失敗体験の共有を奨励することで、そうした誤解がもたらすネガティブな影響に立ち向かおうとしています。例えば、マサチューセッツ州ノーサンプトンにあるスミス大学では「レーリングウェル（Railing Well）」というプログラムを開始しました。このプログラムでは、学生や教授は、個人や仕事上の失敗の経験を共有することで、誰もが直面するネガティブな出来事への気づきを生み出そうとする試みを行っています。同様のプログラムは、スタンフォード大学の「レジリエンス・プロジェクト」、ハーバード大学の「成功・失敗プロジェクト」、ペンシルバニア大学の「ペン・フェイセズ

(Penn Faces)」など、他大学でも採用されています。

プリンストン大学のヨハネス・ハウホーファー教授（心理学、公共政策）は、自身の学問的なキャリアでの不合格体験をまとめた「失敗の履歴書」を作成しています[※9]。このリストには、不合格になった大学院、不採用になったポジション、支給されなかった奨学金などが含まれています。この文書を作成した動機は、人の成功は可視化されるけれども、失敗はそうならないことのほうが多い、という問題意識からだそうです。ハウホーファー教授は「私の挑戦のほとんどは失敗に終わるのですが、成功は可視化されて、失敗はそうならないことが多いです。私は、このことが時に、ほとんどの物事が私のためにうまくいく、という印象を他人に与えている、ということに気づきました。この失敗の履歴書は、記録のバランスをとることで、何らかの視点を与えようとする試みなのです」とコメントしています。

私自身の仕事上の失敗の履歴書をここに作成してみました。なお、この中には、私の研究論文の掲載を拒否した学術誌編集者や書籍出版社に関する長いリストは含まれていません。

私が進学できなかった博士課程の大学

- 1991年 イェール大学心理学部
- 1991年 ミシガン大学心理学部
- 1991年 カリフォルニア大学ロサンゼルス校心理学部

私が教員としてのポストを得られなかった大学

- 1996年 ラトガース大学心理学部
- 1996年 ジョージア州立大学心理学部
- 1996年 スタンフォード大学心理学部
- 1996年 ミズーリ大学コロンビア校心理学部
- 1997年 ミネソタ大学心理学部

人が他人に見せるものは、その人が体験していることの本当の姿を伝えていない場合がほとんどです。それを心に留めておくことで、私たちはもっと大きな幸せを見つけることができます。作家のアン・ラモットは「自分の内面と他人の外面を比べないようにしましょう」と述べています。[※10]

「幸福感を低下させるテクノロジー」

インターネット、携帯電話、フェイスブック、ツイッター、インスタグラムなど、テクノロジーの進歩は、ある意味、私たちの生活を幸せにしてくれています。なぜならば、このようなテクノロジーは、遠く離れていたとしても、大切な人とつながることを可能にするからです。

ところが、残念なことに、それらのテクノロジーは幸福感を低下させることを示す、はっきりとした一貫した証拠が得られています。インターネットが個人の幸福感に及ぼす影響に関する最も初期の研究の一つは、１９９8年にカーネギーメロン大学の研究者のロバート・クラウトが行ったものです。彼の研究から、インターネットを利用する人ほど、孤独感や抑うつの割合が高くなり、自宅で一緒に暮らす家族とのコミュニケーションが減少し、人付き合いの関係も縮小することがわかりました。[※11] そして、40件の研究結果をまとめて分析した２０１０年のレビュー論文からは、インターネットの使用は、わずかですが、統計的に有意な悪影響を幸福感に与えることがわかっています。[※12]

ソーシャルメディアが孤独に与える影響を調べるために、ウィスコンシン大学のハヨン・ソン教授とその研究チームは、フェイスブックの利用と孤独感の関連性を取り扱った既存の関連研究のデータを分析しました。[※13] 研究者がフェイスブックに注目した理由は、フェイスブックが圧倒的に人気のあるソーシャルメディアサイトであり、全世界のユーザーのオンライン利用時間の54%、米国のユーザーのオンライン利用時間では62%をフェイスブックが占めていたからです。

フェイスブックの利用が孤独感に与える影響に関する様々な研究結果をまとめた、この研究からは、孤独感が増すにつれて、フェイスブックに費やす時間も長くなることがわかりました。つまり、孤独を感じている人ほどフェイスブックに魅力を感じるのです。おそらく、この種の社会的なつながりは、内気な人や社会性に欠けると感じる人にとってより快適であることが一因なのでしょう。しかし、残念ながら、このような人たちがフェイスブックに長く時間を費したとしても、それによって他者とのつながりが感じられるわけではありませんし、孤独感が軽減することもないのです。

別の研究は、ミシガン州アナーバーの住民に毎日5回テキストメッセージを送信して、フェイスブックの利用が幸福感に与える影響を調べました。[※14] 毎回、住民はフェイスブックをどれくらい利用したのか、不安や寂しさがあるのかどうか、前回のテキストからどれだけ他の人と直接的な交流を行ったのかなどを質問されました。

この研究結果は、フェイスブックを利用することの本当のデメリットを再び明らかにしています。2つのテキストの間にフェイスブックを利用した人ほど、幸福感が減ることが示されました。さらに、研究期間中にフェイスブックを利用した人ほど、研究開始時と比べて、総合的な生活満足感が低下していることがわかりました。フェイスブックが人々の幸福感を低下させている、という結論はどうやら避けられないようです。

ところで、フェイスブックの利用が幸福感を損なうのは一体どういう仕組みなのでしょうか？

フェイスブックの利用が増えることで、妬みのレベルが高くなることが、可能性の一つとして考えられます。特に、フェイスブックを繰り返し利用すると、自分と何らかの点で似ている人とつながることが多いため、妬みが発生しやすくなる、と考えられます。自分と似たような人の成功談を聞くことが、特に難しいのはよくあることだと思います。

フェイスブックを利用することは、比較することを特に辛くするので、それが幸福感に悪影響を及ぼす可能性があります。フェイスブックやインスタグラムで多くの人が目にする、友達の画像について考えてみてください。その友達は、とても素晴らしい時間を過ごしているご様子です。そうすると、きっと、自分たちの生活ではそのようなことはできない、自分たちは見合っていない、と思うことでしょう（我が家の3人の子どもたちは、耐えていますが、私は、自分が高校生だったときに、招待されなかったパーティーの写真をインターネットで見ることがなく済んだことを、本当にありがたいと思っています）。このような絶え間ない比較は「ソーシャルメディアやスマートフォンなどの電子機器に多くの時間を費やす青少年は、

うつ病の割合が高く、自殺未遂の回数が多い」という理由を説明する手助けになります。[※15]

最近のある研究は、特にフェイスブックの利用が、私たちの健康にとって非常に悪いことを示す、説得力のある証拠を提示しています。[※16]

この研究では、まず、人々が1日にどれくらいの時間をフェイスブックに費やしたのか、また、他の人の投稿に「いいね！」をつけたり、自分の近況を投稿したり、リンクをクリックするなど、どのような行動をとったかを調べました。そして、そのような交流の頻度が、1年後の総合的な幸福感と関連しているかどうかを調べました。その結果、フェイスブックを利用する時間が長い人ほど、1年後の身体的健康、精神的健康、生活満足感が低いことがわかりました。

したがって、より大きな幸せを求める私たちにとって比較的シンプルな実践法は、ソーシャルメディアを使う習慣をやめる、ということです。この選択をすることによって、気持ちを落ち込ませるような社会的比較をする機会が減り、第8章で説明しますが、もっと良い方法に時間を使うことができるようになります。

ソーシャルメディアに時間を費やすときは、良いところだけでなく、本当の自分の生活を紹介するようにしましょう。私は、フェイスブックでは「うちの子どもたち、全員シラミもちなんですよ！」みたいなことを意図的に投稿するように工夫しています。ちなみに、これは、これまでに何度もあったことなんですけどね。

周りの人と同じような生活を送り、高価なものは同じように手に入れて、同等以上の能力をもちたい、という「隣人との張り合い」願望は、おそらく人間の本性です。しかし、他人が設定した基準に達しなければならない、というプレッシャーに常にさらされていると、自分の人生を悪いもののように感じてしまいます。社会的比較を多くする人ほど、幸福感が少なく、自分の人生に満足しておらず、気分は落ち込む傾向があります。[※17]

もし、あなたがいつもそのような比較を行っているのでしたら、あなたのマインドセットを変えるシンプルなそれは、他人から意識をそらし、自分の中にある幸せを実践法をいくつかご紹介します。見つけることに集中する方法です。

第6章のKEYPOINT

他人と比較しないようにする

カート・ヴォネガット（訳注：小説家、劇作家）の素晴らしい詩的作品の一つに、彼がある億万長者主催のパーティーに出席し、作家のジョセフ・ヘラーと会話したときのエピソードを記したものがあります。ヴォネガットがヘラーに、この億万長者が1日でヘラーの小説『キャッチ＝22』の売り上げ以上のお金を稼ぐことを知ってどのように思うのか、を尋ねたところ、ヘラーは「自分は億万長者が決してもっていないものをもっているから気にしない」と答えました。ヴォネガットは「それは一体何ですか」と質問しました。そうすると、ヘラーは「足るを知る、ということ」と答えました。

このエピソードは、比較しないことが本当の幸せを見つける唯一の方法であることをはっきりと表現しています。トーラー（訳注：モーセ五書）の有名な一節に「豊かなるものは誰か？　自分の境遇に満足している者である」（ピルケイ・アボット（訳注：ユダヤ教の律法教師の教えをまとめた本）第4章1節）があります。自分と他人を比較する傾向の強さは、人によって大きな差があります。自分自身の傾向を調べてみませんか？　アイオワ・オランダ比較志向性尺度（Iowa-Netherlands Comparison Orientation Measure: INCOM）は、自分と他人を比較する傾向がどの程度あるのかを測定するものです。※18 次ページの各質問項目に当てはまるのかどうかを回答してみてください（訳注：同尺度は邦訳されています。項目の邦訳はそれに従いました。出典は外山美樹.（２００２）. 社会的比較志向性と心理的特性との関連：社会的比較志向性尺度を作成して．筑波大学心理学研究，24，２３７-２４４.）。

これらの項目の点数を合計して、あなたがどの程度比較する傾向があるのかを確認して

	全くそう思わない	そう思わない	どちらともいえる	そう思う	非常にそう思う
1. 今まで自分がやりとげたことについて、他の人とよく比べる。	1	2	3	4	5
2. 他の人のやり方と比べて自分のやり方はどうであるか、いつも気にしている。	1	2	3	4	5
3. 自分の親しい人の状況と、他の人の状況をよく比べる。	1	2	3	4	5
4. 何かに対して自分がどのくらいうまくできたのかを知りたいときには、他の人のやったことと自分のやったことを比べる。	1	2	3	4	5
5. 自分がどのくらい社交的であるかを、他の人とよく比べる。	1	2	3	4	5

合計得点 ＿＿＿＿

みましょう。あなたの合計得点が高ければ、それは比較する傾向が強いことを意味しますので、できるだけ比較しないように、自制してみてください。

実践を重ねることで、気分が改善されるような比較に注意を向けることも可能になります。第11章で説明しますが、ボランティアに参加する人が、より健康で幸せだと報告する理由の一つは、この体験が比較の性質を変えることに関係しています※19。

もし、このような比較のずらし方が自然にできないのであれば、私自身がそのような物事の捉え方をする能力を改善させたことで、それまでよりも幸せな結果を得ることができた、というエピソードをご紹介します。私の息子のこと、です。スペイン語の勉強で息子がとても苦労している様子をみると、彼の学業的な将来性のことを考えてしまって、大きく落ち込んでしまうことがありました。そんなとき、私は、時には1時間ごとに「少なくとも彼は白血病ではないのよ」と自分に言い聞かせるようにしました。寒々しいことは承知しています。しかし、子どもが、化学療法で苦労するくらいならば、スペイン語で苦労してくれたほうがはるかに良い、と思っている親は、実際、世界中にいるのです。

感謝の気持ちに集中する

少なくとも、私たちの多くは、人生の中で、良いことよりも悪いことのほうに目を向けてしまいます。これは人間の性なのかもしれません。ところが、哲学者のエピクテトスは「真の賢者は、無いもので嘆かず、有るもので愉しむ」という言葉を残しています。[※20]

ある研究は、幸福感を高めるためのとてもシンプルな実践法として「感謝することに集中する」ことをあげています。この研究では、研究参加者を次の3つの条件群のいずれかに振り分けました。

- 第一条件群では、先週1週間の生活の中で感謝したことを5つ書き出すことを求められました（「感謝条件」）。そのリストには、神様、友人からの親切、ローリング・ストーンズ、などが含まれていました。

・第二条件群では、先週1週間の生活の中でイライラしたことを5つ書き出すことを求められました（「煩雑条件」）。そのリストには、請求書が多すぎて支払えなかった、駐車場が見つからなかった、キッチンが散らかっている、などが含まれていました。

・第三条件群では、先週1週間に起きた出来事を単純に5つ書き出してもらう条件でした（「統制条件」）。そのリストには、音楽フェスティバルに行ったこと、心肺蘇生法の習得、クローゼットの片付け、などが含まれていました。※21

実験開始前に、研究参加者は全員、自分の気分や体調、一般的な態度などを記録した日記を毎日つけてもらいました。そうすることで、研究者は、これらの異なる条件の人々が時間経過とともにどのように変化するかを比較することができました。

どのような結果が得られたでしょうか？　感謝条件では、幸福感を感じていた研究参加者の割合が25％以上に達しました。研究参加者は、未来に対して楽観的で、自分の人生に対してより良い気分を感じていたのです。特に注目すべきは、感謝条件では、煩雑条件や統制条件と比べて、1週間に約1・5時間多く運動をしており、病気の症状も少なかったという結果でした。

このように単純化されたアプローチは、比較的若くて、健康な人々、つまり、人生において感謝すべきことが多く、大きなストレス要因も比較的少ない人にだけ有効なのでしょうか？　この疑問を検証するために、その後、神経筋肉疾患の成人患者を対象にした研究が行われました。神経筋肉疾患は、関節や筋肉の痛み、筋肉の萎縮を生じることから、患者に深刻な衰弱をもたらします。

研究では、これらの人々に3週間毎日、2つのトピックのうちの一つについて書くように教示しました。ある人は日常生活の経験について書くように求められ（統制条件）、別の人は日常生活で感謝していることについて書くように求められました（感謝条件）。

この研究においても、感謝について筆記することが大きな効果をもたらすことが明らかになりました。感謝条件の研究参加者は、生活全体に関する満足感が高く、次の1週間をより楽観的に過ごすことができました。興味深いことに、この条件の研究参加者では睡眠も改善されていました。良い睡眠は幸福感とより良い健康を予測する傾向があることから、この研究結果はとても重要な発見です。

同様に、乳癌の女性が、毎週10分間、身近な人に感謝の気持ちを伝える手紙を書く、という6週間のオンライン感謝介入を受けた結果、心理的な幸福感と癌への適応が向上したことが示されています。[※22]これらの知見は、たとえ深刻で命にかかわるような健康状態にある人であっても、感謝していることをシンプルに筆記するだけで、心理面のみならず、身体面でも効果が得られることを示唆しています。

今、私が感謝していること
1
2
3
4
5

それでは、これから少し時間をとって、自分の生活の中で感謝の気持ちを増やす計画を立てていきましょう。退職したら、宝くじが当たったら、新しい家を買ったら、などということではなく、まず、あなた自身の暮らしの中で、今、感謝していることを上の欄にリストアップしていってください。

次に、定期的に感謝の気持ちに集中する方法を見つけるための計画を立てましょう。毎晩寝る前や朝起きたときに感謝日記を書く、毎晩食卓を囲む際にはその日に感謝したことを家族が一つずつ発表する習慣を始める、月に一度、お世話になった人に感謝の気持ちを伝えるメールや手紙を送る、など様々な方法があると思います。

あなたにとっての有意義なことを見つける

本章の冒頭で、パロアルトの若者たちがアイビーリーグ（訳注：米国東海岸にある私立大学の総称で超エリート学生が世界中から集まる）の合格を目指す中で経験する、容赦ないプレッシャーについて説明しました。しかし、このような学生やその親、仲間たちは、間違ったところに幸せを探しているのです。名門大学に進学したり、経済的に有利な職業に就いたりした人が、大きな幸福感を得る、という証拠はありません。

それでは、何が幸せを予測するのでしょうか？　それは、仕事、地域社会や家族など、あなたが個人的に有意義だと思うことをすることです。つまり、ライフステージに応じて、自分が情熱を傾けられる専攻を選んだり、地域社会でボランティア活動をしたり、特定の職業や業界を選んだりする、ということです。『意味の力：幸福に取り付かれた世界で充実感を得るために（未邦訳）（The Power of Meaning: Finding Fulfillment in a World Obsessed with Happiness）』の著者であるエミリー・エスファハニ・スミスは、比較の世界で若者が直面する課題について、「次のマーク・ザッカーバーグ（訳注：メタの創業者で億万長者として知られている）になることはないし、新聞に死亡記事が載ることもないでしょう。しかし、だからといって、そのような人たちの人生に意義や価値がないわけではありません。私たちは皆、自分の人生に触れ、向上させることができる人々の輪をもっています。そして、そこに自分の意味を見出すことができるのです」と述べています。

私の友人に、ご主人がウォール街の一流金融会社で何年も働いていた人がいます。ある日、彼は家に帰り、仕事が嫌でたまらないので辞めなきゃいけない、と妻に告白しました。大学のローンがまだ残っていたのですが、彼女は彼の決断を支持しました。ご主人は、今、消防士として働いています。この大転機で生活がどう変わったのかを彼女に尋ねると、彼の仕事への情熱を生き生きと語ってくれました。どうやら、彼は「スキップして仕事に出かけている」そうですが、これは彼が自分の存在意義をついに見つけ出したからです。そして、そのことが、高給取りの仕事をかつてしていたときよりも、はるかに大きな幸せを、彼と、そして彼女にもたらしたのです。

実証的なデータからも、有意義な活動への従事が幸福感の重要な要素であることが裏付けられています。例えば、最近の研究では、公選弁護人、非営利団体の顧問弁護士、検察官などの公益弁護士は、伝統的な（そして、より権威のある）事務所の弁護士と比べて、日々の気分や幸福感のレベルが高いことが報告されています。[※23] このような違いはなぜ生じるのでしょうか？　どちらのグループの弁護士も長時間働いていることから、おそらく労働時間の問題ではないと思われます（ただし、一定の時間数を請求する義務のある事務所で働く弁護士の幸福感は低いという報告もあります）。そして、公務員である弁護士の収入は、事務所で勤務する弁護士よりもはるかに低いので、金銭的な問題ではないことは確かです。

この2つの弁護士グループの幸福感に大きな差があるのは、公益弁護士の方が仕事から得られる個人的な意味や関心が大きいことが直接の原因である可能性が高い、と思われます。この研究者は「弁護士として幸せな人生を送るためには、成績や豊かさ、名声よりも、興味深く、魅力的で、個人的に意味のある仕事を見つけること、そして他者に必要な支援を提供することに重点を置くことが大切です」と指摘しています。

私たちの社会では常に比較が行われています。それによって、物質的な所有物、地位、名声などの外在的な目標を追求することが幸せである、という誤った印象が生み出されています。しかし、これらの研究結果は、真の幸福とは、自己の成長と他者との有意義なつながりに注目した、内発的な目標を追求すること、にあることを実証しています。

第7章

マインドセットとトラウマ

1990年11月27日、プリンストン大学2年生だったBJ・ミラーは、夜遅く寮に戻る途中、人生を変える決断をしました。深夜3時、お酒を飲んだ彼はキャンパス内に停車していた電動シャトルトレインによじ登ったのです。彼は1万1千ボルトの電気を浴びて瀕死の状態になりました。ヘリコプターで近くの病院に搬送されましたが、医師は、彼の両足の膝から下と、左腕の肘から下を切断しなければいけませんでした。

数カ月にわたる手術と理学療法を経て、彼はプリンストン大学に戻り、1993年に同大学を首席で卒業しました。痛みはその後も続きましたが、体力は回復し、1992年にバルセロナで開催された夏季パラリンピックにバレーボール米国代表として出場したほどでした。彼は、現在、サンフランシスコで医師として勤務しています。

このストーリーは様々な面でとても感動的です。間違いなく、このような悲劇的な出来事に対処できたのは、彼の精神力の強さを物語っています。彼はこの経験を糧にして生きてきましたが、私たちは、このような痛みや喪失感を経験しなければ、彼の人生はどれほど楽だったのだろう、と想像してしまいます。

ところが、「できることならば、過去に戻って、あの事故をなかったことにしたい、と思いますか?」という誰もが気になる質問に対する彼の答えは意外なものでした。その答えは「ノー」だったのです。彼は、プリンストン大学の同窓会誌の記者に「(事故によって得られた)良いことがありすぎるほどです。あの経験がなければ、私は医療の道に進まなかったでしょうし、緩和ケア医として今ほど優秀にはなれなかったと思います」と説明しています。[※1]

BJ・ミラーは、自分は患者とすぐに打ち解けて共感することができる、と力説しています。彼は、手足を失った退役軍人や事故で半身不随になった人たちと仕事をしていますが、自分の外見が実際に患者の助けになっていることを指摘しています。彼が病室に入ってきたときに、患者たちは、彼の体を見ただけで、自分たちが経験したことを、彼がある程度理解していることに気づくそうです。

本当に悲惨な状況でもポジティブに捉えることができる、このような能力は、私たちのマインドセットがどのように結果を左右するのかを物語っています。私たちはあらゆる喪失を避けて人生を送ることはできません。しかし、ひどいトラウマであっても、それをどう考えるのかは、ある程度コントロールすることが可能です。そのため、ポジティブなマインドセットを身につけることは、何があっても幸せを維持するために欠かせないことなのです。

「心的外傷後成長について」

命にかかわる病気、身体的虐待、愛する人の死、その他の困難な状況を経験すると、私たちは、自分自身と世界について、新しい方法で考えざるを得なくなります。この現象を意識することで、悲しい経験を、人生を見つめ直して、より大きな意味を見出す機会に変えることができます。

破滅的な個人的状況に直面したとき、ポジティブに考えることはとても難しい、と思われるかもしれません。しかし、実質的にはどんな不利な状況にいるとしても、何らかの有益な面を見出すことはできるのです。例えば、癌と診断された人の多くは、人生の優先順位が変わり、精神生活が豊かになり、愛する人との関係がもっと親密になったことを報告しています。50歳の夫を心臓発作で亡くしたコロンビア大学の人文科学教授で詩人のエリザベス・アレキサンダーは「どういうわけなのかはわかりませんが、私たちの魂は、その惨禍によって、もっと強く、より美しくなっていきます」と述べています。[※2]

心理学者は、この視点取得のことを、心的外傷後成長（post-traumatic growth）と表現していますが、これは人生の大きな危機と闘った後に、著しいポジティブな変化を経験することを意味します。この成長は、人々がトラウマの意味を理解し、それに対処しようと努力しているときに起こり、有意義で持続的な変化をもたらす可能性があります。

大きなトラウマを経験した人は、ＰＴＧＩ（Posttraumatic Growth Inventory：心的外傷後成長尺度）を使うことで、この出来事からの心的外傷後成長の度合いを調べることができます（訳注：項目の邦訳は、清水研．（２０２１）．がん患者のこころ．島根県立大学出雲キャンパス紀要，18，1-9．から抜粋）。ＰＴＧＩは、以下の10個の質問に答え、その合計を得点とする簡単なテストです（訳注：10項目を使用するのはＰＴＧＩの短縮版です）[※3]。

得点が高いほど、心的外傷後成長が全体的に大きいことを意味します。この尺度は、心的外傷後成長の五つの要素、人生に対する感謝、他者との関係、新たな可能性、人間としての強さ、精神性的変容について評価します。これらの成長の各タイプは、トラウマとなるような出来事にポジティブに対処することを手助けしてくれます。

予想されるように、困難な状況でもポジティブな面を見出すことができる人は、より良

	全くそう思わない	そう思わない	どちらともいえる	そう思う	非常にそう思う
1. 人生において、何が重要かについての優先順位を変えた。	1	2	3	4	5
2. 自分の命の大切さを痛感した。	1	2	3	4	5
3. 自分の人生で、より良い事ができるようになった。	1	2	3	4	5
4. 精神性（魂）や、神秘的な事柄についての理解が深まった。	1	2	3	4	5
5. 他の人達との間で、より親密感を強くもつようになった。	1	2	3	4	5
6. 自分の人生に、新たな道筋を築いた。	1	2	3	4	5
7. 困難に対して自分が対処していけることが、よりはっきりと感じられるようになった。	1	2	3	4	5
8. 宗教的信念が、より強くなった。	1	2	3	4	5
9. 思っていた以上に、自分は強い人間であるということを発見した。	1	2	3	4	5
10. 人間が、いかに素晴らしいものであるかについて、多くを学んだ。	1	2	3	4	5

合計得点 ______

い結果を得ることができます。例えば、癌の診断にメリットを見出すことができた人は、苦悩や抑うつのレベルが低く、ポジティブな感情のレベルが高く、全体的に生活の質が良くなることが報告されています。※4 さらに、第2章で学ばれたように、逆境の中でもポジティブなマインドセットを身につけることで、長期的に身体の健康状態が良くなることがわかっています。例えば、糖尿病と診断された青少年が、その経験に何らかのメリットを見出すことができれば、推奨される治療計画に忠実に従うようになり、その結果、健康状態が良くなることが予想されています。※5

大きな苦難を経験すると価値と意味が得られる、ということを認められれば、たとえ幸せになるための方法がないと思えるほどのひどい状況におかれたとしても、冷静さを保ち、心穏やかでいられるようになります。例えば、ジョーダン・ハイタワーは、2010年のハイチ地震で22歳の妹を亡くした後、自分自身の生き方についての考え方を改めました。彼女は「妹の命はあまりにも突然に奪われました。次は私の番になるかもしれないのですから、人生で経験するまで待つのは愚かなことだ、と気づいたのです。そして、私は生きよう、とスタートしました」と述べています。※6 ジョーダンは、現在23カ国以上を旅し、演劇やコンサート、スポーツイベントを何十回と鑑賞し、友人や家族と充実した時間を過ごしています。そして、彼女は、教師としての比較的低めの収入や、狭いアパートでの生活を、気にすることはなくなりました。

私たちの多くは、愛する人の死、重い病気や怪我、離婚など、ある時点で大きな喪失を経験します。私たちは、すべての悪い経験を避けて人生を送ることは不可能ですが、失われたものではなく、得られたものに注目することで、このような途方もなく苦しい経験をポジティブに捉えることができます。ジョージ・フォックス大学のトラウマ対応研究所のアンナ・ベラルディ所長は「ほとんどの人は、トラウマから、もっと賢くなり、人生に対する深い理解を得ることができます」と述べています。[※7]

ネガティブな出来事は楽しむ力を高める

ストレスの多い人生の出来事は、具体的にどのように私たちの幸福感を高めてくれるのでしょうか？　ネガティブな出来事を経験し、それを乗り越えることで、素晴らしい夕日や面白い小説、グラス一杯の美味しいワインなどのように、シンプルなことに喜びを感じることができるようになります。逆境を経験することで、日常生活の小さな喜びに感謝し、立ち止まってバラの香りを嗅ぐことを思い出すことができるのかもしれません。

ある研究は、1万5千人の成人を研究参加者にして、経験を味わうことの効果について検討しました。経験を味わうことには、ポジティブな感情体験を長続きさせて高めるという、一種の感情調節の働きがあります（本当に美味しいチョコレートバーを味わうためには、食べ始める前にその美味しさを想像し、味を長持ちさせるためにごく少量を口に含み、口の中でチョコレートがどれだけ素晴らしい味であるのかに集中すればよいかもしれません）[※8]。研究参加者は、大切な人の死、離婚、重い病気や怪我など、ネガティブな出来事を経験したことがあるのかどうかを尋ねられました。その結果、ネガティブな出来事についてまだ悩んでいる人はポジティブな出来事を味わう能力が低いこと、過去にネガティブな出来事を多く経験した人はポジティブな出来事の経験を味わう能力が高いことがわかりました。つまり、過去にネガティブな経験をし、それに対処することは、経験を楽しむ能力を高めるようです。

この研究結果は、年齢とともに幸福感が増す、という不思議な現象の説明に役立ちます。60歳を過ぎると、誰しもが愛する人を失ったり、キャリアに失敗したり、健康上の問題が生じたりと人生の難局を経験します。このような出来事があるのならば、晩年は暗い気持ちで過ごす、と思われるかもしれません。年齢を重ねるにつれて、人々は、無力感や悲観的な気持ちになるだろう、と考えられるかもしれませんが、心配はご無用です。ある研究は、年齢とともにネガティブな感情が減り、ポジティブな感情が増えること、つまり、70代や80代は、10代よりも幸福感が高いということを報告しています[※9]。

別の研究では、21歳から99歳の成人１５００人に、身体的、認知的、心理的機能を含む生活機能全般について質問を行いました[※10]。

高齢者は、身体的・認知的機能が低いことは予測できたのですが、心理的な幸福感は高くなることが示されました。具体的には、高齢者ほど人生に対する満足感が高く、知覚されるストレス、不安、抑うつのレベルが低いことがわかったのです。

カリフォルニア大学サンディエゴ校のヘルシーエイジングセンターのディレクターであるディリップ・ジェステ博士は「研究参加者は、自分自身と自分の人生について、年々、10年ごとに良くなっていると感じている、と報告しています」と述べています。[※11]

年齢を重ねるにつれて幸福感が増す、ということには様々な要因が関係します。しかし、一つの説明として、人生で困難な出来事を経験することでマインドセットが変わり、その変化によって幸福感が得られるようになることが考えられます。

加齢に伴うポジティブ効果によると、高齢者は一般に、ネガティブな情報よりもポジティブな情報を好み、注意を持続的に払う傾向があるそうです。[※12] 例えば、異なる表情を浮かべた多数の顔の実験刺激を見せたときに、若年層は恐れの表情に最も注目しますが、高齢者の注意は自然と幸せな表情に向けられることが報告されています。[※13] また、高齢者は、ネガティブな出来事よりもポジティブな出来事をより多く記憶します。つまり、高齢者は良いことに注意と記憶を集中させる傾向があり、若年層は悪いことに注意と記憶を集中させる傾向があります。どちらがより大きな幸せを生むのか、想像してみてください。

このようなマインドセットの変化は、脳が様々な出来事をどのように処理するのかにも現れます。例えば、ある研究は、19歳から31歳の人と61歳から80歳の人の2つの年齢層のグループに、MRI装置に入ってもらい、写真を見てもらいました。[※14] 写真の中には、スキー選手がレースで勝利するといったポジティブな経験を伝えるものもあれば、負傷した兵士のようなネガティブな経験を伝えるものもありました。研究者は、これらの写真がどのように知覚されるかに年齢による違いがあるかどうかを調べるために、脳活動を測定しました。

予想に反して、ネガティブな画像を見た場合、少なくとも神経学的には両群間に差異は認められませんでした。しかし、高齢者群がポジティブな経験を描いた写真を見たとき、感情を処理する脳の領域（扁桃体）と記憶を処理する領域（海馬）の双方が活性化することがわかりました。この結果は、高齢者がポジティブな出来事を非常に強く記憶していることを示しています。つまり、良いことを処理する脳領域が、基本的に「これを覚えておきなさい」と指示しているのです。このような活性化傾向は若年層では認められませんでした。

したがって、年齢を重ねるごとに、私たちは、良いことに目を向けて、悪いことには目をつぶることができるようになります。このようなマインドセットの変化は、当然のことでしょうが、私たちを幸せな気分にしてくれます。

94歳のアルビン・マンは、上手に年を取る方法について、ニューヨーク・タイムズ紙の取材に「もちろん、医学的なこともありますが、それ以上に心配のない生活を送っているということが大きいと思います。私たち、高齢者は、自分でコントロールできないことは一切気にしません」と説明しています。※15

逆境こそ、思いやりを育む

2013年4月15日、ボストンマラソンを見ていたカルロス・アレドンドは、大きな爆発音を耳にしました。爆発が続けて起きるかどうかは不明でしたが、彼は脚からひどい出血をしている若者のもとに即座に駆け寄りました。カウボーイハットをかぶった彼が、車椅子に乗ったジェフ・バウマンを押す写真は、その日の英雄的行為を象徴する一枚になりました。

なぜ、彼は自分の命を危険にさらすような行動をとることがすぐにできたのでしょうか。彼の個人的な逆境体験が影響していることは間違いありません。海兵隊員だった彼の長男は2004年にイラクで亡くなりました。次男は、この死をきっかけに重度のうつ病を発症し、2011年に自殺しました。これらの悲劇が、彼の他者への共感能力や命を救う利他主義を高めたのでしょう。

大きな喪失を経験した人たちが示す、このような思いやりは、珍しいことではありません。縦断的な研究によると、配偶者を肺癌で亡くした人の多くは、性格に大きな変化を生じます[※16]。こうした変化の中には、社交性や信頼性、向社会的信念の増加が含まれます。実際、遺された配偶者の40％近くの人が、利他主義への志向が大幅に高くなることがわかっています。

逆境が向社会的行動を増加させることについては、実験室研究でも同様の知見が得られています。例えば、ある研究は、人々の逆境体験と同情や共感のレベルを測定しました[※17]。そして、研究参加者に、研究に参加したことで得た報酬をすべて所持するか、あるいは収入の一部を赤十字に寄付するかを選択してもらいました。予想通り、人生でネガティブな出来事を多く経験し、それゆえに助けを必要としている人に共感できる人ほど、赤十字に寄付をする傾向が認められました。

ただし、トラウマからの回復には時間がかかることを心に留めておいてください。カルロス・アレドンドは、長男が殺されたことを知った直後はひどく落ち込み、その悲しみのために精神科の入院治療を受けたほどでした。ボストンマラソンでのテロ事件で彼が示した勇気と思いやりは、時間が経過し、喪失感を受け入れた後でなければ、得られないものだったのです。

逆境はレジリエンスを高める

おそらく最も重要なポイントは、逆境がレジリエンス、すなわち、ネガティブな経験に対して適応的かつ生産的に反応する能力を高めることを指摘する研究が増えていることです。逆境には、人々にトラウマへの対処を実践する機会を与え、その結果として、将来の喪失に機能的に対処するための貴重な実践法を身につけさせる働きがあるようです。

比較的低レベルの逆境体験であったとしても、それを経験することで得られる効果を示すシンプルな例を紹介しましょう。ある研究は、ニュージーランドでの10日間の航海実習が、十代の若者のレジリエンスに及ぼす影響を調べました。[※18] 若者たちは、過酷な肉体労働、船酔い、悪天候、雑然とした生活環境、毎日の膨大な雑用など、厳しい状況を経験しました。研究者は、実習中とその5カ月後に、学生のレジリエンスのレベルを測定し、そのレベルを、そのような航海実習に参加しなかった大学生のレベルと比較しました。

二つの学生群におけるレジリエンスの差異は、長期間持続しました。厳しい状況を経験した学生は、自分には困難に対処する能力があることを知った結果、そのような航海実習を経験しなかった大学生と比べて、有意に高いレベルのレジリエンスを獲得することができたのです。このように、ストレスフルな体験は、将来のストレス要因に対する「免疫」

として作用します。私たちは、自分には苦しい状況を乗り越える力があることを経験から学びます。そして、その信念は、その後日常生活で他のストレス要因に遭遇したときにも大いに役に立ちます。

　ところで、冒険旅行のストレスは、日常生活で直面する深刻なストレスと完全に比較できるものではないことは明白です、しかし、現実世界のストレス要因や悲劇でさえも、レジリエンスについて教え鍛えるという点では、同様のメリットがあります。

　例えば、ある大規模な研究は、18歳から１０１歳までの約２０００人の成人を対象に数年にわたる調査を行い、時間の経過とともに幸福感がどのように変化したのかを調べました。[※19] 研究参加者は、調査開始前に経験したストレスとなるライフイベントと、新たに発生したライフイベントをリストアップしました。これらのイベントには、離婚、愛する人の死、重病、自然災害などが含まれていました。そして、ストレスとなる人生経験の数と全体的な心理的な幸福感との関連性が測定されました。

　大きなストレスを避けている人は、人生の満足感が高いと思うかもしれません。ところが、実際には、比較的ストレスのない生活を送っていた人たちは、ストレスとなるライフイベントをたくさん経験した人たちに比べて、幸福感は高くありませんでした。それでは、誰が最も幸せだったのでしょうか？　それは、ストレスになるような出来事を、多少（2

〜6個）、経験したことがある人でした。
これらの研究結果は、レジリエンスは、少なくともほとんどの人にとって、偶然得られるものではないことを示唆しています。私たちは、むしろ、実践を重ねることで、困難な出来事から回復することが上手になるのです。大きなストレス要因を避けてきた人は、こうしたスキルを身につける機会がないことから、いざ難しいことが起きると、対処に苦労してしまいます。これらの知見は、重い神経系疾患に罹患している人では、既婚者と比べて、未亡人の幸福感のほうが高い、という直感に反する研究結果を説明する手助けとなります。[※20]つまり、すでに大きな喪失に直面した人は、その後の人生におけるストレス要因、例えば生命を脅かすほどの病気の診断に対処するための適応的な実践法を身につけることができるのです。
この研究は、人を殺さない程度の事柄が人を強くする、という説得力のある証拠を示しています。カリフォルニア大学アーバイン校の心理学者ロクサーヌ・コーエン・シルバーは「ネガティブな出来事に直面するたびに、人は対処しようとします。そうすることで、人は自分の能力やサポートネットワークについて学び、本当の友人が誰なのかを知ることができます。このような学習は、その後の対処にとって、とても価値のあるものだと思います」と述べています。[※21]
ただし、逆境の価値には、当然ですが、限界があることも心に留めておいてください。

つまり、そのようなストレスになる出来事をたくさん経験した人は、中程度の数しか経験しなかった人と比べて、結果が悪くなることがあります。14歳のときにユタ州の自宅から誘拐され、救出されるまでの9カ月間、肉体的・心理的虐待を受けたエリザベス・スマートは「私は、以前よりも強い人間になりました。しかし、それを誰かに望むことはありません。誰もそんなふうに強くなる必要はないと思いますから」と述べています。[※22] ただし、次節で説明するように、あまりにも多くの逆境に直面した場合であったとしても、人間の精神は、驚くべき適応能力を発揮することがあります。

適応する力

2007年7月23日、コネティカット州チェシャーの住宅に、刑務所を出所したばかりの2人組の男が押し入りました。彼らは地下室で父親のウィリアム・プティ博士を縛り上げました。そして、彼の妻であるジェニファーと、夫妻の娘であるヘイリーとミカエラをベッドに縛り付けて、3人に性的暴行を加えました。娘たちは11歳と17歳でした。そして、犯行の証拠を隠すために、犯人は家に火を放ちました。ウィリアムは地下室から脱出することができましたが、妻と2人の少女は煙を吸って亡くなりました。

この恐ろしい事件の詳細は、ほとんどの人にとって、想像不可能です。博士が経験した喪失の深さも同じく想像することができません。妻と２人の娘を失ったことは、特に彼女たちが生きていた最後の時間の凶悪な状況のことも考えると、耐えがたいことです。彼が再び幸せを感じることがあるのか、おそらくほとんどの人が疑問に思うことでしょう。

しかし、そう思うかもしれませんが、２０１２年、ウィリアムは再婚することができました。２番目の妻であるクリスティンとは、彼が家族の思い出を称えるために始めた慈善財団「プティ・ファミリー財団」で、彼女がカメラマンとしてボランティアをしていたときに知り合いました。最初の妻の家族も２人の結婚式に出席し、彼が再び愛を見つけたことを喜びました。そして、２０１３年11月23日には、ウィリアムとクリスティン夫妻の間にウィリアム・アーサー・プティ三世という赤ちゃんが生まれました。

この悲劇的な物語は、幸せを実現するために私たちに何を教えてくれるのでしょうか？最初の妻と娘たちを失ったことは、プティ博士を根本的に変え、形作り、彼の残りの人生に深く影響を与えることになりました。

ところが、彼のエピソードは、最初は耐えられないと思われるような状況でも、それに適応しようとする人間の精神の力を鮮明に示しています。ひどい目に遭った後でも、時間が経てば、再び幸せを見つけることができるのです。詩人であり小説家でもあるライナー・マリア・リルケは「すべてを体験せよ。美も恐怖も。生き続けよ。絶望が最後ではない」と記しています。[※23]

逸話的な証拠だけでなく、科学的な研究からも、想像もつかないほどのネガティブな出来事に対しても、人間の精神には適応する力があることが示されています。失業、脊髄損傷、失明を経験した人々を対象とした研究によれば、最初の適応期間の後、多くの人がポジティブな幸福感を報告したそうです[※24]。人間は、その瞬間にはどんなに悪い状況に思えたとしても、最終的には再び幸せを見つけることができる、ということは、これまで繰り返し示されています。

第7章の KEYPOINT

逆境の価値について、私が好きな言葉の一つに『失われた季節』というパット・コンロイの素晴らしい著作に記された言葉があります。この本は、ある高校バスケットボールの大失敗の記録であり、そのシーズンがチームの選手たちに何を教えたかのを描写しています。以下はその引用です。

スポーツの本には、たいてい勝つことが書かれている。負けることよりも、読んでいてずっと楽しいし、読後感もいい。どの側面を考えても勝つことは素晴らしい。だが、負けるという暗い音楽は、もっと深い豊かな面に反響する。敗北は、もっと強烈で妥協しない教師だ。人生は、試合よりも多くのジレンマを抱え、簡単なパスよりも努力がいると、無常だがはっきりと理解させてくれる。敗北を知ったおかげで、私は人生の嵐のような時期を乗り越えることができた。召集令状がドアにはさまれていたときも、小切手が不渡りになって戻ってきたときも、幼い子どもたちに「君たちのお母さんと別れることにした」と話すときも、絶望に囚われ、自殺が解放に導いてくれるラブソングのように思えはじめたときにも。あの年に、勝利した試合から学んだこともあった。だが、敗北から学んだことのほうが、ずっとずっと多かったのだ。（訳注：パット・コンロイ（著）、竹迫仁子（訳）（2006）失われた季節，バジリコ，より該当する文章を引用）

この一節は、私たちが敗北や損失を経験したときに、ポジティブなマインドセットでその体験を整理することができれば、誰もが本当の利益を得ることができる、ということを物語っています。喪失を経験せずに人生を送ることは不可能です。ただし、少なくとも、私たちは、そのような経験をもち続けて、何が奪われたのかだけではなく、人生に何がもたらされたのか、を認識しようとすることはできます。

2004年7月、57歳だった私の母は、卵巣癌で亡くなりました。診断からわずか4カ月後のことでした。ご想像の通り、それは大変な出来事で、私はこの喪失を嘆き悲しみ、再び幸せを見つけることができるだろうか、と思いながら数カ月間を過ごしました。しかし、時が経つにつれ、そして実践を重ねるにつれて、私は母の死によって得られたもの、例えば兄弟とのより親密な関係や、求めていたキャリア目標の転換など、その体験から得たものに気づき、感謝するようになりました。

特に、明るい面に目を向けることが苦手な人にとっては、人生の苦しい状況の中で明るい面を見つけ出すことはとても難しいことです。しかし、このようなポジティブなマインドセットを身につけるために助けが必要な人であっても大丈夫です。実証的研究によれば、とてつもない悲劇や喪失に直面したときでも役に立つ実践法があります。

日常生活の中にある、小さな喜びに目を向ける

もし、あなたが大きな喪失体験への対処で苦労されているのならば、そのような状況の中で多くの幸せを見つけることはとても難しいことでしょう。しかし、日常生活にある小さな喜びに目を向けようとするだけで、悲惨な出来事を乗り越えるうえで大きな違いがもたらされます。そのような辛い出来事に気を取られるのではなく、次のような活動をすることで、注意をそらしましょう。

- 外を散歩して、刈りたての草の香り、花々の色、鳥たちのさえずりなど、自然の美しさに目を向けてみましょう。
- 手紙を書く、電話をする、コーヒーを読みながらゆっくりとおしゃべりするなど、大切な友人とつながりをもちましょう。
- 小説を読む、テレビや映画を見る、押入れを片付けるなど、何らかの方法で気を紛らわ

せましょう。

- ヨガのクラスに参加する、ジョギングをする、深呼吸をする、筋肉を伸ばすなど、（自分が気持ちいいと思う手段で）運動をしてみましょう。

どのような状況にあったとしても、毎日少しずつでも良い瞬間を見つけるようにしましょう。シェリル・サンドバーグ（訳注：第1章で紹介されたフェイスブックの元ＣＯＯ）は「夫を失ったことで、友人の優しさ、家族の愛、子どもたちの笑い声に感謝するという、より深い感謝を見出すことができたのは、私の人生における最大の皮肉といえるでしょう」と述べています。[※25]このマインドセットの転換が幸福感を高めます。

他者とのつながりをもつ

大きな喪失体験の後に幸せを見つけることが難しい理由の一つは、人々が悲しみの中で孤立して、孤独を感じてしまうからです。喪失体験直後は、社会的支援が豊富であったとしても、数日から数週間のうちにそれが無くなってしまうことがあります。これは悲しみが消えるよりもずっと速いスピードです。たとえサポートがあったとしても、あなたを支える人は、喪失体験に心から共感する能力が欠如しているかもしれません。

他者とのつながり、特に喪失することの本質を理解している人々とのつながりをもつことで、対処が容易になり、再び幸せを見つけ出せるようになります。公式・非公式を問わず、グリーフサポートグループは、大切な人を亡くした経験のある方にとって、貴重な支援を提供します。遺族は自分の経験を分かち合い、対処の指針を得たり、大きな疑問（例えば、なぜこんなことが起こったのか？　人生は公平か？　神は存在するのか？）を話し合ったりすることができます。多くの人は、自分の経験したことを理解してくれる人たちと一緒にサポートグループに参加すると、孤独を感じることが減るそうです。さらに、遺族に対するグループ主体の介入は、個人主体の療法よりも、悲嘆の深刻さを軽減する可能性があることを示す証拠もあります。[※26]

ある研究は、33人が死亡した2007年のバージニア工科大学での銃乱射事件に対して、生存者がどのように反応したのかを評価しました。[※27]予想していた通り、1年後に抑うつや不安のレベルが高くなった学生もいましたが、良くも悪くも全体的な気分の状態に大きな変化が見られなかった学生もいました。しかし、最も注目すべき研究結果は、この悲劇を経験した後の1年間で、気分が良くなった学生も現実には存在した、ということです。実際、他の学生たちに社会的な支援を求め、より強いつながりを築いた学生は、不安や抑うつが減少していることもわかりました。このように、たとえ本当に悲惨な出来事があったとしても、他者とのつながりをもつことで、大きな利益を得ることができます。

苦しい状況にだけ囚われず、良い行いをする

辛い悲劇に直面したときでさえ、大抵の場合、私たちは自分自身のためではなくても、他の人のために何か良いことを行うことができます。人生には、巨大な悲劇に直面しながらも、その喪失体験から善を創造して人生を生き続けた人々の感動的な物語があふれています。ここでは、3つの力強い例を紹介します。

- エイミー・アンダーソンの息子ブライソンが生後20週で亡くなったとき、彼女は大きなショックを受けました。医師からは母乳の分泌を止めるために乳房を縛ることを勧められましたが、エイミーは、代わりに未熟児を助けるために母乳を絞り、寄付することを選択しました（未熟児に母乳を与えることで、深刻な健康問題のリスクを大幅に軽減することができます）。エイミーは8カ月間搾乳を続けて、合計すると92ガロン（訳注：1ガロンは約3.8リットル。92ガロンは約350リットル）もの母乳を寄付し、自分の選択に大きな意味を見つけ出しました。彼女は「これはブライソンの人生の目的であり、私はそれを受け入れるつもりです」と述べています。[※28]

・2012年10月25日、マリナ・クリムとケビン・クリム夫妻は、言葉にできないほどの悪夢に直面しました。乳母が6歳の娘ルルと、もうすぐ2歳になる息子レオを刺し殺したのです。その翌月、クリム夫妻は恵まれない子どもたちに学術プログラムを提供するために「ルル&レオ基金」を設立しました。ケビン・クリムは、満員となった最初の資金調達パーティーで「子どもたちの人生から受けたインスピレーションが、私たちの原動力になっています」と語っています。※29

・1999年4月、2人の学生が13人を射殺し、自らも自殺したコロンバイン銃乱射事件の恐怖を、皆さんはきっと覚えていることでしょう。2016年2月、銃撃犯の母親であるスー・クレボルドは『息子が殺人犯になった：コロンバイン高校銃乱射事件・加害生徒の母の告白』という本を出版して、彼女の家族の物語をまとめました。とても個人的なこの本を書いた目的は、彼女が見逃していた息子の兆候を他の家族が気づくのを手助けすることであり、その知識が将来の悲劇を防ぐうえで役に立つことを期待したため、でした。この本の利益はすべて、精神疾患や自殺防止に取り組む慈善団体の資金として使われるそうです。

これらの実例は、ポジティブなマインドセットが、人生に意味を見出し、とても悲惨な状況に対処するための力を与えることを証明しています。もし、あなたが計り知れない損失体験の後で苦しんでいるのであれば、その経験から何か良いことを生み出す方法を見つけてください。例えば、病気に対する啓発活動や、愛する人を称える奨学金や賞の設立、またはそのような喪失を経験した人々を支援する組織でボランティア活動を行うことなどが考えられます。良いことを生み出すことに焦点を当てたポジティブなマインドセットを身につけることで、想像できないような損失にも対処できるようになります。そうすれば、あなたは、いずれ、満足感、幸福感、心の平安を見つけ出すことができます。

第3部

マインドセットを変える

PART 3

第8章

行動を変えればマインドセットは変わる

1989年7月19日、ユナイテッド航空232便はコロラド州デンバーを離陸した約1時間後にエンジントラブルに見舞われて、すべての飛行制御を失いました。約30分のうちに、パイロットは動力を回復し、燃料を捨て、アイオワ州スーシティーの滑走路まで航行しようとしましたが、うまくいきませんでした。乗客はこの緊急事態に気づいており、不安定な着陸が行われることを伝えられていました。事故によって、乗客296人のうち、111人死亡、185人が生存しました。不時着に備えて、乗客はどのように恐怖に対処していたのでしょうか？　生存者へのインタビューの結果から、乗客の多くが宗教的な信仰に頼っていたことがわかりました。[※1] その言葉をご紹介します。

・「私は目を閉じて『主よ、パイロットの手をお導きください』と祈りました。そして、もし、神が私の命を奪いたいならば、私はそれでも良いと思いました。私の心は平安に満ちていました。私は生と死の境目にはいましたが、人生の終わりを迎えていたわけではありませんでした」

・「死ぬ準備をするために必要なことはやりました。その時に思ったことは、お釈迦様の教えを聞くことができる家庭に転生したい、ということでした。私は、これまで仏教の瞑想をたくさんおこなってきましたが、これは私の意識を一点に集中させる訓練になりました。私は不時着時の姿勢に完全に集中していました」

宗教的、精神的な信念をもつことは、心理的な幸福感と身体の健康を改善しますが、少なくとも、その理由の一つは、そのような信念が日常生活のちょっとしたストレス要因にも、大きなトラウマとなる出来事にも対処するうえで役に立つからです。

本章では、十分な睡眠をとる、小説を読む、瞑想をする、といったシンプルな行動の調整が、自分自身や世界についての考え方をどのように変えるかを説明します。最も重要なのは、そのような行動様式を身につけることで、幸福感を高め、身体的な健康を改善し、寿命を延ばすことができるということです。

睡眠をとることの効果

幸せを増やす最もシンプルな方法は、十分な睡眠をとることかもしれません。2015年に米国成人7000人以上を対象に行われたギャラップ社の世論調査によると、十分な睡眠をとっていると答えた人は、睡眠時間が短い人と比べて全体的な幸福感が高いことがわかりました。[※2] 例えば、1日の睡眠時間が8時間と答えた人の平均幸福感の得点は（100点満点中）65・7点だったのに対し、7時間睡眠の人は64・2点、6時間睡眠の人は59・4点だったそうです。この調査結果は、十分な睡眠をとることが、不安、抑うつ、孤独の割合を減らすなど、心理的な幸福感の改善に役立つことを示した複数の科学的研究の結果を裏付けています。[※3]

なぜ、十分な睡眠をとることが重要になるのでしょうか？　その理由の一つは、十分な休息をとった人は、日常生活のストレスにうまく対処できるからです。[※4] 睡眠不足の人は、イライラしやすく、思考や記憶のミスが多くなります。あなたは、寝不足で家族や友人、同僚と短時間しか話せなかったことに心当たりはありませんか？

睡眠不足の人は、ネガティブな思考にとらわれてしまい、ポジティブな事柄に目を向けられなくなってしまいます。[※5] 実際、睡眠不足の人は、将来について強迫的に心配してしまう、過去の出来事を再現してしまう、侵入思考を経験するなど、ネガティブな思考を繰り返すことが多いそうです。第5章で説明したように、このような思考パターンは、うつ病や不安神経症のリスクを高めます。

睡眠不足は身体的な健康にとっても好ましくありません。睡眠不足は免疫力を低下させ、癌、脳卒中、心臓病、糖尿病など、様々な病気の発症リスクを高めます。※6 より良い睡眠は、手術後の回復にも関係します。

ある研究は、睡眠不足が病気に対する身体の抵抗力に与える影響を調べるために、健康なボランティアの研究参加者を集めました。※7 研究参加者は、アルコール摂取や喫煙などの健康習慣全般と、前週の睡眠パターンを測定されました。さらに、許可を得て、風邪のウイルスを点鼻薬で体内に注入しました。その後、1週間にわたって、研究参加者が風邪をひいたのかどうかを記録しました。

その結果、十分な睡眠をとることが健康維持に不可欠であることを示す強力な証拠が得られました。前週の平均睡眠時間が6時間未満だった人は、7時間以上だった人と比べて、風邪をひいた割合が4倍以上だったことがわかったのです。

カリフォルニア大学サンフランシスコ校のアリー・プラザー教授（精神医学）は「短時間睡眠は、研究参加者が風邪をひく可能性を予測する上で、他のどの要因よりも重要でした」と述べています。さらに「研究参加者の年齢、ストレスレベル、人種、学歴、収入な

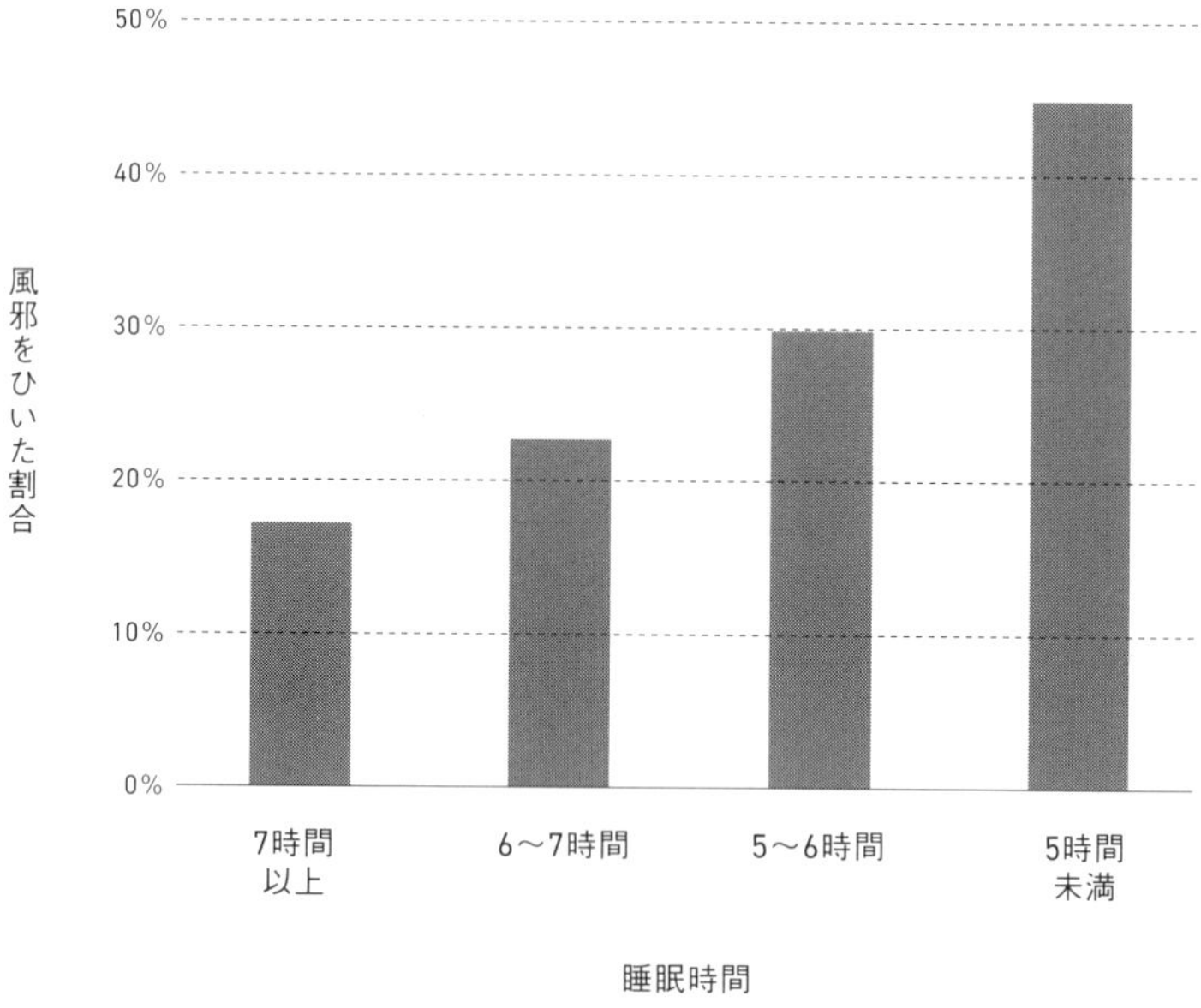

睡眠時間が7時間以上の人は5時間未満の人に比べて風邪をひいた割合が有意に低い。

Prather, A. A., Janicki-Deverts, D., Hall, M. H., and Cohen, S. "Behaviorally Assessed Sleep and Susceptibility to the Common Cold." SLEEP 2015; 38(9): 1353-1359.

どは関係ありませんでした。喫煙者であるかどうかも関係ありません。これらの要因を考慮に入れたとしても、睡眠が関係するという統計学的な結果に変わりはないのです」とコメントしています。[※8]

睡眠をしっかりとることの重要性、すなわち、睡眠は健康で幸せな生活を送るための最もシンプルな方法の一つである、ということはご理解頂けたと思います。そのため、十分な睡眠がとれるように、早寝早起きを心がけ、夜遅くの飲食、特にカフェインの摂取を控えることを目標にしましょう。また、眠る直前にパソコンやiＰａｄ、電子書籍などの電子機器を使用しないようにしましょう。これらの機器の多くが発する「ブルーライト」は、入眠を妨げます。

読書することの効果

日常生活の中でできる、幸せを高める小さな変化をもう一つご紹介します。大好きな本を読むことです。子どもの頃、「ハリー・ポッター」シリーズなど、大好きな本を夢中になって読んでいたことを思い出す人は多いでしょう。私は、長男が本を読むことをやめなかったので、夜中に電球を外したことを覚えています。

ところが、大人になると「本を読む時間がない」と考えがちです（面白いことに、テレビを見たり、インターネットを検索したり、フェイスブックを更新したりする時間は捻出しているのです）。しかし、これでは、読書がもたらす多くのメリットを享受することができません。

科学的な研究によると、読書は他者とのつながりを感じさせる働きがあります。本の中の登場人物とのつながりを感じることでも、幸福感の重要な要素である所属意識が生まれるそうです。[※9]読書は、特にその本が自分の人生について新たに考えるきっかけになったり、自分の目標に向かって行動を起こす機会となることで、ポジティブな気持ちを高めてくれます。

また、読書、特に小説は、他者に共感する能力を高め、社会性を向上させます。小説に夢中になると、登場人物の目を通して世界を想像するため、現実の世界で他者の視点に立つ能力が高まります。[※10]そのため、結果として、読書は、他者に共感し、対立を解決する能力を向上させるのかもしれません。例えば、魔法使いと非魔法使いの間の偏見を描いた「ハリー・ポッター」シリーズを読んだ小学5年生は、共感力が高まり、社会的に汚名を着せられた集団の人々への偏見が減ることが報告されています。[※11]トロント大学の心理学者キース・オートリーは「小説は心のフライトシミュレーターかもしれません」と述べています。[※12]

さらに、最近の研究からは、本を読むことで寿命が延びる可能性を示唆する知見も得られています。ある研究は、本をまったく読まない人、週に3時間半までしか読まない人、週に3時間半以上読む人の三群（いずれも50歳以上）を比較しました。[※13] 本をまったく読まない人と比べて、週に3時間半まで読む人は12年間の追跡期間で死亡する割合が17％低く、週に3時間半以上読む人は同期間に死亡する割合が23％低いことがわかりました。実際、本を読む人は、本をまったく読まない人と比べて、平均すると約2年間長生きすることがわかったのです。なぜ、このような驚くべき結果が得られたのでしょうか？　新聞や雑誌ではなく、本を定期的に読んでいる人は、記憶力や批判的思考力、集中力などの認知能力が高いことが示されています。これらの能力が生存に有利に働いている、と考えられます。

そのため、あなたが「読むべき本」ではなく、あなたにとって個人的に楽しいと思える本を手に取り、寝る前の数分、昼休み、公共交通機関での通勤時間など、毎日読むようにすることが、幸せを増やすためのシンプルな方法です。そうすることで、あなたの寿命も延びるかもしれません。

散歩することの効果

運動が身体に良いことは既に知られています。運動には、健康的な体重を維持し、筋肉や骨を強化し、心拍数や血圧を低下させる効果があります。ただし、最も重要なのは、運動はストレスによる身体への悪影響を軽減する、ということです。そのため、定期的に運動している人は病気になりにくいことがわかっています。[※14]

運動は身体の健康に良いだけでなく、思考力や記憶力の改善にも役立ち、認知症のリスクも低減させる可能性があります。[※15]軽度の認知障害と診断された高齢者を対象としたある研究は、二つの条件のいずれかに研究参加者を無作為に割り当てました。[※16]一方の条件群は週に3回、1時間のウォーキングを行い、もう一方の条件群には毎週、栄養と健康的な生活についての教育を行いました。研究開始前に、定期的な運動を行っていた研究参加者はいませんでした。半年後、ウォーキングを始めた人たちは血圧が下がり、興味深いことに、認知力テストの成績も向上しました。

定期的に体を動かすことは、心の健康にもよい、とされています。[※17]機嫌が悪かったのに、運動して気分が良くなったことはありませんか？　運動は、私たちが直面している問題から気持ちを切り離すことができるため、気分転換に有効です。運動することで、イライラしたり、動揺したりすることなく、ストレスの多い人生の出来事に対応できるようになるのです。[※18]

運動は、私たちの体に生理的な変化をもたらし、気分を改善します。体を動かすと、脳からエンドルフィンと呼ばれる化学物質が放出されて、痛みが軽くなり、気分も良くなります。

運動は、うつ病の治療にも役立ち、少なくとも一部のケースでは、心理療法や抗うつ剤と同等の効果が期待できます。[※19] ある研究は、運動がうつ病患者の気分を改善するのかどうかを調べました。[※20] この仮説を検証するために、臨床的なうつ病（日常生活に支障をきたす重度のうつ病）の成人156人を3つの条件群のいずれかに振り分けました。

- 一つ目の条件群は有酸素運動（週3回、45分、4カ月間）を行いました。抗うつ薬は投与しませんでした。
- 二つ目の条件群は、抗うつ薬を投与されて（一つ目の条件群と同じく4カ月間）、有酸素運動は行いませんでした。
- 三つ目の条件群は、有酸素運動と薬物投与の両方を行いました（同じく4カ月間）。

その後、三つの条件群の研究参加者を長期にわたって調査し、うつ病のレベルに変化があるかどうかを検討しました。その結果、有酸素運動を行った人は、うつ病の症状を改善する薬を投与されていない場合でも、4カ月という長期間にわたって気分の改善を示したことがわかりました。実際、三つの条件群のすべてで、気分が同程度に改善されていました。この研究結果は、適度な運動が、うつ病の治療において医薬品と同等の効果があることを示す重要な証拠です。

運動の効果は明白ですが、運動する時間を用意するのは難しいものです。ただし、運動に対するマインドセットを変えることで、運動習慣を身につけて、運動を継続することができるようになります。具体的には、心肺機能の向上や健康的な体重の維持、うつ病の予防など、運動の長期的な効果に注目しないようにしましょう。その代わり、短期的、直接的な運動の楽しさに目を向けるようにしましょう。ヨガのクラスに参加することは、忙しい一日を終えて頭をスッキリさせ、リラックスするための時間になるかもしれません。友人との散歩は、会話をする絶好の機会になることでしょう。運動した後は、ぐっすり眠ることができて、翌日もすっきりできるかもしれません。このように、すぐに得られるものを重視することで、見返りを長く待つ必要がなくなることから、運動するモチベーションを保ちやすくなります。

そして、1日に何時間、何分を運動するのか、という運動時間の確保にストレスを感じないようにしましょう。エレベーターではなく階段を使う、店の入り口から離れた場所に駐車するなど、ちょっとした行動を変えるだけでよいのです。最近の研究によれば、長時間座っているよりも、30分おきに立ち上がって動く方が、早期死亡のリスクを減らせるという結果が得られています。※21 まとめると、運動するのであれば、何でも良いので、とにかく動き出しましょう、ということです。

「セックスすることの効果」

それでは、今度は別のタイプの運動、セックスをすること、について考えてみましょう。セックスはあなたを幸せにするのでしょうか？　その答えは、おそらく本書で学ぶことの中で最も驚くべきことではありませんが「イエス」です。

セックスの頻度と幸福感の関係の強さを検証するために、1万6千人の性行為と幸福感の自己申告データを調べた研究があります。[※22]　その結果、セックスは幸福感の強力な（そしてポジティブな）予測要因であることが明らかになりました。収入、学歴、配偶者の有無、健康状態、年齢、人種、その他の変数を含む多くの要因を統制した後でも、少なくとも月に2〜3回セックスすると答えた回答者は、過去12カ月間に全くセックスしないと答えた回答者よりも幸福感が33％高いことが分かりました。なんと、月に1回でもセックスをすれば、年収が5万ドル増えるのと同程度の幸福感が得られます！

それでは、どれくらいの頻度でセックスをすれば、最も幸せを感じられるのでしょうか？　コロラド大学ボルダー校のティム・ワズワース教授（社会学）は、1万5千人以上の米国人から集めた幸福感とセックスの頻度に関する全国調査のデータを調べました。その結果、幸福感は、セックスの頻度が増えるほど、高くなる傾向が認められました。前年に全くセックスをしなかった人と比べて、週に1回セックスをしたと答えた人は、幸福感が高い、と答える割合が44％多く、週に2〜3回セックスする人では幸福感が高い、と答えた人の割合が55％多いことがわかりました。

興味深いことに、セックスの頻度に対する満足感は、自分の友人がどのくらいの頻度でセックスしていると思うのか、にも依存します。全体的には、セックスの頻度が多い人ほど幸福感が高いですが、そのセックスの頻度による影響を統制した後は、自分は友人と比べてセックスが少ないと思っている人は、友人と同じくらいか、それ以上していると信じている人と比べて不幸せなのだそうです。この結果から、友人が月に2〜3回セックスをしていたとしても、週に1回セックスをしている、と信じていた場合、幸福感が高い、と報告する確率は14％も低下することがわかりました（この研究結果は、第6章で説明したように、他人と比較することの危険性を証明するものです）。

しかし、この研究結果は、セックスの回数を単純に増やせば幸せが得られる、ということを意味するものではありません。実際、ある奇妙な研究の一環として、カップルに3カ月間セックスの頻度を2倍にするよう求めたところ、彼らは幸せを感じなくなってしまいました。[※23] それどころか、研究参加者の疲労感や幸福感が明らかに低下したこと、セックスの楽しみも減ったことが報告されています。

この研究のポイントは何なのでしょうか？　おそらく、セックスの頻度自体は、私たちを幸せにする行動の本質的な要素ではありません。結局のところ、この研究はセックスの頻度と幸福感の間に相関関係があることを明らかにしていますが、この関係が、幸せな人がより頻繁にセックスしているのか、頻繁にセックスすることが幸福感を高めるのか、もしくは他の要因が幸福感とセックス頻度の両方に影響しているのか（例えば、小さな子どもがいない、など）については、よくわかりません。むしろ、セックスは、配偶者や恋愛相手と親密な関係にあるかどうかを示す良い指標であり、この種の親密さをもっていることは、明らかに幸福感を高める働きがあります。幸せを生み出す人間関係のパワーについては、第12章で詳しく説明します。

「宗教的、スピリチュアルな信念をもつことの効果」

特定の信条に関係なく、宗教やスピリチュアルな信念をもつ人は、幸福感や人生の満足感が高いことが知られています。[※24]米国人を対象にした全国調査では、宗教行事に週1回以上参加している人の47%が「とても幸せだ」と回答しているのに対し、全く参加していない人は26%にとどまっています。また、宗教行事に参加する人は、うつ病のレベルや自殺の割合が低いこともわかっています。

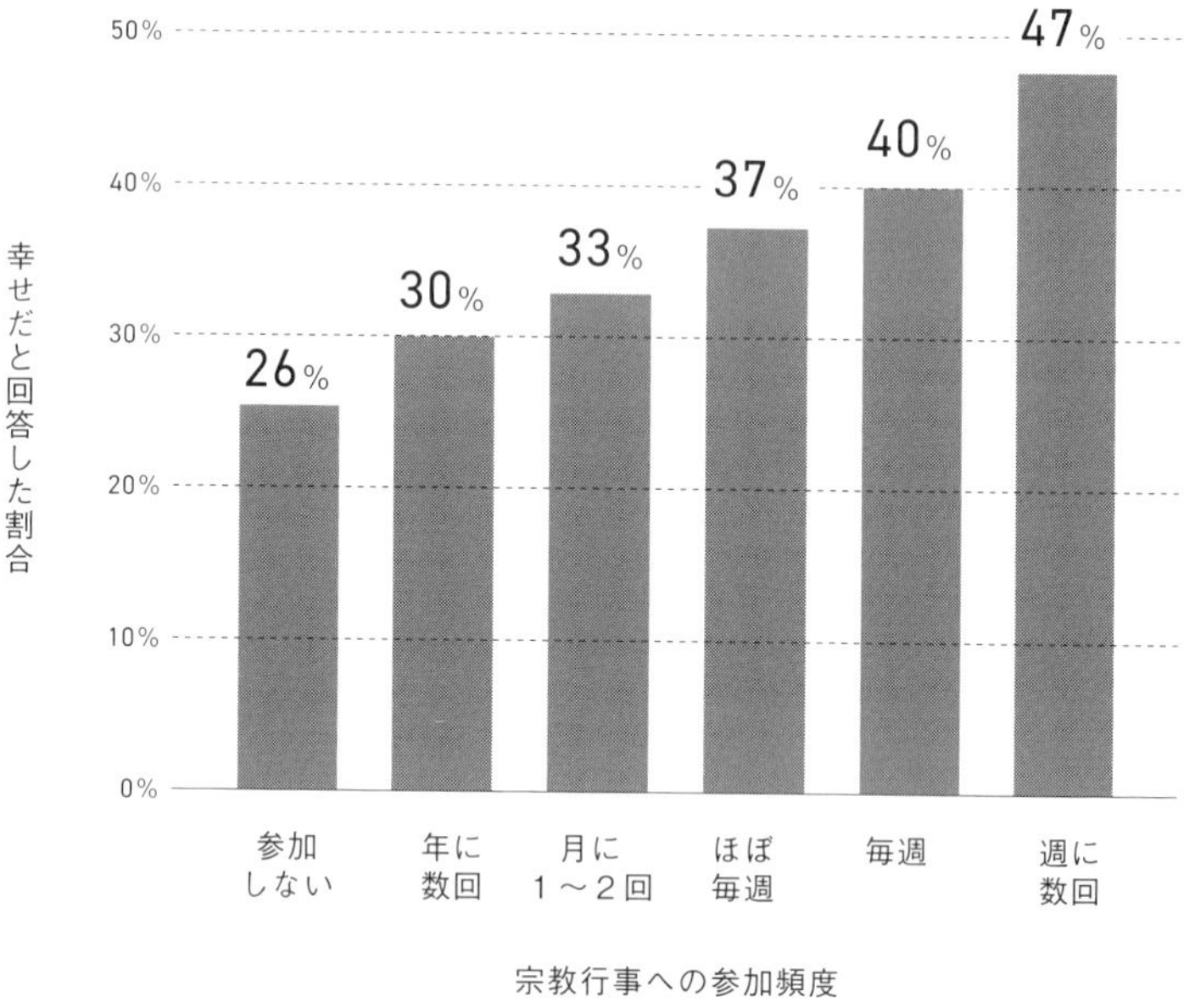

宗教行事に頻繁に参加する人は、ほとんど参加しない、または全く参加しない人よりも、幸せを感じていると報告する傾向があります。

さらに、宗教への関与は、癌、心臓病、脳卒中のレベルの低下など、より良い健康とも関連しています。[※25] 宗教的信念が強い人は、心臓手術後の合併症が少なく、入院期間も短いそうです。[※26]

実際、こうした信仰は人々の長寿に役立っています。7万4千人以上の女性を対象に行われた研究があります。その研究は、研究参加者に、2年ごとに食生活、ライフスタイル、健康状態を調査し、さらに、4年ごとに宗教行事への出席状況を調べて、そのデータを分析しました。[※27] その結果、食生活、身体活動、アルコール摂取、喫煙状況、肥満度、社会的な統合（訳注：個人と社会とのつながりの程度）、抑うつ、人種、民族など、他の様々な要因を考慮に入れたとしても、宗教行事に全く参加しない人と比べて、週に1回以上宗教行事に参加する人は16年間の研究期間中の死亡リスクが33%低く、平均5カ月長生きすることがわかりました。さらに、毎週宗教行事に参加する人は死亡リスクが26%、週に1回未満の人は13%リスクが低いこと、この行動によって心血管系死亡率（27%）と癌死亡率（21%）の両方のリスクが低下することが示されました。このような死亡率の低下は、宗教行事に毎週一回以上参加している人の寿命は約83歳であるのに対し、全く参加していない人は約75歳までの寿命であることを意味します。

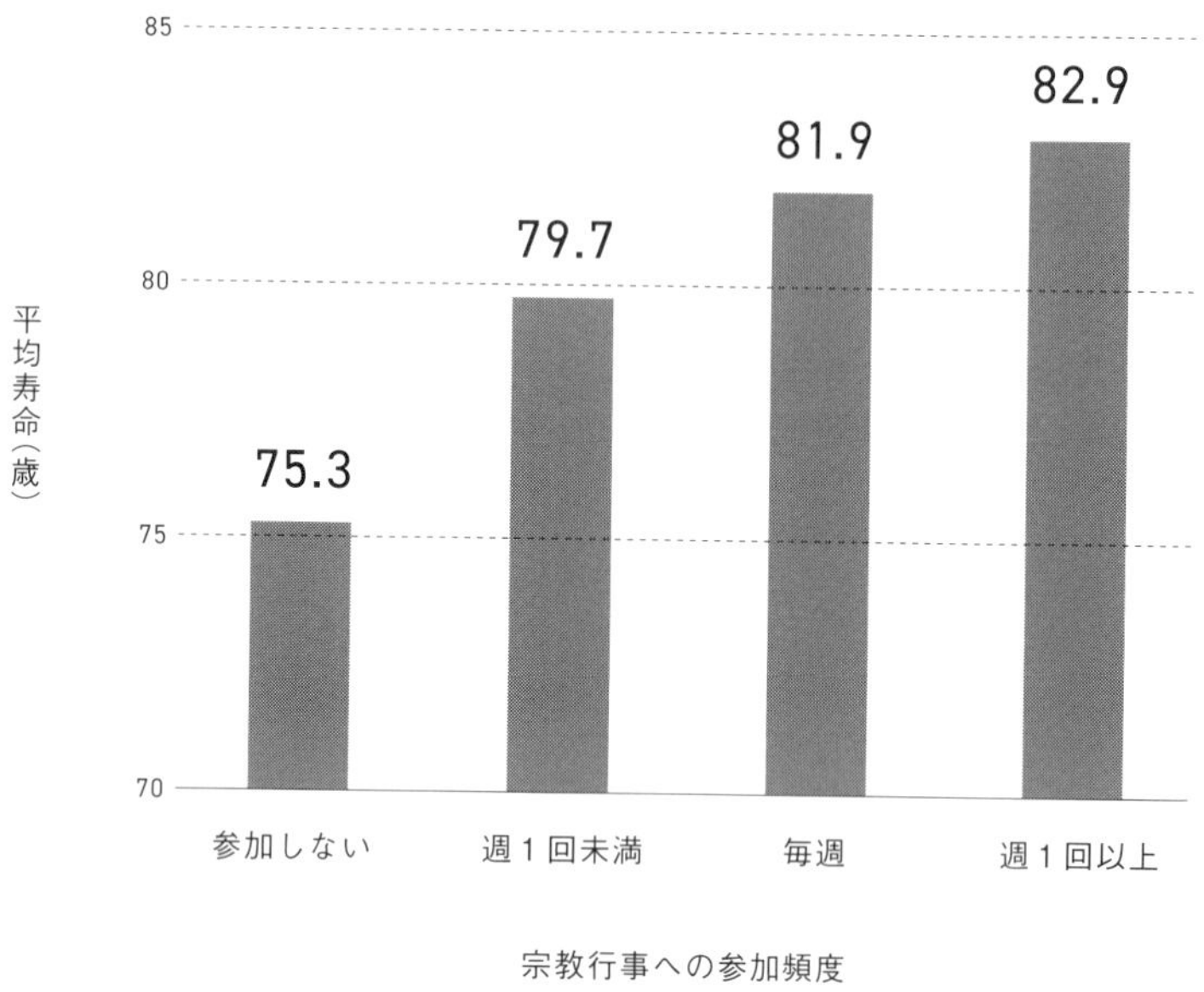

宗教行事に頻繁に参加する人は、全く参加しない人よりも長生きしています。

Myers, D. G., & Diener, E. (2018). The scientific pursuit of happiness. Perspectives on Psychological Science, 13(2), 218-225. Copyright © 2018 by SAGE Publications. Reprinted by Permission of SAGE Publications, Inc.

宗教的、スピリチュアルな信念をもつことが、どうして寿命にこのような有益な結果をもたらすのでしょうか？

一つの可能性として考えられるのは、多くの宗教的コミュニティにおいて、実質的な社会的サポートが提供されていることです。信心深い人は、教会、寺院、聖書研究会などに所属して、支援のネットワークを構築しており、それが貴重な社会的サポートにつながっている可能性があります。例えば、心臓手術から回復した宗教的信念をもつ人々は、希望をより強く感じていただけでなく、もっと多くの社会的サポートを受けられる、と信じていました。[※28] このような信念が、不安や抑うつのレベルを下げることにつながった、と考えられます。

もう一つの別の説明は、宗教的信念は、ポジティブなマインドセットで人生の大きなストレスに立ち向かうのを助けることで気分を改善する効果があり、その結果、ストレスが身体に及ぼす有害な生理的影響を軽減する、というものです。意味づけと心の安らぎが認められている癌患者が幹細胞移植を受けると、移植後の1年間、吐き気などの身体症状が減る傾向があり、抑うつ、不安、疲労のレベルも低いことが報告されています。[※29] うっ血性心不全の患者で、強いスピリチュアルな信念をもっていると答えた人は、そのような信念をもたない人と比べて、診断から5年間に死亡する確率が20％低いこともわかっています。[※30]

スピリチュアリティと死亡率の関連性は、年齢、性別、健康行動など、寿命を予測する他の変数を考慮に入れたとしても認められます。生命を脅かす深刻な病気に直面しても、宗教的、そしてスピリチュアルな信念はストレスを減らし、それによって健康状態を改善するうえで役に立つのです。

最後の可能性として、宗教的信念は、人々にトラウマとなる出来事を理解する方法を与えて、一見無意味に思える悲劇に何らかの意味を与えてくれるかもしれません。ネガティブな体験のメリットを探すことは、人々にポジティブな側面に注目して、トラウマに関する思考や感情に向き合い、対処する機会を与えます。その結果、宗教的信念をもつ人はより高い心理的、身体的な幸福感を得られます。例えば、神は自分の手に余るものは与えないとか、亡くなった大切な人はより良い場所にいるとか、悪いことは理由があって起こるのだ、などと信じることは不安や落ち込みを少なくする効果があります。本章の冒頭で説明したように、飛行機事故のトラウマと命の危機に直面した多くの人々が、不安を解消するために宗教的信念に頼っていました。

宗教観と意味を見出すことの結びつきに関するこれらの知見は、貧しい国で暮らす人々が豊かな国で暮らす人々よりも意味づけの感覚が優れている理由を説明するのに役立ちます。[※31]貧困の中で生活していると意味を見出すことが難しくなるだろう、と予想されるかもしれませんが、貧しい国で暮らす人々は意味を強く感じていることが一貫して報告されています。この関係は、少なくとも部分的には、より強い宗教的信念に起因しています。したがって、宗教は、苦しい状況にいる人々が意味を見つけ出すうえで、特に重要な役割を果たしているかもしれません。

自分の好みに合った宗教的、スピリチュアルな活動に参加することは、もっと大きな幸せと、より良い健康を得るための実践法の一つになると思います。ある人にとっては、毎週宗教行事に参加することが実践法で、別の人にとっては、毎日お祈りをする時間を確保することかもしれません。あるいは、聖書研究会への参加が該当することでしょう。あなたが、宗教的、スピリチュアルな信念を身につけることによって、日常生活の大小のストレス要因に対処できると思うのであれば、この実践法を日常に取り入れる工夫をしてみてください（その具体的な方法については、本章の終わりで詳しく説明します）。

瞑想をすることの効果

本書で説明してきたように、私たちの思考は心理的、身体的な幸福感に大きく影響します。大抵の場合、ある出来事についてどう考えるのかが、私たちの気持ちや反応を左右します。

思考をコントロールし、現在に完全に集中するための方法の一つが瞑想です。瞑想では、体を出入りする呼吸や、マントラと呼ばれる単一の思考やフレーズなど、一つの感覚に全神経を集中させます。瞑想の実践者は、さまざまな考えや心配事に心を奪われることなく、今この瞬間に集中することを強く意識します。

瞑想は、心理的な幸福感に強力な効果を発揮します。[※32] 例えば、愛と絆の瞑想グループに6週間参加した人は、ポジティブな感情、社会とのつながり、人生の目的が強まったことを報告しています。さらに、瞑想参加者には、生活満足感の向上や抑うつ感の減少も示されたそうです。[※33] 瞑想の効果はよく知られており、ターゲット、グーグル、ゼネラル・ミルズなどの大企業や教育委員会が瞑想の実践を推奨しています。ゴールディ・ホーン（訳注：俳優）、ハワード・スターン（訳注：超人気ラジオ番組のパーソナリティ）、リチャード・ギア（訳注：俳優）のような有名人も、瞑想の効果を力説しています。

瞑想することは身体的健康の増進にもつながります。瞑想の実践者は、病気の症状が軽くなり、痛みのレベルも低くなることが報告されています。[※34] このような効果は、生命を脅かすほどの深刻な病気にかかっている人にも認められます。例えば、瞑想のトレーニングを受けた癌患者は、再発への恐怖が軽減されただけではなく、疲れが取れて、身体機能が向上し、免疫反応も良くなったことがわかっています。[※35]

瞑想には、どうしてこのような強力な効果があるのでしょうか？　一つの説明は、瞑想がストレスマネジメントに有用なことから、生理的なストレス反応による身体の消耗が最小限に抑えられる、というものです。第2章で学んだように、ストレスをうまくコントロールすることは、心理的にも身体的にも、私たちを良い状態にしてくれます。高血圧の10代の若者が、1日2回、1回15分程度の瞑想のトレーニングを受けた場合、単に血圧の下げ方や心臓血管系疾患のリスクに関する教育を受けた場合と比べて、心臓血管系疾患を発症する可能性が低くなります。[※36]心臓病の患者が瞑想のトレーニングを受けると、動脈硬化の程度が低下することもあります。[※37]

瞑想は、私たちを落ち込ませる破壊的な思考パターンを中断させるのにも役に立ちます。第5章で述べたように、「今、ここ」に集中することで、うつ病を引き起こすネガティブな思考のサイクルから抜け出すことができるのです。また、たとえ思考が現在から離れることがあったとしても、瞑想をする人は不快な話題に心を奪われることが少なくなることが報告されています。[※38]このように、瞑想して現在に集中することで、司法試験の結果を待っているときなど、ストレスのかかる出来事が控えているような場合でも、より上手に対処することができるようになります。[※39]

瞑想は、心身の健康を促すような脳の変化をもたらすこともあります。例えば、マサチューセッツ総合病院の研究者は、16人がマインドフルネス瞑想の8週間コースに参加する前後の脳の様子を調べました。[※40] その結果、思いやりと自己認識に関連する脳の部位が大きくなること、ストレスに関連する脳の部位が小さくなることが発見されました。瞑想をしている人は、脳の加齢的な変化が少なかったことから、瞑想が加齢に伴って自然に生じ得る影響を遅らせるのに有用であることが示唆されています。[※41]

瞑想は老化のプロセスを逆行させる働きもあるようです。[※42] ある注目すべき研究は、瞑想を実践することで、認知症の初期症状が見られる高齢者の認知機能が改善される可能性を示しました。

UCLA（訳注：カリフォルニア大学ロサンゼルス校）の研究者は、物を置き忘れる、約束を忘れる、顔を忘れるといった認知障害の初期症状がある55歳以上の研究参加者を対象に、ヨガと瞑想を組み合わせたトレーニングプログラムが、認知や感情の問題を軽減する効果があるのかどうかを調べました。[※43] このような認知機能障害をもつ人は、アルツハイマー病などの認知症になる確率が2倍以上高くなります。

毎週1時間のヨガクラスと毎日20分の自宅での瞑想を含む、3カ月間のヨガと瞑想のトレーニングを行った人は、記憶力の向上と不安や抑うつのレベルの低下を示しました。実際、この種のトレーニングは、クロスワードパズルをする、コンピュータープログラムを学習するといった、認知障害の兆候のある患者によく用いられる従来の記憶トレーニングよりも高い効果があったそうです。これらの研究結果は、瞑想のトレーニングが記憶力の向上に役立つだけではなく、難しい診断状況にある感情的な反応を管理するための対処能力を人々に提供できることを示唆しています。

もし、あなたがストレスを減らし、気分を改善するための比較的シンプルで、そして安価な方法を探しているのならば、瞑想を始めてみてはいかがでしょうか。瞑想のやり方は、本やインターネット、スマホのアプリで調べることができます。瞑想は、比較的短時間で、幸福感、老化、健康に大きな効果が期待できます。

ハーバード・メディカル・スクールのサラ・ラザール教授（心理学）は「マインドフルネスは運動と同じです。マインドフルネスは、心のエクササイズの一種です。運動が健康を増進し、ストレスを上手にコントロールする手助けとなり、長寿を促すように、瞑想することからも同様の効果が得られます」と述べています。[※44]

第8章の KEYPOINT

本章では、私たちがより良い気分で長生きするために役に立つことを実証的研究によって示してきました。様々なタイプの行動を説明しましたが、どの行動が自分にあうのかについて考えて、新しい行動を暮らしの中に取り入れる方法を見つけてください（その方法については次節で詳しく説明します）。

しかし、どのようなタイプの長期的な行動変容も、サポートがあれば簡単に行えることを心に留めておいてください。そのため、この変化をサポートしてくれる友人（2人以上）を探してみましょう。読書を始めてみたい？　近所の友人と読書クラブを作りましょう。もっと運動を始めてみたい？　歩数を計測できるフィットビット（訳注：米国のフィットネス企業が販売するウェアラブル活動量計Fitbitのこと）を購入して、配偶者や同僚と週1回競争する機会をもつようにしましょう。

新しい行動様式を身につけて、長期間にわたって、それを継続するための実践法をいくつかご紹介します。

表現の仕方を変える

新しい習慣を身につけることは、特に古い習慣を捨てることを意味する場合、とても難しいことです。ただし、新しい行動様式の捉え方を変えることは、そのような変化を起こすうえで大いに役立ちます。[※45]

ある行動に対するマインドセットを変えることで、実際に新しい習慣を身につけることができる例を紹介します。高級レストランで素敵な夕食を終えたときに、ウェイターがデザートに有名なチョコレートケーキはいかがですか、と尋ねてきたとします。その時、あなたは、新しい意図的な行動として、体重を減らす行動を設定していた、とします。この場面で該当する行動は、チョコレートケーキを食べないようにすること、を意味します。このとき、あなたはウェイターにどのように対応するでしょうか？「いいえ、結構です。私はチョコレートケーキを食べられません」と言う人もいるでしょう。もちろん、このアプローチは厳密には正しいと思います。確かに、体重を減らそうとしているのであれば、チョコレートケーキを食べてはいけません。しかし、このような表現の仕方は、デザートを食べないことを、自分の意志に反して押し付けられた行動、として設定してしまいます。ここで、別の表現を使ってみましょう。「いいえ、結構です。私はチョコレートケーキを食べません」。この表現の仕方は、先ほどの伝え方とほとんど変わりはありません。ほんの少し、表現が変わっただけです。しかし、この表現の仕方の背後にある意味は大きく異なります。この一文は、あなたの選択、すなわち、体重を減らすことをあなたが決めて、それを自分の力で実現するために、このケーキを食べない、という行動を自ら選んだ、ということを確定させています。

言い換えるならば、自分の行動について考えたり、話したりするときに使用する言葉が、長期的な変化を成功させる能力に強く影響します。言葉は大切です。「できない」と「しない」の違いをわかりやすく説明する研究例を紹介しましょう。ある研究では、健康的な食品を食べることを目的とした人たちに、魅力的な食品を目の前に提示して、「できない」と「しない」のどちらかの言葉を使うように教示しました。そして、研究者は研究参加者に、謝礼として、キャンディーバーかグラノーラバーのどちらかのお菓子を選ぶように求めました。

健康的なお菓子を選んだのはどちらの言葉遣い群だったでしょうか？「しない」と言うことを求められた群は64％がグラノーラバーを選んだのに対し、「できない」と言うことを求められた群の選択率は39％でした。

これらの例は、言葉には行動に対する考え方を変える力があること、その結果、新しい行動を長期的に維持するうえで役に立つことを示しています。

計画を立てる

行動を変える際に最も難しいことの一つは、毎日何かしらの運動をする、瞑想を習う、夜は携帯電話を置いて本を読むなど、新しい習慣を始めることです。そこで、自分が何を変えたいのかを把握して、次の1週間で、その行動をどのように実行するか、具体的な計画を立ててみましょう。このような短期的なアプローチは、新しい習慣を始めるのに役立ち、やがてそれは生活の一部として定着していきます。

この習慣の変更は、毎日のスケジュールにどのように組み込むことができるかをよく考えるようにしましょう。新しい行動は、日常生活に簡単に溶け込めるものであれば、継続しやすいです。例えば、1日に20〜30分、瞑想やウォーキングを始めたい、とします。1日を振り返って、現実的にこの時間を確保できるのはどこか、よく考えてみてください。それは朝一番でしょうか？　それとも昼食時ですか？　もしくは、夕食後すぐの時間でしょうか？　場合によっては、長くまとまった時間よりも短い隙間の時間を見つける方が現実的かもしれません。例えば、10分間の階段昇降を4回行う、あるいは外を早足で歩くなど、短い運動を数回行うことを約束した人は、1時間の運動教室への参加など、長い時間の運動を1回行う人よりも、この行動を維持することに成功しやすいそうです。

最後に、計画を書き留めることも大切です。何をいつやるのか、計画を記録するという行為それ自体が、より具体的な意図を生み出し、実際に実行する確率を高めます。計画を記録したのであれば、早速、どこかに貼って、あなたが新しく意図した行動を思い出すようにしましょう。

テクノロジーの利用は休み時間を設ける

テクノロジーは、私たちの生活をより快適にしてくれますが、実際のところ、テクノロジーはかなりのストレスを生み出しています。第6章で説明した通り、テクノロジーは、破壊的な社会的比較をする能力を高めています。そして、テクノロジーは、本を読む、友人と過ごす、十分な睡眠をとるなど、幸せをもたらすとわかっている他のことについても時間を奪ってしまいます。

しかし、おそらく最も重要なのは、テクノロジーが存在するだけで、友人、同僚、家族などに対して、いつでも連絡が取れる状態である、ということを想定させることです。そうすると、私たちは、日常生活の要求から解放されなくなってしまうので、それが大きなストレスになるのです。

ある研究では、テクノロジーの使用に関する成人の研究参加者を募集しました。[※46] 大学生、大学院生、地域住民を含む平均年齢30歳の研究参加者を、無作為に2つの条件群のいずれかに振り分けて、1週間研究を行いました。ある条件群は、毎日好きなだけメールをチェックしてよいこと、新しいメールが届いたらわかるようにメールボックスを開いておくこと、新しいメールの通知をオンにすることを教示されました。もう一方の条件群は、1日に3回だけメールをチェックしてよいこと、メールボックスはその時以外は閉じておくこと、すべてのメールの通知はオフにすることを教示されました。

両条件群の研究参加者は、1日の終わりに、自分の気持ち、特にストレスのレベルを測定されました。

その結果、メールチェックの頻度を減らすように言われた人たちは、ストレスが大幅に少なくなったと報告していることがわかりました。実際、メールチェックを減らすことで得られる効果は、他のリラクゼーション技法を学ぶことで得られる効果と同じくらい大きなものだったのです。

幸福感を高めるシンプルな方法、それは携帯電話の電源を切ることです。午後9時以降、食事中、週末のまとまった時間など、本来ならば、メールやテキストをチェックするのではなく、人との交流やリラックスに時間を割くべきときに、携帯電話を使わないなど、テクノロジーの使用について明確で具体的なルールを決めるようにしましょう。テクノロジーの使用を制限することで、ストレスが減り、人間関係の質も高まります。なお、後述する第12章では、人間関係の改善について、もう少し説明します。

第9章

自然環境が心と身体に良い理由

シアトルのダウンタウンにあるアマゾン本社では、4万人以上の社員が働いています。ところが、そんな都会的な環境の中でも、社員は木々の間を散歩し、屋内にある小川の水の流れを眺めて、ブドウの木で覆われた部屋でミーティングを行っています。このビルには、コケやシダのような小さな植物から、高さ50フィート（訳注：約15メートル）の木々まで、400種もの植物が配置されています。

アマゾンは、職場に意図的に自然を取り入れている数多くの企業の一つです。エアビーアンドビー（訳注：米国の宿泊サービスを提供する会社）はサンフランシスコの本社の壁を植物で壁面緑化し、アップルはカリフォルニア州クパチーノにあるキャンパスに8000本以上の樹木を植えた森を造成しました。グーグルのカリフォルニア州マウンテンビューの新本社には樹木や広大な庭園、自転車専用道路が設置される予定です。

なぜ、企業はこのような環境づくりに多額の費用をかけるのでしょうか？　それは、自然が創造性を刺激し、ストレスを減らし、そして仕事の生産性を向上させることを実証する数多くの科学的研究に基づいていることは明白です。

「自然があなたの心に与える影響」

あなたは、海辺を歩いたとき、花咲く庭を散策したとき、鳥のさえずりを聞いたとき、窓から草木を眺めたとき、どのような気持ちになりますか。そのような場面を想像して、どう感じましたか？　多くの人にとって、自然を体験すること、想像することは、もっとエネルギッシュで、安らかで、そして生き生きとした気持ちにさせてくれます。そのため、私たちは、海が見えるホテルの部屋や、庭のあるお家にたくさんお金を支払うのです。

ある研究は、自然の恩恵を定量化するために、研究参加者に様々な状況下で自分がどう感じるかを想像してもらいました。[※1]　以下にその中の二つの状況を紹介します。

- あなたと友人は近代的なビルの長い廊下を一緒に元気よく歩いています。

・あなたと友人のカップルは地元の公園の芝生の上で一緒に運動しています。

どちらの状況も、友人と過ごす、体を動かす、という、とてもよく似た内容です。しかし、研究参加者は、どちらの状況を想像するのかによって、異なる感情を抱いたそうです。特に、外で過ごすことを想像した研究参加者は、エネルギッシュで、覚醒度が高く、生き生きしているなど、より高レベルの活力を感じたことが報告されています。

もう一つの研究では、自然の風景写真と自然ではない風景写真のどちらかを研究参加者に見てもらいました。自然の風景写真には、例えば、崖縁に囲まれた砂漠や夜の湖の景色が含まれていました。一方、自然以外の風景写真には、左右にビルが立ち並ぶ街路の様子や夜道の景色が含まれていました。この研究でも、自然の風景写真を見た研究参加者は、自然以外の風景写真を見た研究参加者よりも高水準の活力を報告しました。

自然が幸福感にもたらす効果は、外で過ごすことを想像したり、写真を見たりするだけではなく、実際に外で過ごすことで、より強く得られます。外の景色が見えない室内を歩くよりも、川のそばにある並木道を15分歩くだけで、活気と覚醒度が高くなります。

「自然と暮らすことのメリット」

自然は、現実の世界において、どのように幸福感を生み出しているのでしょうか？　ある研究は、英国に住む1万人以上という非常に大規模な研究参加者のデータを調べました。[※2]研究参加者全員が全体的な気分や生活満足感について評価を行いました。このデータには、居住地に関する情報も含まれており、庭や公園、水辺など、研究参加者が日常的に接触している自然の「量」を測定することができました。そして、おそらく最も重要なのは、このデータが18年間毎年収集されていたことです。これによって、研究者は、新しい場所（緑地の量が異なる可能性があります）への引っ越しが、気分や生活満足感とどのように関連しているかを確認することができました。

その結果、自然に触れられる環境で生活することには大きなメリットがあることがわかりました。具体的には、自然に触れられる環境で暮らす人は、不安や抑うつが有意に低く、全体的な生活満足感が有意に高いことがわかりました。このメリットは、決して小さな、あるいは微妙なものではありません。実際、自然に触れられる環境で生活することは、結婚していることと比べて、精神的な健康に約33％もプラスの効果があることが示されたのです。

ウィスコンシン州の様々な地域を対象に実施された研究からは、自然がもたらすメリットについて同様の結果が得られています。[※3] この研究からは、全所得水準において、樹冠率（訳注：都市にどの程度樹木があるのかを示す指標。この割合が低い場合、その地域は建物が密集していて高温になりやすいことを示す）が10％未満の地域に住んでいる人は、抑うつや不安を訴える傾向がとても強いことがわかりました。つまり、森林地帯で暮らす貧しい人の方が、高級住宅街の樹木のない地区で生活する裕福な人と比べると、幸福を感じている可能性が高かったのです。

ここで良いニュースをご紹介しましょう。もし、あなたが自然と触れ合える環境に暮らしていないとしても、ほんの少し自然に触れるだけで、一時的に幸せな気持ちになることができます。幸福感は、都市の中で緑の多い場所を通るだけでも高まりますが、これは、都市環境における花壇や樹木、ちょっとした緑地帯でさえも、私たちの気分を改善する効果があることを示唆しています。この知見と関係しますが、ニューヨーク市で公共の公園やその近くで暮らしている人々は、少なくともツイート（言葉や顔文字）のポジティブさを評価した場合、幸福感が高いことが報告されています。[※4]

それでは、反対に、最もハッピーではないツイートはどこでおこなわれているのでしょうか？　それは、ペン・ステーション（訳注：ニューヨーク市のペンシルベニア駅）、ポート・

オーソリティー（訳注：ニューヨーク市マンハッタン区ヘルズ・キッチン地区にあるバスターミナル）、ミッドタウン・トンネル（訳注：ニューヨーク市にあるハイウェイのトンネルであるクイーンズ・ミッドタウン・トンネルのこと）の入り口など、交通の要所付近です。これは、通勤や移動の遅れへの不満を反映している、と思われます。

ただし、これは特に驚くべきことではありません。研究者自身が「公園の緑に囲まれて幸せな気分になったり、渋滞や電車待ちにあって、自暴自棄にならない人はいないでしょう」と述べています。なお、本章の後半で、自然が私たちの身体的な健康にもたらす効果について説明します。

室内の観葉植物にもメリットがある

自然が私たちの心理的な幸福感にとって重要であることは明らかです。しかし、私たち全員が、自然に囲まれた環境で生活したり、働いたりする幸運に恵まれているわけではありません（皮肉なことに、本章を執筆しているときに、私のオフィスの窓のすぐ外で5階建ての寮が建設中です。そのため、美しい山並みの景色がすべて遮られています）。ところが、心強いことに、室内の植物でさえも「自然」とみなすことができて、ポジティブな効果が得られることを示す証拠があります。

室内植物が幸福感に与える影響を調べた初期の研究の一つに、いくつかの州の会社員に、全体的な仕事の満足感への回答とオフィス環境に関する情報の提供を求めたものがあります。[※5] 具体的には、この研究では、会社員に、オフィスの窓から緑が見えるか、オフィスに観葉植物をおいているのかどうかを質問しました。

その全体的な結果として、オフィスに観葉植物がある人は、観葉植物がない人と比べて、幸せで充実していると回答していることがわかりました。以下は、各条件群で「満足している」または「とても満足している」と回答した人の割合です。

- 観葉植物と窓のどちらもあるオフィス環境条件群82％
- 観葉植物はあるが窓がないオフィス環境条件群69％
- 窓はあるが観葉植物がないオフィス環境条件群60％
- 観葉植物と窓のどちらもないオフィス環境条件群58％

室内に観葉植物があり、自然を眺めることができる職場環境の会社員は、生活の質を最も高く回答しましたが、興味深いことに、室内植物があることは、自然を眺めることよりもメリットが大きいことが示されました。そして、観葉植物と自然の眺めの双方を備えたオフィス環境で働く会社員は、仕事と自分の仕事について良い感情をもっている、と回答していることがわかりました。

さて、このデータで重要になるのは、オフィスと生活の満足感の関係を他の要因で説明できるのかどうかという問題です。つまり、年齢が高く、地位が高く、収入も多い人ほど、窓から景色を眺めることができるオフィスで働く可能性が高いということです。しかし、こうした他の要因によって、この関係を説明することはできませんでした。年齢、給与、教育水準、地位の影響を統制しても、報告された幸福感の結果に差異は認められなかったのです。

先ほど紹介した研究のデータには、もう一つ、気になるポイントがあります。この研究は、特定の環境で働く人々のデータを収集しています。したがって、他の要因が満足感や幸福感の違いに寄与している可能性があります。例えば、全体的に幸福感が高めで、生活に満足している人は、室内観葉植物を購入する傾向があるかもしれません。つまり、観葉植物の存在がポジティブな幸福感を生み出しているのではなく、幸福感の高い人が室内植物の購入を意図的に行った結果かもしれません。

この可能性を検証するために、オフィス環境の変化が職場満足感にどのような影響を及ぼすのかを調べた研究があります。[※6] この研究では、初めに、全従業員の職場満足感、集中力、生産性の測定を行いました。そして8週間後、半数の従業員が、インテリア・デザイナーが持ち込んだ緑の大葉が特徴的な植物をフロアのあちこちに配した、オフィス環境の変化を経験しました。平均すると、デスク5台に対して3鉢の植物が置かれ、各デスクから直接見える場所に少なくとも2鉢の植物が配置される変更が行われました。別の半数の従業員は、そのようなオフィス環境の変化を経験することはありませんでした。

そして、植物を設置した3週間後に、再度、従業員の職場満足感、集中力、生産性の測定を行いました。その結果、2つの条件群の間の職場満足感に差異は示されなかったものの、植物を設置したオフィス環境では集中力と生産性が向上した、という回答結果が得られました。さらに、植物があるオフィスでは、植物がないオフィスと比べて、早く正確に仕事をこなすことができた、という客観的なデータも得られたことから、生産性が高まった、という従業員本人の実感は、データからも裏付けられました。

この研究結果は、オフィス（あるいは自宅）の窓から自然を眺める機会に恵まれない私たちに、どのような示唆を与えてくれるのでしょうか。それは、植物を買いに行きましょう、ということです。

「外を散歩して脳を休ませる」

自然の中で過ごすことが、これほどまでに劇的な効果を生むのはなぜでしょう？　私たちの日常生活は、電話、交通、テレビなど、常に刺激でいっぱいです。これらの事象すべてが私たちの注意を引きつけます。ところが、私たちの脳が長時間にわたって集中力を維持する能力には限界があります。最終的に、私たちは、そんな状況に圧倒されて、精神的に疲弊してしまうことがあります。科学者は、この状態を非公式に「脳疲労」と呼んでいます。つまり、私たちの脳は休息を求めているのです。

注意回復理論によれば、自然の中で過ごすことは、日常生活で直面するあらゆる外的要因から認知的に開放される機会を提供します。自然環境は、脳をリラックスさせるため、認知能力の回復にとても重要な役割を果たします。実際、静かな自然の中を1時間歩くと、記憶力や注意力が改善しますが、騒々しい都会の通りを歩いた場合はそのような効果は示されないそうです。[※7]驚くべきことに、このような効果は、臨床レベルのうつ病患者にも認められます。[※8]

短時間の自然観察を行った場合でも、記憶力や注意力、集中力が改善されます。例えば、高校生は、窓のない教室やビルや駐車場などの人工空間が見える教室よりも、緑の景色が見える教室の方がテストの成績が良いそうです。[※9]同様に、緑化屋根を40秒だけ眺めた人は、むき出しのコンクリートの屋根を眺めた人と比べて、集中力が高く、認知的な課題のエラーも減ることが報告されています。[※10]

そのため、脳を休ませる簡単な手段として、自然の中で過ごす方法をご紹介します。

「ストレスを感じている場合は外出しよう」

自然の中で過ごすと、脳も身体もリラックスすることができます。自然に触れることは、基本的に、身体を高覚醒状態から、休息とリラクゼーションの状態に切り替えてくれます。そのため、自然の中で過ごすことは、ストレスを減らし、常に生理的な興奮状態にある身体への悪影響を少なくするための素晴らしい方法です。

ある最近の研究は、研究参加者に脳活動を直接評価するための電極のついた帽子をかぶってもらい、様々な種類の環境に対する脳の反応を比較しました。[※11]その結果、公園のような場所を歩いている研究参加者では、都市部を歩いている研究参加者と比べて、興奮や欲求不満のレベルが低いことを示唆する、穏やかな脳波が認められました。

公園を1時間歩く人は、にぎやかな通りを歩く人と比べて、不安を感じにくい、という知見も報告されています。[※12]公園を歩いている人は、第5章で説明しましたが、抑うつに関与するとされる、反芻のレベルも低いそうです。[※13]また、精神疾患のリスクと関連する脳領域の神経活動が低下していることも確認されています。

このような短時間の自然との触れ合いには、ストレスによる生理的な負担を軽減する効果もあります。例えば、森林浴に関する日本の研究によれば、20分程度、森の中を歩くだけで、都市部を歩くときと比べて、血圧、心拍数、ストレスホルモンであるコルチゾールの数値が低下することが明らかにされています。[※14]

これらの研究結果は、都市公園や個人庭園など、自然の中で定期的に過ごす人々が、ストレスやストレス関連疾患の割合が低い理由を説明するものです。[※15] ウィスコンシン大学の医学・公衆衛生学部のクリステン・マレッキ教授は「気分を改善したいときは、外出しましょう」と述べています。[※16]

さらに、自然の風景写真を眺めるだけでも、身体の自然なストレス反応を減らすことができます。ある研究は、研究参加者の大学生に、心臓の電気活動を測定するためのセンサーを取り付けて、コンピューターの画面に写真を提示しました。[※17] 写真には、ビルや駐車場などの都市空間の写真もあれば、歩道の木々などの都市にある自然空間の写真も含まれていました。

写真の提示が終わった後、研究者は意図的に研究参加者にストレスを誘発しました。具体的には、初めに、研究参加者に難しい数学の問題を行ってもらいました。そして、このテストの点数が他の学生と比べて良くない、という偽のフィードバックを与えました。驚くことではありませんが、この手続きによって、研究参加者にはストレスが生じました。その後、再び同じ写真を提示して、自然の風景を眺めることで生理的なストレス反応が減少するのかどうかを調べました。

予想していた通り、自然の風景を眺めることは、ストレスからの回復に有効でした。緑の空間の写真を見た学生は、コンクリートの空間を見た学生と比べて心拍数が低かったのです。この研究は、草木の写真であったとしても、低レベルのストレスからの回復を助ける効果があることを示唆しています。

自然を眺めることでストレスが軽減される理由については、神経科学分野の最近の研究でも議論されています。ある研究では、fMRI装置の中にいる研究参加者に、都市の風景と自然の風景の写真を提示して、その時の脳の活性化を調べました。[※18] 各写真は、視覚的に魅力的で様々な色が見えるように慎重に調整されました。例えば、都市の風景写真は、交通渋滞やスモッグではなく、魅力的な都市の街並みが表現されていました。1種類の写真を2分間提示しましたが、1・5秒ごとに新しい写真を提示することで、研究参加者は飽きずに課題に取り組むことができました。

2種類の写真には共通性があるにもかかわらず、脳の活性化を測定したデータには顕著な違いが確認できました。共感性、利他性、情緒安定性、ポジティブな心の捉え方に関係する脳の部位が、自然の風景写真を提示したときに、より活発に活動していたのです。一方、都会の風景写真では、脅威の評価、ストレスや不安の経験に関係する脳の部位がより活性化していました。これらの研究結果は、自然を眺めている人は脳波の活動が穏やかであること、すなわち、リラックスしていて、不安が少ないことを示しています。

「眺めが良い部屋がもつパワー」

自然と身体的な健康の関連性を調べた最も初期の実験の一つに、ペンシルベニア州の郊外にある病院で胆嚢《たんのう》の手術を受けた患者の医療記録を10年間にわたって調査した研究があります。[※19] この病院には、2階と3階があり、片方の病室からはきれいな木々が見えて、もう片方の病室からは茶色いレンガの壁が見える、というユニークな環境でした。

この研究では、自然が見える部屋とレンガの壁が見える部屋で、患者の回復率が比較されました。それ以外の要因が回復の早さに寄与していないことを確実なものとするために、性別、年齢（5歳以内）、喫煙の有無、肥満の有無に基づいて、各タイプの患者を慎重にマッチングさせて、研究が行われました。

その結果、特に注目すべき知見が得られました。はじめに、看護師の観察記録を分析したところ、レンガの壁が見える患者は、自然が見える患者と比べて「励ましが必要」「動揺して泣いている」など、回復に対してより消極的であることがわかりました。そして、レンガの壁を眺める時間が長い患者は、もっと強い痛み止めを求めていました。さらに、最も重要なポイントですが、自然が見える患者の平均入院期間は7・96日で、レンガの壁が見える患者の8・70日に対して、ほぼ1日早く退院していることがわかりました。

この研究は、自然を眺めることが患者の手術後の回復に効果があることを示す、強力な証拠を提示しますが、実用上の限界があることも明らかです。病院は都会にあることが多いため、あらゆる患者に自然を見渡せる窓を提供することは不可能です。

ポジティブな効果は、幸いなことに、他の形式の自然からも得られます。例えば、回復期の病室に生きている植物を置いた手術患者の痛み、不安、疲労の評価は、植物のない病室にいる患者よりも低いそうです。[※20] そして、血圧や心拍数の低下など、生理的な覚醒度が低いこと、鎮痛剤の使用量も少なくて済むことが報告されています。[※21]

さらに、自然を描いた絵や写真を見ることでも、類似した効果が得られます。ある研究は、心臓手術を受けた患者に、病室に美術品があるのかどうかという重要な点を除いて、すべて同じ病室を用いて経過観察を行いました。[※22] ある患者の病室には美術品がまったくなく、ある患者の病室には抽象画を、またある患者の病室には大きな自然の写真（並木道、あるいは影のある森）を配置しました。その結果、並木道の写真を配置した病室の患者は、美術品がない病室、抽象的な芸術作品がある病室、暗い森の写真が配置された病室と比べて、患者の不安が少なく、鎮痛剤の必要量も少なかったことがわかっています。

自然との触れ合いは健康を改善する

自然にはストレスや覚醒度を軽減する機能があることを考えると、自然の中で過ごす人は、全体的に身体的に健康で、体調不良が少ない、という研究結果は驚くことでありません。[※23]例えば、樹木や公園などの緑地が多い地域に住む人々は、糖尿病（リスクが14％低い）、高血圧（リスクが13％低い）、脂質異常症（リスクが10％低い）など、慢性疾患のリスクレベルが低下することがわかっています。[※24]

自然の中で過ごす人は、高血圧の割合も低くなります。実際、毎週30分以上、屋外の緑地を訪れると、他の慢性疾患の主な原因となる高血圧の有病率が９％も低下することを示唆する証拠が得られています。[※25]

最も重要なのは、縦断的な研究によって、自然の中で過ごすことが実際に寿命を延ばすことを示す強力な証拠が得られていることです。ある研究は、健康調査票に回答した10万人以上の女性を８年間にわたってモニターしました。[※26]さらに、衛星画像を用いて、研究参加者が居住する地域の緑の植生量も調べました。その結果、年齢、喫煙、ＢＭＩ、社会経済状況など、死亡リスクを高める他の要因を調整したとしても、緑が多い地域に住む女性の死亡率は、緑が少ない地域に住む女性と比べて、12％低いことがわかりました。

ただし、自然の中で過ごすことがあらゆる病気を予防したり、治したりできるかというと、そういうわけではありません。カリフォルニア大学バークレー校のグレア・クーパー・マーカス教授（景観設計学）は「うまく設計された庭で自然と触れ合う時間を過ごしても、癌や大やけどを負った足が治るわけではありません。しかし、自然との触れ合いが、痛みやストレスを減らし、治療効果を高めるための免疫力を増進させることを示す良い証拠は得られています」と述べています。[※27]

第9章の KEYPOINT

本章をご覧頂ければ、自然の中で過ごすことには、身体的な健康と心理的な幸福感に驚くほどの効果がある、ということはご理解頂けると思います。しかし、私たちは、自然の中で過ごすことが幸福感を生む、ということを常に過小評価しています。散歩が自分自身の気分やリラックス感に与える影響は、比較的短い時間（約17分）、屋外を散歩している人の場合でも、過小評価しているそうです。[※28]

自然から得られるメリットがわかったところで、自然の中で過ごす時間を増やすための対策を立てましょう。

簡単にスタートできる方法をいくつかご紹介します。

自然を暮らしに取り入れる

自然の中で過ごすことには、注意力や集中力の改善、抑うつや不安の軽減、心拍数や血圧の低下など、たくさんの効果があります。これらの効果はすべて、人が実際に自然の中で過ごしたときに最も強く現れます。そして、日常生活に何らかの形で自然を取り入れるシンプルな方法はたくさんあります。その例をいくつかご紹介します。

- 外に散歩に行く。
- 自宅やオフィス用の植物を買う。
- 自動車の運転中や家の掃除をしているときは自然音楽を聴く。

どのようなタイプの自然も重要であることを覚えておきましょう。窓の外に自然が見える、オフィスに観葉植物がある、休憩時間に外で過ごすなど、仕事場で様々なタイプの自然に多く触れていると回答した人は、ストレスレベルが低く、体調不良が少なかったことが報告されています。[※29] 同様に、立ち止まって樹木や植物、夕日などの自然の景観を写真に収めた人は、人工物を写真に収めた人と比べて、幸福感や喜びのレベルが高いことがわかっています。[※30] 毎日30分も散歩する時間はとれないかもしれませんが、それは気にしないで、まずは生活の中に自然を取り入れる、ちょっとした工夫からスタートしてみましょう。

ガーデニングをしてみる

私は、庭の手入れが苦手なので、これは個人的には難しい方法です。しかし、実証的な研究によると、ガーデニングには、ストレスを減らし、脳を休ませる効果があるそうです。

ある研究は、研究参加者にストレスが感じられる活動を行ってもらい、その後、2種類の活動のうちの一方の活動を行うように教示しました。[※31]半数の研究参加者は室内で30分間読書をしてもらい、もう半数の研究参加者は屋外で30分間ガーデニングを行ってもらいました。その結果、どちらの活動もストレスを減らしましたが、ガーデニングの方が読書よりもストレス軽減効果が高いことがわかりました。

ガーデニングは、抑うつや不安の軽減、生活満足感の向上などの健康面においても有効である、とされています。[※32]

ビーチに行く

砂のお城を作ったり、波打ち際で泳いだり、波が砂にぶつかるのを見たりと、ビーチで過ごした思い出をもつ人は多いでしょう。ビーチで過ごす時間が気持ち良いことには理由があります。水を眺めることには、体を落ち着かせ、興奮を抑える働きがあるのです。水を眺めると、心拍数や血圧が下がり、セロトニンやエンドルフィンなど、気分を改善するホルモンの体内分泌が増えます。

海辺で過ごすことのメリットの一つは、日常生活の絶え間ない刺激から脳を解放してくれることです。しかし、水を眺めると、気分が良くなるのはレジャーだけではありません。意外なことに、水が写っている自然の写真は、緑の庭園だけが写っている自然の写真と比べると、見る人をよりポジティブな状態に導くことができるそうです。[※33]

水辺で過ごすことのメリットについてもっと知りたいですか？　海洋生物学者であるウォレス・ニコルズの著書『ブルーマインド（Blue Mind: How Water Makes You Happier, More Connected and Better at What You Do）（未邦訳）』には、水が心と身体の健康にいかに良いのかが説明されています。チェックしてみてください。

第10章

お金の賢い使い方

ドイツの作家ハインリヒ・ベルの短編小説に、裕福な旅行者が船の中で昼寝をしている漁師に出会う、素晴らしい物語があります[※1]。その物語では、旅行者は漁師に近づいて、もっと頑張れば、何隻もの船を所有して、他の人に漁をさせることができるほどの収入が得られる、と漁を続けるように促します。漁師は、それをゴールとするべき理由を旅行者に尋ねます。その問いに対して旅行者は「そうすれば、あなたは、心置きなく、この港に座って、太陽の下でうとうと居眠りしながら、輝く海を眺めることができるんですよ」と漁師に答えるのです。

ご存じの通り、太陽の下でうとうと居眠りすることは、この漁師がすでにやっていることとです。この物語は、現在、数多くの実証的研究が明らかにしていることを示しています。私たちは、お金を執拗に追い求めるよりも、喜びを感じられるように日々を過ごすことによって、もっと多くの幸福感を得ることができます。裕福な旅行者は、漁師にさらにたくさんのお金を追い求めるように促しますが、賢い漁師は太陽の下で眠る時間が自分にとっての本当の幸せであることをすでに理解しています。本章では、なぜお金が幸せをもたらさないのか、物質主義的な考え方が危険な理由、なぜ持っているお金を体験に費やすことが幸せへの一番の近道になるのか、について説明します。

お金が増えても幸せにならない理由

お金があればもっと幸せになれる、と考えてしまう傾向には抵抗しがたいものがあります。結局のところ、私たちの多くは、高級車、大きな家、贅沢な休暇など、様々な高額商品をとてもほしい、と思っています。ですから、このような贅沢なライフスタイルを経験できる人は、きっと幸せなのだろう、と思いますよね？

ところが、お金では幸福を買うことはできない、ということがわかっています。実際、ある研究によれば、1人当たりの所得は過去60年間で大幅に増加しましたが、この期間において「とても幸せだ」と回答した人の割合は、ほぼ一定だったそうです。※2

この直感に反する発見を実証した初期の研究の一つは、宝くじの高額当選者と非当選者の幸福感を比較したものです[※3]。二つの条件群の間には幸福感に違いは認められなかったものの、宝くじの当選者は、テレビを見る、面白い冗談を聞く、友人と話すなど、様々な普通の行動の楽しさを、非当選者と比べて低く評価していることがわかりました。

お金と幸福感の間には関連性が相対的に欠如していることを示す、このような研究結果は、裕福な国に住む人々がなぜ幸せを感じないのかを説明するうえで手助けにもなります。メリーランド大学のキャロル・グラハム教授（公共政策）は著書『人類の幸福論：貧しくても幸せな人と裕福でも不満な人』の中で「一人当たりの所得水準が高くても、平均的な幸福感の高さに直接つながるわけではありません[※4]」と指摘しています。例えば、バングラデシュで暮らす人のうち、幸せだと答える人の割合は、ロシア人の方が4倍以上裕福であるにもかかわらず、ロシア人の2倍です。同様に、日本人の所得はナイジェリア人の約25倍あるにもかかわらず、幸福を感じるナイジェリア人の割合は日本人の2倍です[※5]。

その後、大規模な標本調査が行われて、所得が高いからといって幸福感が高まるわけではない、ということをさらに強く示す証拠が得られました。50万人近い米国人を対象にした大規模な調査では、世帯収入、生活満足感、感情的な幸福感を測定しました[※6]。研究参加者は、生活満足感については、現在の生活に全体的に満足しているかどうかを評価し、感情的な幸福感については、幸せや喜びといったポジティブな感情を定期的に経験しているのかどうかを評価しました。

その結果、所得が多くなるほど生活満足感が高くなることがわかりました。つまり、確かに、所得水準が高い人ほど、生活全体に対する満足感が高いことが示されました。しかし、収入が増えるほど、感情的な幸福感が高くなるというのは、ある程度の水準までのことで、7万5000ドル以上の収入になると、収入が増えても幸福感は高くなることはありませんでした。そして、年収9万ドル以上の人は、2万ドル以下の人に比べて「とても幸せ」と感じる割合が2倍近いものの、5万ドルの人と8万9999ドルの人の間には基本的に幸福感に差異は示されませんでした。※7

ただし、お金が増えても幸せにはならない、という一般的な法則には例外もあります。貧困層の人々にとって、お金がないことは、健康問題や車の故障など、日常生活のストレスを悪化させる可能性があります。そのような人たちは、衣食住の基本的なニーズを満たすのに十分なお金があるのかどうかを心配するかもしれません。彼らにとっては、お金が増えることは幸福感を高めることにつながるのです。子どもたちが食べるものに不自由しないか、家族がこの冬に暖房を使えるのかどうか、そんな心配をしていては、幸福を感じることはできないでしょう。そのため、貧困を緩和するためにお金を提供するプログラムは、幸福感の上昇に直結することがあります。これは、経済的に苦しい状況で暮らす人々にとっては、追加的な収入を得ることでストレスが軽減する一因になっています[※8]。

つまり、基本的な欲求が満たされた後では、私たちが時間をどのように使うのかが幸せの鍵を握っている、と言えます。本を読む、テレビを見る、友人と交流するなど、幸せな時間を過ごす方が、もっと多くのお金を稼ぐために仕事に時間を費やすよりも、幸福感を高めることができるのです。

物質主義の危険性

もっとたくさん、より良い富を手に入れることが幸せだ、と考える誘惑は、私たちの周囲のいたるところに潜んでいます。商業広告は、素晴らしい車、立派な宝石、大きな家を持つことが、人生に大きな満足を生む、というメッセージを明確に伝えています。

しかし、実証的な研究はこの考えを否定するだけでなく、実際のところ、単純に物欲を追求することには、幸福感を損なう可能性があることを示しています。事実、物質主義が強い人は、人生満足感が圧倒的に低いのです。さらに、物質主義が強い人は、毎日のポジティブ感情の経験が少なく、抑うつ傾向があること、頭痛、背中の痛み、喉の痛みなど、体調不良を多く訴える傾向があることがわかっています[※9]。

物質主義は、夫婦の結婚満足感の低さにも関与します。夫婦ともに物質主義が低いカップルは、夫婦の一方、あるいは夫婦のどちらも物質主義が高いカップルに比べて、争いが少なく、コミュニケーションが良好で、結婚満足感も高いそうです。[※10] そして、結婚生活も長続きする傾向が認められています。

モノを買わずにいられない、ということには、自尊心の低さが根底にあることが多いそうです。自分自身のことをよく思っていない人は、モノを買えば気分が良くなると錯覚してしまいます。そして、モノを買うことで一時的に気分が良くなることはあったとしても、そのポジティブな気持ちはすぐに冷めてしまいます。第6章でも説明しましたが、豊かさを誇示するために商品を購入しても、他の誰かが必ず自分よりも良い品物をもっているので、勝つことはありません。そのため、裕福な地域に住んでいる人は、モノを買うことにはこだわりますが、幸福にはなれないのです。

一般的に物質的な品物を購入することに重きを置かない人であっても、そのマインドセットを一時的に消費主義に焦点を向けることで、幸福感が損なわれることがあります。[※11] ある研究は、研究参加者に、自動車、電化製品、宝石などの高級品の画像を、あるいは、中立的な画像を見せました。その結果、物質主義的な画像を提示された人は、その後、より高レベルの抑うつと不安を報告しました。この研究結果は、一過性の物質主義的なマインドセットであったとしても、心理的な幸福感が損なわれる可能性があることを示唆します。さらに、物質主義的な画像を提示された人は、社会的な活動への関心も低下することが示されました。

物質主義が幸福感に及ぼす悪影響を考慮すると、物質主義を重視する傾向を減らすためにはどうしたらよいのでしょうか？　モノを買うことで幸せを得ようとすることは、損なことだ、と心に留めておきましょう。実際、仏教徒は、物質的な所有物は真の幸福を得ることを妨げる、と考えています。デューク大学のロジャー・コーレス教授（宗教学）は、著書『仏教の目指すもの（The Vision of Buddhism）（未邦訳）』において「財産をため込んで幸せになろうとするのは、体中にサンドイッチを貼り付けて空腹を満たそうとするようなものです」と述べています。[※12]

お金が幸せと結びつかない理由

お金が増えても期待したほどの幸せが得られない理由の一つは、私たちが新たに得た富に適応してしまうことにあります。最初のうちは、お金が増えたことを嬉しく思いますが、時間が経つにつれて、私たちは高収入や思ってもみなかった遺産を得た状態にただ慣れていきます。そのため、富を得ることが幸せを得ることにはつながらないのです。心理学者は、この適応を「ヘドニック・トレッドミル（快楽のランニングマシーン）」と呼んでいます。

その適応力を示す一例をご紹介しましょう。初めて携帯電話を手にしたときのことを思い出してみてください。おそらく、とても興奮したことでしょう。突然、自動車の中から電話をかけることができるようになったのですから。この新しいデバイスの登場は、初めのうちはスリリングなものでした。

しかし、もし、現在使用している携帯電話が、15年前や20年前にワクワクしたあの携帯電話と入れ替わったらどのように感じるか、今すぐ、想像してみてください。きっと、あの頃のようにワクワクした気持ちになることはない、と思います。それは、私たちが携帯電話に搭載されている技術の進歩に慣れてしまっているからです。携帯電話には、自動車の中から人に電話をかけるだけでなく、写真を撮ったり、新聞を読んだり、本を買ったりする機能も期待されるようになりました。これは、私たちが時間とともに適応すること、例えば、昇給や携帯電話などのように、当初は幸福感を高めてくれたものが、時間の経過とともにそうでなくなることを明示しています。

さらには、第6章で説明したように、富の増加は、私たちの比較の行い方をも変化させます。私たちは、収入が増えると、高級住宅街に引っ越したり、子どもをプライベートスクールに通わせたりすることができるので、もっと幸せになれるだろう、と予測します。

しかし、実際のところ、新しい環境は、私たちが行う比較の性質を変えるだけであり、その比較は私たちの気分を悪化させます。例えば、引っ越し先となる高級住宅街の住民たちは、高級車に乗っていたり、高額な芝生サービスを受けていたり、新しい学校の子どもの友達はもっと豪華な休暇を過ごしたり、セカンドハウスを持っていたりするかもしれません。そうすると、新しく手に入れた富は、それほど良いものだとは思えなくなってしまいます。このことについて、ベンジャミン・フランクリン（訳注：米国の文筆家、出版業者、発明家、科学者、外交官、政治家）は「お金は人を幸せにしたことがないし、これからもそうすることはないだろう。お金には幸せを生み出す性質はないのだ。お金はあればあるほど、人はそれを欲するのである」と述べています。※13

お金と幸福の関連性が全体的に乏しいことに対する三つ目の説明は、お金が時間の使い方を変える可能性があるということです。皮肉なことに、お金をたくさん持っている人は、幸福につながらないような時間の使い方をしてしまうことがあります。平均以上の所得を得ている人は、運動やリラックスなど、幸福感を高める活動に費やす時間が少なく、仕事や通勤など、必ずしも幸福感を高めない活動に多くの時間を使っているそうです。例えば、年収10万ドル以上の人は、時間の約20％を余暇活動に費やしているのに対し、2万ドル未満の人は時間の約34％を余暇活動に費やしています。※14 そして、所得が高い人ほど、夜に社交的な時間をもつことがなく、他者との関わり合いをもつ日々の割合が少ないことも報告されています。※15

このように、収入が多い人ほど、一人で過ごす時間が長くなる傾向は、その人の幸福感にまで影響を及ぼしている可能性があります。最近の研究は、所得が高い人ほど、プライドや満足感など、自己に注目した感情をより多く経験していることを示す研究結果を得ています。[※16]一方、所得が低い人ほど、思いやりや愛情など、他者に焦点化した感情をより多く経験しているそうです。カリフォルニア大学アーバイン校のポール・ピフ教授（心理学）は「富は幸せを保証するものではありませんが、例えば、自分自身に喜びを感じるのか、あるいは友人や人間関係に喜びを感じるのか、といった具合に、多様な形の幸せを経験するための素地にはなるかもしれません」と述べています。[※17]

第12章で説明しますが、社会的な関係は幸福感を最もよく予測します。そのため、収入の多い人は、他人と一緒に過ごす時間が減ることによって損をするかもしれません。このような場合、富が増すほど、幸福感がかえって低下する可能性すらあるのです。

体験にお金を使うことが一番お得な理由

本章では、これまで、お金を増やしても幸福になれない理由を説明することに重点を置いてきました。しかし、良いニュースがあります。幸福をもたらすお金の使い方があるのです。幸福感を高めるお金の使い方の一つは、第11章で説明しますが、それは、友人や家族、そして見知らぬ人など、他の人のためにお金を使う、という方法です。

心理的な幸福感にとって、それ以上に良いお金の使い方はあるのでしょうか？

商品にお金を使う人（モノを消費する人）と比べて、人生経験にお金を使う人（コトを消費する人）の方が、持続的な幸福感を多く得ることができます。[※18] つまり、大きな試合のチケットやブロードウェイのショー、あるいは豪華な旅行などにお金を使うことは、幸福感を高めるための素晴らしい方法です。一方、高級車や時計、靴などにお金を使うことは、幸福感に一瞬の影響を与えるだけです。ペンシルバニア大学のポジティブ心理学センターのマーティン・セリグマン所長は「物質的なものは、すべてフレンチバニラアイスのようなものです。一口目は最高ですが、七口目になると、段ボールをかじったときのような最悪の味に変わります」と述べています。[※19] したがって、バスルームの改装や模様替えにお金を使うのではなく、思い出作りのためにお金を使うようにしましょう。

残念ながら、どのようにお金を使えば、最も幸福を得られるのか、についての人々の予測は、かなりの程度一貫して間違っています。人はモノを買えばもっと幸せになれる、と考えているのです。それは、人はモノを持ち続けることで、繰り返し使用したり楽しんだりすることができるからです。一方で、体験することは一瞬であり、一時的な幸せしか得られません。

ある研究は、買い物が自分にどれだけの幸福をもたらすのかを研究参加者に考えてもらいました。[※20] その結果、商品にお金を使うほうが、体験にお金を使うよりも幸福感が得られる、と考えた人が圧倒的に多いことがわかりました。ところが、2〜4週間後に同じ人に、購入したものに対してどの程度の幸福感が得られたのかを尋ねたところ、体験にお金を使った人の幸福感のほうがはるかに高かったのです。

なぜ、モノにお金をかけるよりも、コトにお金をかけたほうがいいのでしょうか？　それは、私たちが体験することを期待し、他の人と体験を共有し、追体験することができるからです。

期待する喜び

何週間、何カ月も前から、どこに行こうか、何を見ようか、などと考えて、計画を立てて旅行に出かけたことはありますか？　もし、そういう経験があるのであれば、それは素晴らしい方法です。期待することで、一つの出来事からより多くの幸せを搾り取ることができます。子どもたちがクリスマスの朝を待ちわびるのは、何日も何週間も前から素敵なプレゼントを開ける喜びを予感して、その日を味わうためでもあるのです。（ドイツ語には「後のお楽しみが一番の喜び」ということを意味する「Vorfreude ist die schönste Freude」という表現があるほどです）。

作家A・A・ミルンの「くまのプーさん」の中には、期待することの喜びを的確に表現した名言があります（訳注：A・A・ミルン（著）石井桃子（訳）（1940）クマのプーさん、岩波書店、岩波少年文庫より引用）。

「そう……」と、プーはいいました。「ぼくはいちばん――」と、ここまでいってから、プーはかんがえこまなくてはなりませんでした。なぜかというと、はちみつを食べることは、ずいぶんといいことではありましたが、たべるよりちょっとまえに、ほんとうにたべているときより、もっとたのしいときがあります。でも、プーは、それをなんと呼んでいいのかわかりません。

もちろん、この言葉とは「期待すること」です。

ただし、私の言葉をそのまま鵜呑みにする必要はありません。科学的な研究によると、何か経験を期待する人は、そうではない人と比べて、より大きな楽しみを得ていることが証明されています。例えば、ある研究は、大学生にチョコレート評価に参加することを求めました。[※21] 研究参加者の半数は、ハーシーのキス・チョコレート、あるいはハグ・チョコレートをすぐに食べて、そのチョコレートを食べる楽しさを評価しました。もう半数の研究参加者は、30分間待ってから、チョコレートを食べて、同様の評価を行いました。研究結果を予測できるでしょうか？　30分間待たされた学生は、すぐに食べることができた学生と比べて、そのチョコレートのことをずっと好きだ、と回答したのです。

このように、私たちが体験にお金を使うことで、もっと多くの幸せを得ることができる理由の一つは、新たな有形財を得ることを期待するのと比べて、体験することを期待したときの方がはるかに楽しいからです[※22]。待ちに待ったヨーロッパでのバカンス、何を見て、何を食べようか、そんな楽しみを頭に思い描いてみてください。それでは次に、車や大型テレビ、新しいコンピューターなど、有形財がもうすぐ手に入る、と期待することで得られる喜びについて思いを巡らしてみてください。多くの人にとっては「早く新しい財布を持ちたい！」というモノの到着への期待は、「早くマチュピチュが見たい！」という旅に対する期待と比べて、はるかに小さな幸福感しか生まないことがわかります。

この研究結果を知ってから、私たち夫婦は子どもたちへのクリスマス・プレゼントの内容を抜本的に改めることにしました。高価な品物を購入する代わりに、何らかの体験にお金を支払うようにしたのです。ある年は「ハミルトン」（訳注：大人気ミュージカル）のチケット、別の年は「ダンシング・ウィズ・ザ・スターズ」（訳注：人気ダンス番組をモチーフにしたエンタテインメント・ショー）ツアーのチケットをプレゼントすることにしました（ただし、このチケットは11歳の少女には相応しい選択ではなかった、と思います）。息子たちへのプレゼントは、ボストン・セルティックスやボストン・ブルーインズの観戦チケットなど、いつもスポーツにまつわる体験を中心にしています。

このように、大切な人のために何か買い物をするときは物品を購入するのではなく、スパ（訳注：温泉などを備えた健康増進施設）の一日券やコンサートのチケット、お気に入りのレストランのギフト券など、体験できることにお金を支出することを検討してみてください。

共有体験の効果

体験にお金を使うことのもう一つのメリットは、人は一人で使うために品物を入手する傾向が強いのに対して、体験は他者と共有する傾向がある、ということです。例えば、旅行や観劇は一人よりも友人と行くことが多いでしょうし、新しい財布や時計、ノートパソコンは共有するためではなく、自分が使うために購入することのほうが多いのではないでしょうか。大切な人たちと経験を共有しようとする、このような傾向は幸福感に大きく影響する可能性があります。例えば、著名な徒歩旅行者で放浪者であるクリス・マッキャンドレスは「幸福は分かちあえたものだけが、ほんものである」と記しています。[※23]
ある研究は、体験にお金を使う場合と品物にお金を使う場合、そして一人だけの目的のためにお金を使う場合と社会的な目的のためにお金を使う場合で、幸福感に対する相対的なメリットを比較することで、この疑問を直接検証しました。※24この研究は、お金を使うベストな方法について、一体、どのようなことを教えてくれたのでしょう？

第一に、自分で使う予定の財布や時計を買う場合よりも、家族みんなで楽しめる新しい大型テレビを買う場合の方が、より大きな幸福感が得られることがわかりました。この研究結果は、品物にお金を使う場合と体験にお金を使う場合のどちらにも当てはまります。つまり、友人とコンサートに行く、夫婦で旅行するなどの社会的な共有体験にお金を使った人は、一人でスポーツイベントに行く、一人で旅行するなどの単独での体験にお金を使った人と比べて、満足感が高かったのです。

しかし、幸福感を最もよく予測したのは、夫婦で旅行を計画したり、家族全員でブロードウェイを観劇するなどの社会的な共有体験にお金を使うことでした。実際、社会的な共有体験は、単独での体験や品物にお金を使った場合と比べて、幸福感に大きな影響を与えていました。これらの結果は、体験にお金を使うこと、特にその体験を大切な人たちと共有することが幸せに大きな影響を与えることを示唆しています。

追体験の効果

カリブ海にあるオールインクルーシブ・リゾートでリラックスした1週間の旅、ローマでの刺激的な美術館や史跡巡りの旅、「ヨセミテ国立公園」へのハイキング旅行など、素敵な旅行をした、と想像してください。今度は、あなたが新車、高級腕時計、毛皮のコートなど、所持品に大金を使ったことを想像してください。どちらの支出のほうが他の人と共有する可能性が高いでしょうか？　予想がつくと思いますが、私たちは、所持品にお金をつかったことよりも、体験したことを他の人に話す場合の方がはるかに多いのです。

さらに、体験について話すことで、元の出来事に対する楽しみが増します。[※25]私たちは、自分の旅を人に語るのが大好きです。語ることで、その体験を心の中で追体験しているからです。このように、体験は振り返ることができるというポイントは、その出来事を価値あるものにします。

高額の所持品を同じように購入した場合、その話を他人とするのはあまり楽しいことではありません。最初のうちは、新車を買ったことをちらっと話すかもしれませんが、購入したときのことや運転した経験を他人に話し続けることはまずないだろうと思います。

この研究の著者であるアミット・クマールは「モノはどうしても慣れることで『消えて

いく』のです。かつて愛用したウォークマンは、今では時代遅れです。ところが、体験は、映画『カサブランカ』で、ハンフリー・ボガート（訳注：映画俳優）がイングリッド・バーグマン（訳注：映画俳優）に『僕たちには一緒に過ごしたパリの思い出があるさ』と語ったように、記憶や物語の中で生き続けます」と述べています。

シカゴ・カブスのワールドシリーズ・チケットのジレンマ

私の兄弟のマットは、プロ野球チーム「シカゴ・カブス」のシーズンチケットを長年所有しています。2016年10月、彼はワールドシリーズの試合のために持っている4枚のチケットをどうするか、というとても変わったジレンマに直面しました。選択肢の一つは、それは本当に特別な機会なので、奥さんと2人の子どもたちと一緒に試合観戦に行く、というものでした。もう一つの選択肢は、そのチケットを売って1万ドルをゲットする、というものでした。

本章をご覧頂いた皆さんは、マットへの私からのアドバイスを想像することができると思います。幸福に関する実証的な研究に基づくと、ベストな答えは2つあります。一つ目は、もちろん、家族と一緒に試合に行って、その共有体験を楽しむことです（そして、そのときの記憶を長く味わい、思い出すこと、です）。もう一つの良い選択は、チケットを売って、そのお金で、ディズニーランドやグランドキャニオン、ハワイなどに家族で旅行する、というものです。どちらを選んでも、新車やリビングルームの家具を買うよりも大きな幸せが得られるはずです。最終的に、マットの家族は、試合観戦に行って、リグレー・フィールド（訳注：イリノイ州シカゴにあるカブスの本拠地の球場）でカブスのワールドシリーズ優勝を奇跡的に目撃することができました。

マットとその家族にとっては、1万ドルを手っ取り早くゲットするよりも、試合観戦に行くことにお金を使う方がずっと良い選択でした。彼らは試合に行くことを期待し、家族で試合観戦に出かけて、この唯一の体験について他の人と話をしながら、この夜のことを思い出し続けているのです。これこそ、お金で買える幸福、です。

第10章の

KEYPOINT

私たちは皆、もっと幸せになりたいと願っていますが、多くの場合、間違った方法で幸福を追い求めています。ニューヨーカー誌の有名な漫画に、死ぬ間際に「もっと役に立たないものを買っておけばよかった」と言う人を描いたものがあります。所持品の価値についての絶え間ないメッセージに振り回されないようにしましょう。その代わりに、一緒に期待して、共有することができる体験にお金をかけるなど、本当に大切なことを優先しましょう。それこそが幸福への近道なのです。

より大きな幸せを得るために、生活の中で利用できるシンプルな実践法をいくつかご紹介します。

お金よりも時間を優先する

本章の冒頭でご説明したように、一日の過ごし方は幸福感に大きく影響します。そのため、幸福の足を引っ張るような作業をできるだけ取り除くことが、全体的な幸福感を高めるための良い方法になります。これは、特定のことを頻繁に行わない、ということでも良いのです。例えば、シーツ交換や掃除機をかけることが嫌いならば、それらの作業を週に1回ではなく、隔週で行うことにしましょう。また、家の掃除や芝刈りなど、特定の作業を他の人に依頼することで、幸福感が大幅に上昇する場合もあります。

大学生と高齢者の双方を対象とした研究によれば、お金よりも時間を優先する人は、心理的な幸福感や生活満足感が高いことが報告されています。[※26] 時間を節約するためにお金を使うことのメリットは、文化や社会経済的背景が異なる人たちでも認められます。

時間を節約できるお金の使い方は、とても気持ちのよいものです。ある研究は、連続2週間の週末に40ドルを研究参加者に提供して、そのお金の使い道について厳しい教示を行いました。[※27] ある週末には、本や服など、品物の購入にお金を使うように教示しました。別の週末には、歩いて行く代わりにタクシーを使ったり、料理をする代わりにレストランで食事をするなど、時間の節約になることにお金を使うように教示しました。

そして、週末が終わるたびに、ストレスと幸福感の全体的なレベルを研究参加者に評価してもらいました。研究結果を予想できるでしょうか？　分析の結果、品物の購入にお金を使った日に比べて、時間を節約するためにお金を使った日は、ストレスとネガティブな気分のレベルが低く、ポジティブな気分のレベルが高いことがわかりました。時間を節約するためにお金を使う方法は、日常生活におけるストレスを減らし、その結果、より大きな幸福感を生み出す効果があります。

日々の暮らしの中で、時間を節約できる選択はたくさんあります。

・家の掃除、落ち葉かき、芝刈り、車道の雪かきなどはサービスを使う。
・夕食は自炊する代わりにテイクアウトのサービスを使う。
・乗り継ぎが必要な格安航空便ではなく、お値段が高めでも直行便を利用する。

多くの場合、お金よりも時間を優先したほうが、幸福感を高めるベストな方法であることがわかると思います。

写真を撮る

初めて訪れた街で、バスツアーに参加して、博物館や彫像、有名な建造物など、主要観光スポットを見学した、とします。このとき、写真を撮っていたならば、この体験から得られる喜びは変わるのでしょうか？

ある研究は、まさにこの問題について検証しました。※28 ある条件の観光客は、1時間のツアー中に少なくとも10枚の写真を撮るように教示され、もう一方の条件では、カメラや携帯電話を置いていくように教示されて、写真を撮ることができませんでした。その結果、写真を撮影できた条件の観光客は、ツアーをより楽しむことができたことがわかりました。それはなぜでしょう？　写真を撮ることで、その体験により没頭できたからです。

この研究は、写真を撮ることが実際の体験の楽しさに与える影響を調べましたが、写真を撮ることには、それ以外にもメリットがあるかもしれません。写真を撮ることで、人はその体験を後から振り返ることができるので、写真撮影は幸福感を高める可能性があるのです。旅行や誕生日、子どもの記念日などの写真を見返したときの喜びを想像してみてください。

旅行計画を立てる

旅行の計画を立てることは、幸福感を生み出すとても素晴らしい方法です。なぜならば、旅行計画の立案は、私たちに期待させるからです。本章の前半で学ばれたように、期待することは喜びを増やします。休暇を計画している人は、計画していない人と比べて、幸福感が高くなるのは予想通りかもしれませんが、興味深いことに、休暇後になると幸福感の増加は持続しません。[※29]休暇後は、友人とそのときの体験を話したり、写真で追体験したりすることで、幸福感が得られる瞬間はありますが、日常生活にいったん戻ると、幸福感の高まりは続かなくなるのです。

旅行への期待感は、実際に行った旅行の思い出よりもさらに大きな幸福感を生むことがあります。※30 結局のところ、私たちは大抵、これから食べるおいしい食事、見学する素晴らしい博物館、新しい街を散策するスリルなど、ポジティブなことだけを期待するのです。思い出を語るときになると、荷物の紛失、長蛇の列、騒々しいホテルなど、あまりポジティブではない現実が記憶の中に入り込んできます。

そこで、幸福感を高めるシンプルな方法として、旅行計画を立てることを提案します。私は、眠れないとき、不安なとき、旅行本を取り出して、旅行計画を立てています。この計画をもとにして、実際に旅行することもありますが、多くの場合、旅行計画が実行されることはありません。ただし、いつかノルマンディーの海岸を見たり、ポンペイの遺跡を訪ねたり、地中海クルーズに行きたい、とは思っているんですよ。

第11章

プレゼントはみんなに

2004年12月26日朝、チェコ出身のモデルであるペトラ・ネムコバと、彼女のボーイフレンドで英国人写真家のサイモン・アトレーは、タイの海岸にあるリゾートで休暇を過ごしていました。彼らは、そこでインド洋で発生した地震による大津波（訳注：スマトラ沖地震によるインド洋大津波のことで犠牲者は20万人以上）に被災しました。最初の津波が押し寄せたとき、ペトラとサイモンはバンガローにいましたが、あっという間に外に押し流されてしまいました。ペトラは骨盤を骨折し、内臓に重傷を負いました。そして、ヤシの木に8時間しがみついた後、救出されました。サイモンは助かりませんでした。怪我から回復したペトラは、この自然災害で人生を狂わされた人々を助けるためにタイに戻ることを決意しました。そして、学校の再建や若い被災者の支援に取り組む「ハッピーハート基金」を立ち上げたのです。その動機には、利己的な部分もあったそうです。彼女は「誰かを幸せにすることで、私たちは自分も幸せになれます。そのため、あなたが何らかの形で他人の役に立とう、と決心したのであれば、それは素晴らしい喜びを生みます。あなたには最も大きなメリットがあるのです」と語っています[※1]。

本章では、なぜ他人に与えることが幸福を得るためのベストな方法の一つなのか、について説明します。実際、他人に与えることには、自分自身の幸福感を高め、健康を増進し、寿命を延ばす可能性さえあります。そして、おそらく最も重要なのは、慈善団体への寄付、地域社会でのボランティア活動、献血など、どのような内容の寄付にも効果がある、ということです。

間違った場所での幸せ探し

あなたは、ある朝、車の中でくしゃくしゃになった20ドル札を見つけて、この「拾ったお金」を使って一日を楽しく過ごそう、と考えたとします。この目標を達成するために、あなたにとって最も良い方法は何でしょうか？　お気に入りのレストランでランチをする、読みたかった本を買う、マニキュアを塗るなど、自分へのご褒美に使うことをイメージする人が多いのではないでしょうか。

しかし、このお金の使い方に関する私たちの直感は、不正確であることがわかっています。研究者は、幸福感を生じるお金を使い方について調べるために、通行人に無作為に声をかけて、簡単な心理学の研究に参加する意思があるのかどうかを尋ねました。[※2] 実験参加に同意した人は、自分の幸福感を評価して電話番号を記入するように、と教示を受けました。そして、5ドル、あるいは20ドルが入った封筒を手渡されました。実験参加者は、その日の午後5時までに封筒の中のお金を使うように教示を受けて、このお金の使い道についても具体的な指示が与えられました。ある条件群は、請求書の支払い、出費の補填、自分へのプレゼントなど、自分自身のためにお金を使うように教示されました。別の条件群は、そのお金を誰かへのプレゼントや慈善団体への寄付など、他人のために使うように教示されました。そして、実験参加者はお金を使ったその日の夕方に呼び出しを受けて、幸福感を報告することを求められました。

驚かれることはないかもしれませんが、5ドルもらった人と20ドルもらった人の幸福感には差が認められませんでした。ところが、1日の始まりには条件間の幸福感には差がなかったにもかかわらず、誰かのためにお金を使った条件は、自分のためにお金を使った条件と比べて幸福感が高くなることがわかりました。つまり、お金の使い方が、私たちの気持ちを左右します。たった5ドルでも、他人のためにお金を使えば、たとえ知らない人であったとしても、私たち自身の幸福感は高まるのです。

また、自分のためにとっておくよりも、他人に何かをあげたほうが、気分はさらに改善する、という類似した研究結果も得られています。この研究では、実験参加者は研究に協力して得たお金で、グッディバッグ（訳注：文房具や小さなおもちゃ、お菓子などが入っている子ども用プレゼント）を購入する選択肢を提示されました。[※3] 実験参加者の半数には、そのバッグは自分のものになると教示し、別の半数の実験参加者には、そのバッグは地域の病院にいる病気の子どもに寄付されると教示しました。その結果、グッディバッグが病気の子どもにプレゼントされると教示された条件群は、自分のものになると教示された条件群と比べて幸福感が高くなることがわかりました。

この研究で特に興味深いのは、自分の幸福感を高めるためにどのようにお金を使うのがベストかについて、人々は一貫して間違った推定をしていた、ということです。実際、ほとんどの人は、自分のためにお金を使うほうが、誰か他人のためにお金を使うよりも幸福が得られる、と思っています。しかし、残念ながら、この直感の誤りは、私たちが正しい方法でお金を使っていない、ということを意味しています。

［向社会的支出の特典］

これまで説明してきた研究は、他人のために少額のお金を使うことで、自分自身の幸福感が高まることを示しています。これらの研究結果は、幸福感を最大限に高める方法に関する私たちの直感とは一致しない、と思います。そのため、もしかしたら、私たちが、比較的少ない金額を寄付するときにだけ当てはまるのだろう、と思われるかもしれません。

ある研究は、もっとたくさんのお金を寄付することと幸福感の関係を調べるために、米国全土に住む人を対象に、年収の一般的な使い方について質問し、さらに、一般的な幸福感を評価するように求めました。[※4] 毎月の主な支出には、請求書や経費の支払い（住宅ローンや家賃、車代、電気代）、自分への贈り物（衣服、宝石、家電）、他人への贈り物、慈善団体への寄付などが含まれていました。次に、前者の2つのカテゴリーを組み合わせて「個人的支出」、後者の2つのカテゴリーを組み合わせて「向社会的支出」の指標を作成した後、幸福感と支出との関連性を検討しました。

研究結果はとてもはっきりしていて、幸福感と個人的支出の間には結びつきが示されませんでした。つまり、幸福感は自分のための買い物からは予測されない、ということです。

一方、知人や友人へのプレゼント、あるいは知り合いはいないけれども慈善団体を通じて寄付をした人など、他人のためにお金を使う人ほど幸福感が高いことがわかりました。他者への寄付と幸福感の関連性は、年収の影響を考慮した場合でも変化しませんでした。

この研究の問題点は、幸福感は研究参加者の寛容性が反映されているのか、それとも寛容性が幸福感をもたらすのか、この研究では判断できなかったことです。言い換えれば、寄付することが幸せを生むのではなく、幸せな人は、より多くのものを他人に与えることができるのかもしれません。この疑問への答えを得るために、研究者は後に別の研究を行って、寄付の内容が幸福感とどのように関連するのかを調べました。

この研究では、会社から支給されたボーナス（約5000ドル相当）の使い道を調べたのですが、これまでの研究と同じ結果が得られました。ボーナスを自分のために使った人と比べて、他人のために使った人の方が、後々、より多くの幸福感を得ることができたのです。この研究結果は、ボーナスの大きさだけでなく、収入全体を考慮した場合にも当てはまることもわかりました。つまり、ボーナスの多くを社会的支出に充てた従業員ほど、ボーナス支給後の幸福感が高かったことから、ボーナスの大きさよりも、ボーナスの使い道のほうが幸福感の重要な予測要因であることがわかりました。

このような寄付と幸福感の関係は、様々な後続研究からも明らかにされています。例えば、ギャラップ社が行った世界規模の調査によれば、136カ国中120カ国において、過去1カ月間にチャリティーに寄付をした人は人生満足感が高いことが報告されています。[※5]

つまり、貧しい国であったとしても、他人のためにお金を使うことは、自分のためにお金を使うことよりも、幸福感を強く予測します。

ところで、基本的欲求を満たすためには、個人的支出にある程度のお金を割り当てなければいけないことは明白です。個人的支出には、住宅ローンの支払いや食料品、ガソリン代など、多くの必需品が含まれています。しかし、お金をもう少し社会的支出に振り向けるような小さな変化を行うことで、私たちは幸福感を多く得ることができるのです。

他者とつながりをつくる

一般的に他人に与えることは幸福感を高めますが、特に、他者とのつながりを形成するような寄付の仕方は幸福感を高めます。例えば、ある研究では、スターバックスのギフトカード（10ドル分）を無作為に通行人に配布しました。[※6] カードを受け取った人はラッキーでしたが、カードの使い道には具体的な指示がありました。

- ある人は、そのギフトカードを使って他の人をコーヒーに誘うように言われました。
- ある人は、ギフトカードを他の人にあげるように言われ、その人と一緒にスターバックスに行ってはいけないと言われました。

・ある人は、一人でスターバックスに行って、自分のためだけにギフトカードをすべて使うように言われました。
・ある人は、友人とスターバックスに行って、自分のためにだけにギフトカードを使うように言われました。

この研究は、友人と時間を過ごすこと、誰かに贈り物をすること、そして自分自身に贈り物をすることの相対的なメリットを調べるために計画されました。
その結果、ギフトカードを誰かのために使い、その人とスターバックスで一緒に時間を過ごした人が、最も高い幸福感を得たことがわかりました。つまり、他人に与えることは良いことですが、他人との関わり合いの中で与えることが幸福感にとって特に良い、といえます。

この研究結果は、ボランティア活動をすることで、他のボランティアの方や地域で困っている方とつながることによって、幸福感が高まる理由を説明しています。[※7] ちなみに、ボランティア活動を全くしない人に比べて、ボランティア活動を毎月している人は7%、ボランティア活動を毎週している人は16%、とても幸せだ、と回答する傾向が高いそうです。[※8] なお、よく知られているマハトマ・ガンジーの言葉の一つに「己を知る最善の方法は、他人への奉仕に没頭することである」があります。

神経症傾向（回答者の抑うつ、不安、緊張の度合いに関する尺度です）とボランティア活動の関連性についての全国調査は、他人に与えることで人間は幸せになれることをより明確に示しています。ボランティア活動の割合が最も高いユタ州、サウスダコタ州、ミネソタ州は、いずれも神経症傾向が最も低い州のトップ10に入っています。一方、住民の神経症傾向が高い州では、ボランティア活動の割合が低いことがわかりました。[※9] 裕福な人がいる州ほどボランティア活動が盛んなのは、おそらく収入が多いほど自由な時間がもてるからだ、と考えられますが、この研究結果は州全体の所得水準を考慮しています。つまり、州の豊かさをもとにデータを層別化した場合でも、ボランティア活動の割合が高い州は、全体的な幸福感も高いことがわかっています。

「与えることのメリット」

数年前、子どもたちを車に乗せて近所のマクドナルドに行ったとき、駐車場に入ろうとしたところで、赤信号を無視してきた車が私たちにぶつかりそうになったことがあります。その車がある方向にハンドルを切ってブレーキを踏んで、私がそれとは反対方向にハンドルを切ってブレーキを踏んだことで、奇跡的に高速衝突には至りませんでした。一息ついてからドライブスルーのレーンに入ったのですが…その時、ぶつかりそうになった車が目の前にいることに気づいたのです。

その車のドライバーは注文を済ませると、車を走らせて窓口に食べ物を受け取りに行きました。私は列に並びながら、そのドライバーがドライブスルーの窓越しに、まるでレジ係がその人の遠いいとこか何かであるかのように、とても長い時間、会話をしていることに気づきました。私のマクドナルドでのドライブスルー体験は、重大な交通事故の発生を寸前で回避することからスタートして、その時点で20分も経過していたのですから、私はますます苛立ちを募らせていました。

やっとのことで、その車が窓から離れました。そして、ドライバーが窓を開けて手を出して、私に小さくその手を振ったのです。

もうその時になると、私はとても頭にきていたので、窓も開けて、その人とは違う内容のジェスチャーをしました。

それから、食べ物を受け取ろうと車を停めて、レジでクレジットカードを渡しました。そうすると、レジ係の女性は「あれっ、さっきのドライバーさんが全部お支払いしていってくれましたよ」と言って、私のカードをすぐに返してくれたのです。

私は、とても恥ずかしいことをしてしまった、と思っています。それは、事故を起こす寸前だったドライバーからの謝罪のメッセージでした（おそらく「もう少しであなたを殺すところだったけれども、エッグマックマフィンをおごるから、大丈夫だよね？」というものです）。ただし、残念なことに、私がしてしまったジェスチャーや、子どもたちが見てしまった私のジェスチャーを取り消すことはできません。

さて、あのドライバーは私の食事代をなぜ支払ってくれたのでしょう？　ほぼ間違いなく、さきほど起きたことについて気分を改善してもらうためです。つまり、攻撃的な運転で、私にぶつかりそうになったことを謝るためです。この謝罪によって、私の気分は改善されて、同時に彼の気分も良くなりました。

このエピソードは、他人を助けると気分が良くなる主な理由の一つを明らかにしています。そうすることで、あまりよくない気分から抜け出すことができるのです。本章の冒頭で述べたように、他人に与えることは、悲しみから立ち直る助けにもなります。マーク・トウェイン（訳注：作家）は「自分を元気づける最善の方法は、誰かほかの人を元気づけてみることだ」と記しています[※10]。

このトウェインの直感は、実証的な科学的研究によって強く裏付けられています。人助けをすることには罪悪感を和らげて、自分のした悪事を償う効果があり、その結果、自分の幸福感を高める場合さえあります。

ある研究では、道行く女性に、研究者がとても高価そうに見えるカメラで写真を撮ることを求めました[※11]。その際、研究参加者となる女性には、このカメラは取り扱いに注意が必要だが、被写体に狙いを定めてボタンを一つ押すだけで大丈夫、と教示しました。ただし、この研究では、研究参加者がボタンを押しても、カメラが作動しないように事前に設定しておきました。そして、研究者が「このカメラは調子が悪いことが多いんですよ」と言って問題発生を切り捨てる条件と、研究参加者がボタンを押しすぎて詰まってしまったんだ、と言って研究参加者の女性に罪悪感を与える条件を用意しました。さらに、研究参加者の女性が道を歩いていると、書類がたくさん入ったファイルフォルダーを別の女性が落としてしまい、その書類が道に散らばる状況を設けました。

書類の回収を手伝おうと立ち止まってくれたのはどちらの条件だったでしょうか？　罪悪感を感じていない条件の40％が書類の回収を手伝ってくれたのに対し、罪悪感を感じた条件では80％が手助けをしてくれました。この研究は、他人に与えることが悪い気分から抜け出すうえで役に立つ、ということをわかりやすく示しています。

他人に与えることは気分を改善する

私のいとこの息子であるパーカー・ブラウンは、２００７年に白血病のため7歳の若さで亡くなりました。このような幼い年ごろの子どもを失うことは、間違いなく悲劇であり、人生を変えます。ただし、パーカーの母親であるサラは、息子の死が何か良い結果をもたらす、ということを信じていました。そこで彼女は、友人や家族全員に、骨髄バンクに登録することで、パーカーとの思い出を称えてほしい、と呼びかけたのです。

私は、彼女の求めに従って署名を行いました。私の息子のロバートは、パーカーとちょうど同い年でしたから、サラがどんな思いをしているのか、想像もつきませんでした。そのため、骨髄バンクへの登録は、サラへの支援を表明するためのとてもシンプルな方法だったのです。登録は綿棒でちょっとほほをぬぐうだけだったので、私はその作業をキッチンで行って、そのキットを郵便で返送しました。

その後、骨髄バンクに登録したことは忘れていたのですが、2015年の秋に電話がかかって「あなたの骨髄にマッチする可能性がある人がいます」と伝えられました。それから1カ月後、私は、1日入院して、必要な処置を受けることになりました。

その晩、病院を出た私は、これまで経験したことがないほど、幸せな気持ちになりました。何しろ、誰かの命を救えるかもしれない、という機会を与えられたのですから。私はその人のことを知らないですし、おそらくお目にかかることもきっとないと思いますが、これは、私がこれまで経験した中で最も有意義な体験の一つになりました。

このエピソードは、他人に与えることが誰かを助けるだけではない、ということを物語っています。そうすることによって、私たちの気分は改善されるのです。チャリティーに小切手を出したり、ホームレスの人にお金をあげたり、道に迷っていた見知らぬ人を助けたりしたときのことを思い出してみてください。このような場合、あなたが他人に与える動機は、おそらく誰かを助けたい、という親切心や思いやりによるものだと思います。ただし、このように他人に与えることには、私たちを幸福にする効果もあります。

「他人に与えることは脳を活性化する」

カリフォルニア州で発生した山火事から、テキサス州を襲うハリケーンまで、自然災害の後には必ずと言っていいほど、見知らぬ人たちが何らかの形で支援に駆けつけてくれます。お金や物資を寄付する人、生存者の捜索やコミュニティの再建を手伝う人など、様々です。このような寛大な行為は、自発的に行われるものであり、善意ある人々にとって明らかなメリットがあるわけではありません。

なぜ多くの人々が、国や地域を越えて、あるいは世界を越えて、一度も会ったことのない人々のために、自発的に時間やお金、物資を提供するのでしょうか？　他人に与えることは、文字通り、種の存続を助けることになるので、進化的に選択されてきた、と考えることができます。具体的には、他人に与える人は、その見返りとして援助を受けることが多く、その結果、自分（とその遺伝子）が生き残る可能性が高くなります。

この考えについてですが、他人に与えることが社会にとって重要である、ということを理解できないような、小さな子どもであったとしても、他人に与えることと気分が改善することの関係性が認められます。例えば、2歳の子どもは、金魚のクラッカーなどのペットのおやつを、自分のものにするときよりも、他の子どもにあげたときのほうが嬉しい、と答えます。[※12]

他人に与えることが人間の遺伝子に組み込まれているという考え方は、神経科学における最近の研究からも裏付けられています。例えば、ある研究では、脳の活性化を測定するために研究参加者にｆＭＲＩ装置に入ってもらい、その後、自分でお金を受け取るのか、慈善団体にお金を寄付するのかを考えてもらうように教示しました。その結果、人にあげることを考えるだけで、脳の報酬体験を処理する部位が活性化したことがわかりました。[※13]実は、この部位は、チョコレートを食べたときに活性化する脳の部分と同じです（そして、不適切な例かもしれませんが、コカインを使用したときに活性化する部位でもあります）。一方、自分自身でお金を受け取った場合は、脳の活性化のレベルが低下することがわかりました。この結果は、自分のために何かを得るよりも、他人に与えることのほうが、実は気分が改善される、ということを示唆しています。

このような脳の活性化傾向は、寄付をすることを義務付けられた場合よりも、自由に寄付することを選択できた場合の方が大きくなるそうです。ただし、慈善団体への寄付が義務付けられた場合でも、脳の活性化傾向が認められることから、他人に与えるという行為自体にやりがいを感じていることが示唆されています。[※14]

他人に与えることは健康に良い

他人に与えることはとても良いアイデアである、ということについて、もう一つ別の理由をあげて説明します。他人に与えることは、文字通り、私たちの健康にとって良いのです。実際、心血管疾患やエイズなどの深刻な慢性疾患がある人々でさえ、他人に与えることには健康上のメリットがあるそうです。[※15]

ある研究は、高血圧の研究参加者に120ドルを渡して、6週間かけて、そのお金を自分のために使う、あるいは他人のために使うように教示しました。[※16] その結果、他人のためにお金を使うように言われた人は、追跡調査時の血圧が低くなることがわかりました。この研究は、他人に与えることが自分の健康に直接的なメリットがあることを示唆しています。2年間の長期的な研究からも、実際に、他人のためにお金を使う人ほど、血圧が低下する、という類似した結果が得られることがわかりました。したがって、他人に寛大になりましょう、と人々に教えることには、運動習慣を始めましょう、お薬を飲みましょう、ということと、同程度の効果があるのかもしれません。

他人に与えることが健康にポジティブな結果をもたらすのはなぜでしょうか？　他人を助けることには、ストレスの悪影響から私たちを守ってくれる効果があるようです。[※17]小さなことでも向社会的な貢献をすることで得られる力をシンプルに示す例があります。ストレスを一日感じた人は、一般的に気分が悪い、と報告する傾向があります。[※18]ただし、ドアを開けてあげる、手助けが必要な人がいないかを尋ねるなど、何らかの向社会的行動をとっている人は、ストレスが気分に及ぼす悪影響を経験しなくなるそうです。

第2章で説明したように、ストレスが大きいことは健康にとってよくありません。そのため、ストレスと上手に付き合うことで、健康への生理学的な悪影響を軽減させることができます。他者に対する社会的支援を行う人は、血圧が低く、他者への親近感を高めるホルモンであるオキシトシンのレベルが高いことが報告されています。このように、他人に与えることには健康に直結する生理学的なメリットがあることが示唆されます。[※19]

最も重要なのは、他人に与えることには寿命を延ばす効果がある、というポイントです。社会的な支援を受けるとストレスの悪影響が緩和されると思われがちですが、人助けをすることには健康面においても重要なメリットがあります。実際、高齢者の夫婦を対象とした研究では、友人、親戚、隣人に支援を行った人は、そういうことを行わなかった人と比べて、その後5年間に死亡するリスクが低いことがわかっています。[※20]一方、支援を受けることとそのような死亡リスク低下の関係性は認められませんでした。

ある研究は、カリフォルニア州に住む高齢者を対象に、ボランティア活動の実施率を調べました。[※21] さらに、研究参加者の5年後の生存率も調べました。その結果、2つ以上の団体でボランティア活動を行った人は、ボランティア活動を行わなかった人と比べて、5年後に死亡する確率が44%低いことがわかりました。このボランティア活動を行った人と行わなかった人の寿命の差は、年齢、健康状態、喫煙、運動など、長寿を予測する他の要因の影響を考慮しても、確認することができました。

ある興味深い研究は、他人に支援を提供することが、大きなストレス要因を抱える人々にとって特にメリットがあるのかどうかを直接検討しました。[※22] その結果、過去1年間に少なくとも1回、深刻な病気や失業、愛する人の死など、ストレスを感じる出来事を経験した高齢者は、その後の5年間で死亡するリスクが高まることが明らかになりました。

ただし、このストレスを感じる出来事の影響は、研究参加者によっても、大きく異なっていました。他者への援助行動を報告しなかった人は、その後5年間の生存率が約30%低かったのです。しかし、人助けをしたと報告した人では死亡リスクが増加しませんでした。これらの研究結果は、他人を手助けすることで自分の寿命が延びる、ということを強く証明するものです。

ストレスがあるときに社会的支援を求めることのメリットはよく耳にしますが、他人を支援することのメリットを聞くことはほとんどありません。したがって、このデータは特に重要です。この研究を行った研究者は「リスクを抱えた人々は、しばしば自分自身の社会的なネットワークにサポートを求めるように、とアドバイスを受けます。ただし、あまり一般的ではないかもしれませんが、おそらくもっと強調されるべきメッセージは、彼らも同じように他人をサポートしてください、ということです」と指摘しています。

ボランティア活動は動機が大切

ここで、最後に留意して頂きたいことがあります。動機が大切、ということです。私たちが、他人に与えることで最もメリットを得ることができるのは、それが自由に選択された場合です。学校でのボランティア活動の義務化のように、他人に与えることを義務づけられた場合では、人助けをしたとしても、気分が高揚することはほとんどありません。

ある研究は、大学生に2週間毎日日記をつけてもらいました。そして、その期間、毎日どう感じたのか、誰かを手助けしたのか、価値ある目的のために何かをしたのかどうかも筆記してもらいました。[※23] 予想した通り、学生は何らかの向社会的行動をした日に気分がよくなることがわかりました。

ところが、手助けをすることで得られるそのような効果は、あくまでも本人が望んで手伝った場合でした。つまり、手伝いを要求されたり、手伝わなければ怒られると思っていた学生では、そのようなメリットは得られませんでした。

同様に、ボランティア活動は、ストレスが健康に及ぼす悪影響を緩和し、寿命を延ばす効果がありますが、それは、他人を気遣い、本当に手助けしたいと思っている人に限られます。[※24] 他者に対する心からの思いやりの気持ちから、ボランティア活動を行う人は、ボランティア活動をしない人と比べて長生きするのです。[※25] したがって、自分自身を良く見せたいとか、自分の悩みから逃れたいといった自己中心的な理由でボランティア活動をする人は、ボランティア活動をしない人と比べて長生きすることはありません。

第11章の KEYPOINT

一時間の幸せが欲しいのならば、昼寝をしなさい。
一日の幸せが欲しいのならば、釣りに行きなさい。
一年間の幸せが欲しいのならば、遺産を継ぎなさい。
一生の幸せが欲しいのならば、誰かを手助けしなさい。

中国のことわざにもあるように、他人に与えることは幸せを見つけるためのベストな方法の一つです。さらに、チャリティーへの寄付、ボランティア活動、友人への贈り物、見知らぬ人にコーヒーをおごることなど、様々な方法で手助けをすることは、私たちの気分を改善します。このように多様な形で他人に与えるということは、よりポジティブで、共感的なマインドセットをもたらすことから、あなたは、そうすることによって、気持ちよく過ごすことができるようになります。

それでは、他人にどのように与えることが最も気分改善効果が高いのかを考慮して、プランを立ててみましょう。例えば、週に20ドルを用意して、その週のうちに、ホームレスの人にあげる、友達のためにランチを買う、職場でコーヒーをおごるなど、誰かのためにそのお金を使うようにするのです。自分にとって大切な人に月に1通手紙を書く、毎月のボランティア活動に数時間参加する、という方法も良いと思います。
これから、私たちが他人に与えることで自分の人生の幸福感を高めるための、具体的で比較的シンプルな実践法をご紹介します。

無作為な親切を行う

スターバックスのドライブスルーで後ろの車の料金を支払う人がいたり、トイザらスで購入した商品の代金を支払う人がいたりと、見知らぬ人が無作為に親切を行うエピソードについて、誰もが耳にした経験があるのではないでしょうか？ このような無作為な親切は、何も見返りを求めずに、他人に与えることのパワーを示す感動的な実例です。

ただし、科学的な研究によると、無私の行いは、受け取る側だけでなく、与える側にも具体的なメリットがあることがわかっています。実際、10日間、毎日無作為に親切を行った人は、幸福感が大幅に高まったことが報告されています。※26

そのため、日常生活の中で、小さな親切を行う方法を見つけてください。シンプルな例をいくつか挙げてみましょう。

- 同僚や近所の人、友人にコーヒーを差し入れする。

- 見知らぬ人にお世辞を述べる。
- チップをはずむ。
- あなたの車の前に合流させてあげる。
- 献血する。
- 骨髄ドナーに登録する（誰かの命を救うことができるかもしれません）。
- 小さな食品を入れたケアキットを持ち歩いて、ホームレスの人たちに渡す。

無作為の親切な行いは、つらい状況にある人々にとって特に意味のあることです。私は母を亡くしてから、親を亡くした人にとって、母の日や父の日がいかに大変なものであるのかを知りました。そこで、私は、親を亡くした経験がある友人たちには、その日に「あなたのことを想っています」というメールを送っています。私の家族は毎年、里親のもとで暮らす子どもたちのためにホリデーギフトを購入し、この日が少しでも良い日になるように手助けをしています。自分の生活に合った方法で、無作為に親切な行為を行いましょう。そのような小さな親切の積み重ねが大きな効果を生みます。

具体的な活動に対して寄付をする

ＡＳＰＣＡ（訳注：米国動物虐待防止協会）やシエラクラブ（訳注：米国の環境保護団体）などの大規模な慈善団体への寄付、地域の炊き出し、地区のお兄さんやお姉さんとしてのボランティア活動、米国赤十字を通じた献血活動など、他人に与える方法には様々な形式があります。これらの他人に与える活動は、すべてポジティブな影響を与えますが、その内容によって得られる幸福感の程度は異なります。

最も良い形式は、個人的に意義があると感じられる活動に寄付する、というものです。ある人は環境保護活動に寄付をするかもしれませんし、別の人は動物保護団体や政治活動委員会、あるいは地域の炊き出しなどに寄付をするかもしれません。

寄付が具体的な効果をもたらす場合、幸福感はより大きく上昇することがわかっています。例えば、スプレッド・ザ・ネット（サハラ以南のアフリカにマラリア防止ネットを提供する団体）に寄付した人は、国連児童基金（ユニセフ）に寄付した人と比べて、幸福感が高くなることが報告されています。[※27] それはなぜでしょうか？　ユニセフへの寄付は、世界中で様々な形で子どもたちを助けています。ユニセフが子どもたちのために多大な貢献をしている貴重な組織であることは明らかですが、寄付をする側にとっては、自分たちの寄付が本当に重要なのか、正確に理解することは難しいのです。一方、スプレッド・ザ・ネットは、

10ドルの寄付で1世帯に1枚のマラリアネットが送られ、1枚のベッドネットで5人の子どもを5年間守ることができる、ということを寄付者に伝えています。このように、少額の寄付でも、明確で強力、かつ具体的なインパクトを与えることができます。

つまり、向社会的な寄付は全体的に気分を改善しますが、現実の世界で、自分の寄付の価値を理解して、それを評価できるときに、最も良い気分改善効果が得られるのです。

感謝の手紙を書く

本章では、お金や時間、血液など、様々な内容の寄付に注目してきました。ここで、他人に感謝の気持ちを伝えることが、自分自身の幸福感を高める強力な方法でもあることについて説明します。

ペンシルベニア大学のマーティン・セリグマン博士が開発した、感謝の手紙法では、自分の人生をより良く変えたり、形作ったりした重要な人について考えてもらいます。[※28] 先生、最初の上司、近所の人など、思い浮かぶ方がいらっしゃると思います。ただし、その人が誰なのか、その人がどのようにあなたの人生を形作ったのかは重要ではありません。大切なのは、その方はあなたが知り合えたことに感謝できる人である、というポイントです。

そのような人物が思い浮かんだら、その方に感謝の手紙を書きましょう。その手紙には、その方が自分に対して何をしてくれたか、それが自分の人生をどのように変えたのか、を具体的に書いてください。

そして、これが最も重要なことですが、その方のところにまで行って、その手紙を読みあげましょう。ご想像できると思いますが、そうすると、手紙を読みあげた人もそれを聞いた人も、とても幸せな気持ちになります。この体験からは、実に深いものが得られます。

私の人生を形成する上で最も感謝している人物は、中学1年と2年のときの英語教師だったユージン・ドハティ先生です。ドハティ先生は、第二次世界大戦に従軍して、硫黄島の戦いで右腕を失いました。1980年代初頭は、現在のような義肢装具がなかったことから、先生は怖そうな銀色の鉤爪をつけて教室を歩き回っていました。その姿は、まるでフック船長（訳注：ピーター・パンに登場する海賊の船長）でした。ドハティ先生は、チョークを鉤爪に挟んで黒板に文字を書き、そして鉤爪に挟んだタバコを定期的に吸いながら授業をしていました（これも時代の変化ですね！）。そういう先生だったので、全体的にとても怖い雰囲気の方でした。

私が先生の授業で書いたすべてのレポートは「論述を展開させること」「かみ砕いて説明すること」「良い具体例を使うこと」「もう少し詳しく説明すること」など、大量のフィードバックが加えられてから、返却されてきました。私はその後、スタンフォード大学とプリンストン大学で学びましたが、文章の書き方はドハティ先生から学びました。

そして、私の文章に対するこのフィードバックは、自分の文章を向上させる重要な実践法として、改訂作業を行う価値を初めて理解するきっかけになりました。この体験が、私のキャリアを明確に形作り、そして変化させたのです。私は、現在、論文や書籍など、文章を書くことによって、生計を営んでいます。

残念なことですが、私は感謝の手紙の大切さを知るのが遅すぎました。私は、感謝の手紙を、ドハティ先生が亡くなられたことを知った後に、奥様にあてて書かせて頂くことになったのです。

このことから、幸福感を生み出すこの実践法について、とても大切なことをお伝えします。その人が自分にとってどのような存在であったのかを表現する唯一の機会に弔辞があります。どうか、そのときまで、あなたの心からの言葉をとっておくようなことがないようにしてください。

第12章

人付き合いは愛があれば大丈夫

1974年のことです。21歳のローラ・カーステンセンは、深夜にコンサートから帰宅する途中、交通事故に遭いました。飲酒運転したドライバーが土手で車を横転させたことで、彼女は、頭部に重傷、複数の骨折と内出血を負い、病院で数カ月間療養することになりました。

ベッドに横たわり、死期が近づいてきたことを実感するにつれて、ローラは、これまで自分にとって重要だと思っていたこと、つまり、自分の人生で何をするのか、自分は成功するのかなどが、突然どうでもよくなったことに気づきました。彼女は、その体験について「私にとって大切なのは、私の人生に関わる他の人たちでした」と説明しています。[※1]

そのときの実感が、その後の彼女のライフワークのきっかけになりました。事故から回復した後、彼女は大学で授業を履修して、大学院に進み、心理学を学びました。現在、彼女は、スタンフォード大学で心理学の教授を務めています。本章で後述しますが、カーステンセン教授は、余命に関する私たちの信念が、時間の使い方にどのような影響を与えるのか、を研究しています。

それでは、時間が残されていないことを知ったときに、私たちは何を優先するのでしょうか？　人間関係です。本書を通じて、私は幸福感を高める要因について説明してきました。体験のためにお金を支出する、プレゼントをする、運動する、などの要因は、私たちの幸福感を高めますが、人生の満足感を予測する唯一最大の要因は、人間関係の質、なのです。ハーバード大学のダニエル・ギルバート教授は「私たちは家族がいれば幸福です。友達がいれば幸福なのです。私たちをハッピーにすると思っているほとんどすべての事柄は、実は家族や友達を増やすための手段でしかありません」と説明しています。[※2]

親密な人間関係をもつことの重要性を示した初期の研究の一つに、思春期から人生の終わりまで、男性の幸福感を予測する要因を調べた研究があります。[※3]結果は明白でした。男性の幸福感を一貫して予測した唯一の要因は人間関係だったのです。この研究のリーダーであるジョージ・ヴァリアント博士によれば、幸福には２つの柱があるそうです。ヴァリアント博士は「柱の一つは愛です。もう一つは、愛を遠ざけることのない人生のための処方箋をみつけることです」と述べています。その後の研究は、この研究結果を繰り返し裏付けています。

本章では、親密な人間関係を築き、維持するために時間と労力を費やすことが、人生をもっと幸せに、長生きするための唯一最善の方法である理由、について説明します。良い人間関係を築いたからといって、それだけで幸福になれるわけではありません。良い人間関係を築いたとしても、何らかの理由で不幸だと感じることはあり得ます。しかし、良い人間関係がなければ、他のどんなものがあったとしても、幸福を感じることはできないのです。

有意義な会話の価値

私には、それほど頻繁に会うわけではありませんが、数カ月に一度、ランチをする仲の良い友人がいます。私たちは、会うたびに、夫婦の別れ、子どもの学業不振、癌の診断など、親密で濃厚な会話を交わしています。たとえ1時間でも2時間でも、友人と一緒にいるたびに、私は、他人とつながっていて、親密で、とても幸せな気持ちになれるのです。

他者との親密な関係は、重要な事柄について、このような深い、本物の会話をする機会を与えてくれます。そして、このような他者との交流は、幸福感を強く予測する要因です。

ある研究は、79人の男女大学生の会話のパターンを4日間にわたって調べました。[※4]研究参加者は、ポケットや財布の中に目立たないように録音装置を忍ばせて、12分半ごとに30秒間録音しました。その結果、研究参加者の日常生活から2万以上の音の断片データを収集することができました。

その後、研究者は、録音された音声を聞いて、それぞれの研究参加者が交わした会話の回数を記録しました。さらに、各会話が本質的な内容なのか（例えば「彼女があなたのお父さんと恋に落ちたって？ それで、すぐに離婚したの？」）、世間話なのか（例えば「そこにあるものは何？ ポップコーン？」）も測定しました。また、研究参加者の全体的な幸福感も調べられました。

研究結果から、研究参加者の幸福感によって、交流の量と質の両方に大きな違いがあることがわかりました。まず、最も幸福感が高いと回答した人は、不幸せであると回答した人と比べて、一人でいる時間が約25％少なく、他人と話している時間が70％多いことがわかりました。さらに、最も幸福感が高かった研究参加者は、本質的な会話の回数が2倍、世間話の回数が3分の1程度でした。つまり、幸福感が高い人には、他人と話す時間が長くなる傾向が認められますが、その時間は単なる雑談に費やされているわけではありません。有意義で本質的な会話に多くの時間を費やしているのです。このような交流は、強い人間関係を構築するうえで役に立つことがわかっています。

幸福感が高い人ほど、有意義な会話をたくさん行っている、というこの研究結果は、コミュニケーションの手段がテクノロジーに大きく依存する現代において、特に重要です。多くの人は、テキストやツイートによって、短い断片的なコミュニケーションしか行っていないからです。あなたは、テキストを送ったり、メールをチェックしたりするのと同時に、相手と会話したことがありますか？　このような会話は、意味のあるものではありません。そして、本章の後半で説明しますが、携帯電話がそばに存在するだけでも、会話の質は低下します。

有意義な会話を行うことはなぜ心地よいのでしょうか？　そうすることで社会的な承認が得られるからです。つまり、誰かに好かれていて、尊敬されていると思うときに、気分は改善されます。[※5]そして、有意義な会話をすることによって、私たちは、本当の自分、本物の自分になることもできます。第6章で説明しましたが、私たちは、他人に自分の理想的な姿を見せて、自分の人生のポジティブな部分だけを共有する傾向があることから、カジュアルな交流は本物ではないように感じてしまいます。その一方で、自分を認めてくれて、ありのままの自分を許してくれる親しい人たちとの交流は、特に気持ちの良いものである、と感じる傾向があります。

有意義な会話の価値は、研究からも強く裏付けられていますが、見知らぬ人との短い個人的な交流でさえも、ポジティブな感情を高めることができます。同様に、店員さんへの挨拶、同僚や隣人との何気ない会話など、他者との交流がその日は多かった、と回答した人は、帰属意識や幸福感をより強く感じていたことが報告されています。[※6]

ある研究は、スターバックスの5ドル分のギフトカードを、公共交通機関を利用する人々に渡して、見知らぬ人と会話を始めることを求めました。[※7] バスや電車に乗っていた人たちは、最初のうちは見知らぬ人に声をかけても相手にされないだろう、と考えていて、研究に参加することをためらっていました。ところが、会話をしたほとんどの人は、見知らぬ人と何気ない会話をすることに喜びを感じていました。さらに、そのような会話をした人は、ただ座っていただけの人よりも幸福感が高いことがわかりました。

どうやら、見知らぬ人との何気ない接触でも、人と人とのつながりがあれば、ポジティブな感情を高める個人的な交流の感覚が得られるようです。したがって、自分や他人の幸福感を高めるシンプルな方法は、そのような交流を心がけることです。見知らぬ人に微笑みかける、行列に並んでいるときに世間話をする、近所の人や同僚と挨拶を交わす、そんなことを心がけてみましょう。このようなちょっとした交流が、私たちや相手の人の気分を改善します。

「良い気分の分かち合い」

人間関係は、私たちにポジティブな人生体験の共有を可能にします。それによって、私たちは、これらの良い出来事を、もっと良い出来事として感じることができるようになります。私たちは、就職、進学、婚約、赤ちゃんの誕生など、気になる人には電話をかけて、その情報を共有する傾向があります。この情報の共有が、私たちの幸福感を高めます。この情報の共有と幸福感の関係を調べるために、ある研究は、初めに、研究参加者にポジティブな体験を他人と共有する全体的な傾向について質問しました。※8 ある人は、そのような体験を共有する一般的な傾向があると報告して、自分自身のことを「何か良いことがあったのならば、それを他の人と共有するのが好きなタイプ」と表現しました、一方で、あまり共有する傾向がなく、自分自身のことを「私は普段、良い感情を溜め込んでいて、あまり共有しないようにしています」と報告した人もいました。

次に、研究参加者全員は4週間にわたって日誌をつけました。この日誌には、気分と生活満足感の経時的な評価が含まれており、研究者はこれらの指標が時間とともにどのように変化するかを確認することができました。その結果、良い事柄を他人と共有する傾向が高いと答えた人ほど、ポジティブな気分と全体的な生活満足感が時間とともに上昇することがわかりました。

人間関係は体験を共有する機会を私たちに提供します。大切な人と一緒に何かをすることは、一人で同じ体験をすることと比べて幸福感を生むのです。例えば、映画館やリビングで、素晴らしい映画を一人で鑑賞する体験は楽しいかもしれません。しかし、同じ映画でも、友人と一緒に鑑賞すれば、その楽しさは一層増すのではないでしょうか。作家のシャーロット・ブロンテは「全く分かち合われなかった幸せは、幸せとは言い難い。それは、味気ないものである」と記しています。[※9]

体験の共有がもたらす影響をシンプルに実証するために、ある研究は、研究参加者にチョコレートを試食して評価してもらう、という実に楽しい活動を行いました。[※10]半数の研究参加者は、一人でチョコレートを試食して評定しました。残りの半数の研究参加者もチョコレートを試食して評価しましたが、その活動はもう一人の見知らぬ人と一緒に行いました。この条件の研究参加者は、相手の人と評価を一致させる必要はありませんでしたが、二人は同時に様々な種類のチョコレートを試食して、そのチョコレートについて別々の評価（どれくらい濃厚か、どれくらい味わい深いか、どれくらい気に入ったか）を行いました。このように、とてもシンプルな研究デザインですが、チョコレート評価体験を他人と共有する機会があった人は、一人で評価した人と比べて、チョコレートに対する好感が高いことがわかりました。

さて、これまでの研究にある問題点の一つは、体験を共有することが気分を改善するのか、それとも、たとえ体験を共有しなくても、ポジティブなことを考えるだけで気分は改善されるのか、について、必ずしも検証していない、ということです。そこで、この重要な問題を調べるために、別の研究では、研究参加者に、数週間にわたって、毎晩の終わりに「感謝していること」について考えて、記録する日誌をつけてもらいました。※11 半数の研究参加者は単に日誌をつけるだけで、もう半数の研究参加者は日誌をつけて、さらに少なくとも週に2回、友人とその体験を共有するように求められました。その結果、体験を共有することで実際に気分が改善されたことを示す強力な証拠が得られました。自分が感謝したことを友人と共有した研究参加者は、それを記録するだけで共有しなかった研究参加者と比べて、幸福感や人生への満足感が高いことが示されたのです。

歳を取れば幸せになる

質の高い人間関係の重要性に関するこれまでの研究結果は、幸福感が生涯にわたってどのように変化するのか、という興味深い研究を説明するうえで役に立っています。長年、幸福感は年齢とともに低下する、と考えられてきました。愛する人の死や、個人的な難しい状況など、高齢者はより多くの喪失を経験しているからです。しかし、第7章で説明したように、この思い込みは間違いであることが研究によって繰り返し明らかにされています。

実際は、生涯における幸福感の推移はU字型曲線を示します。これは、幸福感は10代、20代では高く、中年期になると低下し、60代、70代、80代で再び上昇することを意味しています。[※12]

このデータは、ある意味、それほど驚くようなものではありません。学生時代や青年期は、多くの人がのんびりとした生活を送っている時期なので、ハッピーだ、と思わないことはないでしょう。そして、中年期は、いわゆる「中年の危機」と呼ばれる時期なので、幸福感が得にくくなることは、それほど驚くべきことではありません。中年期の何がつらいのでしょうか？　本書を執筆中の私は、49歳になったばかりなのですが、人生のこの時期に、幸福を脅かすものを痛感しています。この年代の多くの人は、10代の子どもを育てる、という、子育てが最も大変な時期に奮闘しているのです。この時期にいる多くの人々と同じように、私たち夫婦も、お金と車に関するリクエストが大部分を占めると思われる不機嫌な子どもの思春期を、大学進学のための学費という経済的プレッシャーも感じながら、同時に乗り越えようとしています（これは良い組み合わせとは言えませんね）。

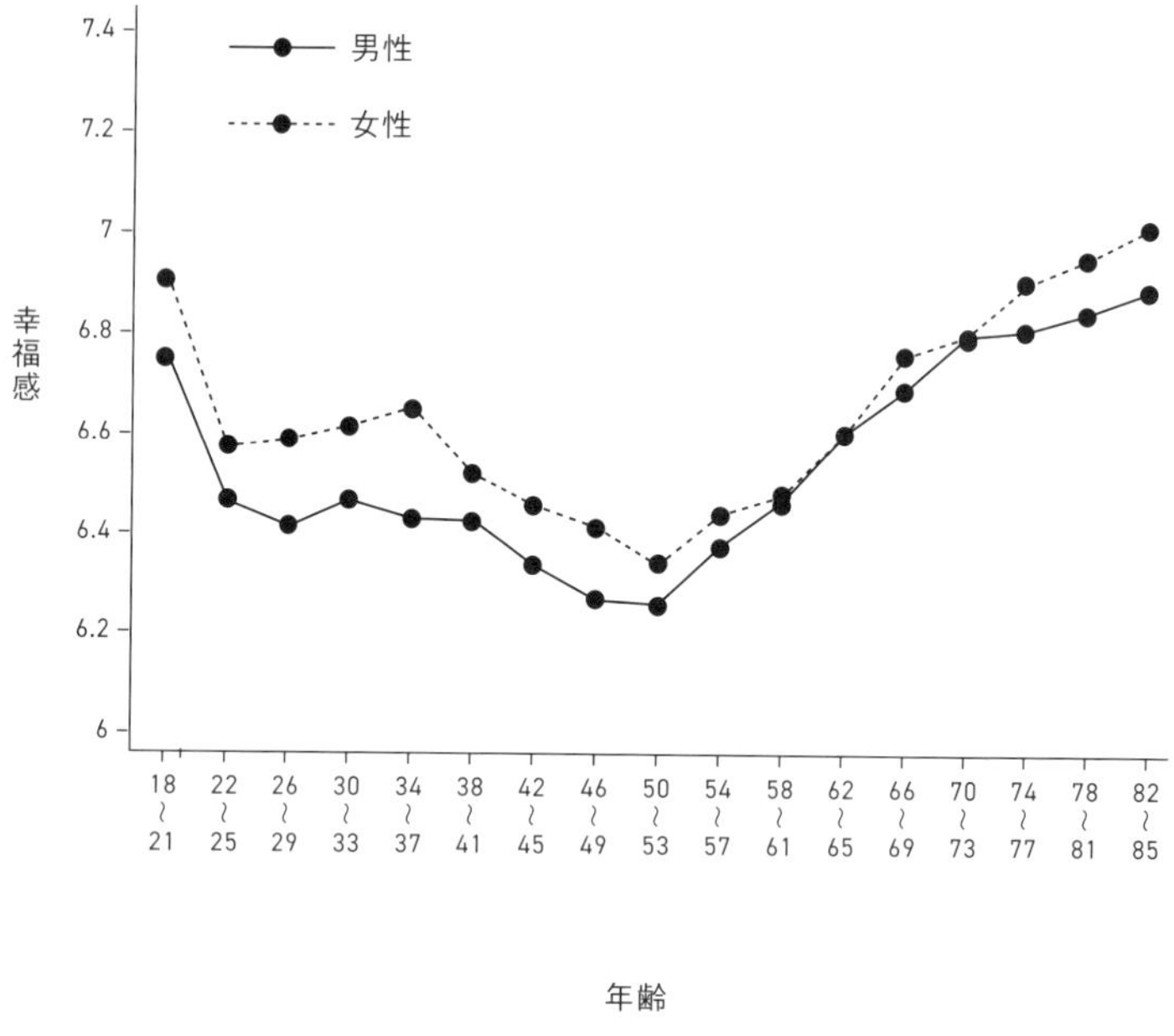

男性（実線）、女性（点線）ともに幸福感はU字カーブを描いていて、50歳を過ぎると幸福感は増加しています。

Stone, A. A., Schwartz, J. E., Broderick, J. E., & Deaton, A. (2010). A snapshot of the age distribution of psychological well-being in the United States. Proceedings of the National Academy of Sciences of the United States of America, 107(22), 9985-9990.

中年期におけるその他の事柄も、幸福を感じることを難しくしている可能性があります。中年期になると、アルツハイマー病や身体的な健康問題など、自分の両親の難しい状況に対処している人が多くいます。そして、この年代では、仕事上のプレッシャーが強くなることもよくあります。40代、50代は、共同経営者や終身在職権を獲得するなど、キャリアの頂点にありながらも、長時間労働に陥っている場合があるのです。

ただし、とても良いニュースがあります。驚かれるかもしれませんが、中年期のトンネルの終わりには光が待っているのです。この中年期のどん底を経た後、幸福感は生涯を通じて着実に上昇しています。つまり、苦しい40代、50代を乗り切った人は、60代、70代、80代、そして90代になっても、幸福感が増していきます。実際、70代と80代の幸福感は、10代後半と比べて高いことが報告されています。

特に注目すべきは、年齢と幸福感の関係を示すU字型曲線が、これまでに研究が行われた72カ国すべての文化圏で認められる、という点です。幸福感が最も低くなる年齢は、62歳（ウクライナ）から35歳（スイス）まで、文化によって様々です。しかし、この曲線の全体的な形は、国々の間でかなり一貫しています。そして、これらの国々のほとんどで、最も幸福感が低いのは40代と50代なのです（平均年齢は46歳です）。

「加齢と幸福感の結びつき」

高齢になると幸福感が増すのはなぜでしょうか？　この問いについて調べるために、本章の冒頭でご紹介した、スタンフォード大学の長寿センター所長のローラ・カーステンセン教授（心理学）は、人々の社会的関係の量と質が、生涯において、どのように変化するのかを調べました。その結果、社会的関係は、年齢によって、大きな違いがあることがわかりました。

若者は、カジュアルな友人や知人を多くもつ傾向がありました。彼らは、社会的なネットワークを広げて、新しい人に出会うことに重点を置いているため、社会的なサークルを拡大する傾向が認められました。カーステンセン教授は「若い人がカクテルパーティーに出かけるのは、自分にとって、将来役に立つ人に出会えるかもしれないからです。私が実際に知る限りでは、カクテルパーティーに出かけることが好きな人はいませんでした」と説明しています。※13

一方、年配の方々は、何が本当に大切なのかを知っています。50歳くらいまでの人は、自分の社会的なネットワークにどんどん人を増やしていきます。しかし、50歳を過ぎると、その逆のパターンを示すようになります。カジュアルで、親密ではない人との関係は取り除き、その代わりに、本当に大切な人との関係に時間と労力を集中させるようになるのです。[※14]言い換えれば、50代以上になると、雑多なものは排除して、少ない人数で、より深く、親密な関係を築くことを優先する傾向が認められます。親密でつながりを感じられる人と時間を過ごす、というこのような選択は、大きな幸福感を強く予測する要因です。

漫画『ピーナッツ』で使用された「大人になると、友達をたくさんもつことは大切ではなくて、本当の友人をもつことのほうがもっと大切だ、ということに気づくんだ」というキャプションは、この知見を見事に捉えていると思います。

加齢に伴う、私たちの好みの変化の一例をご紹介しましょう。カーステンセン教授とその研究チームは、以下のいずれかの人物と30分間過ごすことにどの程度興味があるのかを評価してもらう研究を行いました。[※15]

- 読了した本の著者
- 友人関係に発展する可能性のある知人
- 家族、または親しい友人

その結果、若年者の好みは、この三つの選択肢にほぼ均等に分かれることがわかりました。ところが、高齢者は一貫して、家族や親しい友人と過ごすことを好みました。

　さて、この研究結果に関するとても重要な疑問は、高齢者がこのような人間関係の構築を選択する理由は何か、特に、時間の過ごし方については、歳を取ることでしか学べないのか、ということです。言い換えれば、人間関係において量より質を選ぶことの重要性に気づくためには、私たちは60年、70年間、生きなければならないのでしょうか？

　この問いについて調べるために、ユニークな研究参加者を対象にした研究が行われました。その研究参加者とは、１９９０年代初頭のサンフランシスコで暮らしていた40代と50代のＨＩＶ陽性のゲイ男性です。[※16] １９９０年代当時、ＨＩＶ陽性であることはまさに死の宣告でした。当時はまだ、現在のような病気の治療法が確立されていなかったことから、彼らはほぼ確実に残された命が少ない、ということを自覚していました。そこで、研究者は、時間が限られていることを承知の上で、彼らがどのように生活や人間関係を構築しているかを調査しました。

　その結果、彼らは、以前の研究で紹介した70歳、80歳の人たちよりもはるかに若い人たちですが、まさに同じように人間関係を構築していることがわかりました。彼らは、親しみを感じない人には時間を割かず、質の高い人間関係に時間を費やしていました。つまり、高齢になったときや末期症状で残された時間が少なくなったときに、人は、残された時間をどのように過ごすのかを意識的に選択して幸福感を最大化する方法をとります。

これらの研究結果は、私たちが70歳や80歳ではなくても、親密な人間関係の中で、どのように時間を過ごすのかを選択できることを物語っています。私たちは何歳になっても、世界で最も大切な人たちとより多くの時間を過ごす、という選択をすることができます。その選択こそが大きな幸福をもたらします。

「友達からのたくさんの手助け」

質の高い人間関係を築くことは、私たちを幸福にするだけでなく、健康にします。生涯を通じて、より多くの社会的な関係をもつ人々は、血圧が低く、ＢＭＩも低めで、免疫系が強いなど、身体的健康が良好です。[※17]そのような人々は、健康的な行動をとる傾向があり、手術からの回復が早く、心血管疾患などの慢性疾患を発症する可能性も低いそうです。[※18]

最も重要なのは、強い社会的な関係をもつ人は寿命が長いということです。[※19]対人関係が健康に与える影響を明らかにした、最も初期の研究の一つに、１９６５年にカリフォルニア州アラメダ郡に住む約７０００人の男女の研究参加者を対象に、社会とのつながりを調べた研究があります。[※20]全体的な結果として、家族、友人、社会的グループなどの社会的なつながりをもたない人は、社会的なつながりがある人と比べて、7年間の追跡期間中に死亡する確率が2～3倍も高いことが分かりました。最近のある研究は、70歳以上の成人を研究対象として、友人、子ども、配偶者と子ども以外の家族という異なるタイプの社会的な関係が、10年間の生存に与える影響を比較しています[※21]。その結果、友人とのネットワークが強い人、特に親しく感じていて、定期的に連絡を取っている人は、友人が少ない人と比べて、追跡調査中に死亡する確率が22%少ないことがわかりました。

　良好な人間関係は、深刻な、時には生命を脅かすような健康状態にある人々にとって、特に大切です。例えば、乳癌の女性を対象としたある研究からは、親しい友人がいない人は、10人以上の友人がいる人と比べて、病気で亡くなる可能性が4倍も高いことがわかりました[※22]。また、親密な人間関係は、心臓発作を経験した人の寿命を延ばします[※23]。例えば、冠状動脈性心疾患の患者で親しい人がいない場合、そのような人がいる場合と比べると、この病気で亡くなる可能性は2倍以上高くなるそうです[※24]。

　親密な人間関係が健康に強い影響を与えるのはなぜでしょうか？　人間関係は、私たちが日常生活の大小のストレスに対処する手助けになることから、それによって、それらの出来事による生理的な悪影響が軽減します[※25]。良いサポートネットワークの存在は、自然災害からの復旧から、砂糖の借用、空港への送迎まで、私たちを実際に助けてくれます。

　親密な人間関係は、ストレスの多い状況に対する生理的な反応にも強い影響を与えます。例えば、ストレスにさらされることを想定したときに、配偶者の手を握るだけで、鎮痛剤が効くのと同じように脳が落ち着くことが示されています[※26]。ストレスに対する生理的反応における親密な人間関係のメリットに関するこれらの研究結果は、ハグを頻繁にする人ほど、感染症にかかりにくく、病気の症状も軽いという、そのようなサポートの有効性を示す理由の一助になります。[※27]

一方、慢性的な孤独は、ストレスホルモンであるコルチゾールの増加を招き、血圧を上昇させ、免疫系を混乱させます。[※28] これらの研究結果は、強い人間関係をもたない人が心臓病や脳卒中に罹患しやすいこと、寿命が短くなる傾向がある理由を説明するうえで役に立ちます。[※29] ビベック・マーシー元米国医務総監（訳注：米国医務総監とは米国の公衆衛生政策を指揮する役職）は「孤独や社会的なつながりの弱さは、1日15本のタバコを吸うことによる寿命短縮効果と同様であり、肥満による寿命短縮効果と比べても、その効果は大きいです」と指摘しています。[※30]

「あらゆる人間関係が同等の効果を生むわけではない」

ただし、単に親密な人間関係があれば、私たちの気分は改善される、というわけではありません。質の高い人間関係だけが幸福感を高め、健康状態を改善し、寿命を延ばす効果をもちます。

実際、不幸な結婚生活を送っている人は、満足のいく人間関係を築いている人や独身者と比べて、うつ病になる可能性が高いそうです。[※31] この研究によれば、満足感が最も低い結婚生活を送っていた研究参加者は、満足感が最も高い結婚生活を送っていた研究参加者と比べて、うつ病を発症する可能性が2倍以上も高いことがわかりました。つまり、これは、最も質の低い人間関係をもつ成人の7人に1人がうつ病になるのに対し、最も質の高い人間関係をもつ成人の15人に1人がうつ病になる、ということを意味します。

悪い人間関係は、心理的な幸福感を損なうだけではありません。配偶者に対して、日常的にポジティブ感情とネガティブ感情の相反する感情を同時に心に抱いている既婚者は、高血圧を含む体調不良を経験しています。[※32] 同様に、結婚している人は未婚の人と比べて、健康状態が一般的に良好ですが、結婚生活の質も大切です。心臓手術を受けた患者のうち、結婚生活の満足感が高い人は、低い人と比べて、15年後に生存している確率が3倍も高いそうです。[※33]

ユタ大学のジュリアン・ホルト=ランスタッド教授（心理学）は「結婚していれば健康に良いというわけでありません。不幸な結婚をすれば、もっと悪い状況に陥る可能性があるのですから」と述べています。[※34]

第12章の KEYPOINT

親密な人間関係は、私たちの人生の質と長さを向上させるために不可欠な役割を担っています。しかし、労働統計局による2017年の調査では、平均的な米国人は、友人との会話やパーティーへの参加など、他の人と交流する時間を1日に平均39分しか費やしていないことがわかりました。[※35] その一方で、米国人は約2・7時間もテレビを見て過ごしています。つまり、悪いことに、私たちの多くは、大切な人と充実した時間を過ごすことを優先していません。

しかし、人間関係がもたらす基本的なメリットを一度認識すれば、人間関係を構築して、維持するために、時間と労力を費やすことを選択できるようになるのは良いことだ、と思います。現在の社会的なネットワークに満足できない場合は、ボランティア活動、受講体験、読書会や宗教団体への参加、同僚や気の置けない友人をランチに誘うなど、新しい出会いを求めてください。そして、現在の親密な人間関係を維持し、関係を深めるために、時間と労力を費やすようにしましょう。ここでは、強固で持続的な人間関係を築くための実践法をいくつかご紹介します。

携帯電話をしまう

親密な人間関係が幸福感を高めるのは、本質的で有意義な会話を行う機会を提供するためです。しかし、このような質の高い会話は、携帯電話をしまうことで初めて可能になります。結局のところ、夫婦や友人と一緒に過ごす時間を、それぞれが携帯電話の画面をスクロールしながら過ごすのは、決して充実した時間とは言えません。

ある非常に巧妙な研究では、大学生の研究参加者に、見知らぬ人と10分間「相手を知るための会話」を行うように求めました。※36 半数の研究参加者は、会話を行いましたが、そのテーブルの端には何の変哲もない携帯電話が置かれていました。この携帯電話は、電源が切られていたため、会話中に鳴ったり振動したりすることはありませんでした。もう半数の研究参加者は、携帯電話が置かれていない状態でこの会話を行いました。会話終了後、両条件の学生に、会話の相手との親近感や、友達になれるかどうかを評価するように求めました。

この研究結果は明白であり、そして憂慮すべきものでした。携帯電話が置かれている状態で会話をした学生は、会話の相手に対して親近感が湧かず、友達になれる可能性が低く感じた、と回答したのです。この研究では、携帯電話はどちらの学生のものでもなく、会話中に鳴ったり振動したりすることがなかったことを思い出してください。ところが、携帯電話がそこに存在するだけで交流の質が低下したのです。

さて、先ほどの研究は、実験室的環境で行われたため、とても人工的なものでした。つまり、携帯電話の存在が、より自然な場での人々の会話にどのような影響を与えるか、についてはよくわかりません。

この重要な問題を調べるために、別の研究では、研究参加者の学生に、ワシントンDCのコーヒーショップで10分間会話してもらう実験を行いました。※37 会話を行う学生同士は、見知らぬ学生もいれば、友人もいました。研究者は近くに座って、会話中にどちらの学生が携帯端末をテーブルの上に置いたのか、手に持ったりしたのかどうかを測定しました。

二人の会話が終了した後、研究参加者は、例えば「会話した相手のことを本当に信頼していたか」「会話した相手が自分の考えや気持ちを理解しようと努めてくれていると感じたか」など、会話の質を評価することを求められました。

この研究のデータからも、携帯電話の存在が人間関係にメリットをもつことはない、という強力な証拠が示されました。どちらかが携帯電話をテーブルの上に置いている、あるいは、携帯電話を手にもって行っていた会話は、あまり充実していなかった、と評価されていました。さらに、携帯電話が存在することの悪影響は、すでに友人関係にある人たちの間でより強く現れることもわかりました。

そのため、シンプルで効果的な実践法を提案します。友人や家族、恋人と過ごすときは、携帯電話をしまって、目の前の会話に完全に集中することにしましょう。これこそ、親密な関係を強化する有意義な会話をするための最良の方法です。

ペット（理想的なのは犬）を飼う

親密な人間関係が幸福感を生む、というメリットについて、これまで説明してきましたが、このような関係性は人間以外でも認められます。実は、ペットを飼うことで、身体的、心理的な幸福感が増進することを示す有力な証拠が得られています。ペットを飼っている人と、飼っていない人を比較した研究によると、ペットを飼っている人は孤独感が少ない傾向があります。そして、ペットを飼っている人は、自尊心と外向性のレベルも高く、これらの指標はいずれも幸福感の高さと関連していることがわかっています。

最近のある研究によれば、犬を飼っている人は長生きする、という結果が得られています[※38]。実際、犬を飼っている人は、12年間の研究期間中に死亡するリスクが20％低く、心血管疾患で死亡する可能性も23％低かったそうです。

ペットを飼っている人が得るメリットの原因は一体何でしょうか？　多くの人が、ペットとは、自尊心や帰属意識、生きる意味など、人生の意義を感じさせてくれる大切な存在である、と述べています。これらの人生の意義に関する信念は、大きな幸福感を生むことに関係する、と思われます。

また、ペットは、慢性疾患や末期疾患への対処など、ストレスの多い人生経験による悪影響を緩和するうえで役に立ちます。[※39] ストレスの多い状況下で、ペットの存在は、人間の身体の自然な生理反応を減少させて、血圧と心拍数の双方を低下させます。

ペットを飼っている人は、一般的に幸福感が高いと言われていますが、犬は特に感情的な支えになることが多いようです。犬は、人間とのつながりを作る特別な能力をもっています。したがって、あなたが愛犬と感じるつながりは、あなたの心の中だけのものではありません。実際、犬は人間の顔の様々な表情を見分けることが可能であること、特に人間の声に敏感であることがわかっています。[※40]

愛犬はあなたを見つけるといつも喜んでくれますが、最も重要なポイントは、このような絶対的で無条件の愛を、犬があなたに与えてくれることによって、孤独が和らげられることにあります。犬による無条件の愛を説明するために、犬と配偶者の違いについて、こんなジョークがあるほどです。ある日、あなたが仕事から帰ってきて、愛犬と配偶者を車のトランクに入れて、1時間ドライブしたとします。トランクを開けたときに、まだ喜んでいるのはどちらでしょう？

時間と労力を惜しまないようにする

本書を執筆している私は、夫と結婚して25周年を迎えたところです。彼は素晴らしい人です。私を支え、信じ、そして愛してくれています。しかし、私たちの結婚は完璧なものではなく、正直に言って、容易なものでもありません。私たちは、2つのキャリアと、3人の子どもの子育て（例えば、食洗器からお皿を取り出して、洗濯物をたたみ、子どもたちが宿題を終えたのかどうかをチェックし、ピアノの練習をして、シャワーを浴びたかどうかを確認するなど）とのバランスをとることに苦労しています。

ただし、これこそ、親密な人間関係の現実なのです。親密な人間関係は、私たちの幸福感を予測する最も重要な要因ですが、良い人間関係は魔法で得られるものではありません。むしろ、闘争、対立、妥協が求められます。

私の好きな言葉の一つに、人間関係の大切さと、それを維持するための労力を物語るものとして、トルストイの『アンナ・カレーニナ』に登場するレーヴィンの言葉があります（訳注：トルストイ（著）木村彰一（訳）筑摩世界文学大系（41）より、該当する文章（第5篇14章）を引用）。

「だが家庭生活にはいってみると、一歩踏み出すごとに、それが自分の思い描いていたものとはまったく違うものであることを知った。彼は一歩踏み出すごとに、ボートが湖面をなめらかに幸福そうに走っていくさまに見とれていた人が、そのあと自分でそのボートに乗ったときに感じるような気持を経験した。つまり体をゆさぶらず、平衡をとって乗っているだけではまだ足りず―そのほかに、どこへ向かって進路をとるかということや足元は水だから漕ぐ必要があるということや、それも慣れぬ手にはひどくこたえることや、はた目にはたやすいように見えるが、実際にやってみると非常に楽しくはあってもひどく厄介な仕事であることなどを、かたときも忘れないで、たえず心を配っていなくてはならない。[※41]

この言葉は、遠目から見れば、簡単で楽なように見える良い関係と、時間と労力、対立と妥協が求められる現実の良い関係の間の違い、を見事に言い表しています。

２０１３年、私の義理の両親は結婚50周年を迎えました。これは、現代では快挙だと思います。私は、義理の両親に記念品として「結婚生活の最初の50年間が最も難しい」と書かれた小さなプレートをプレゼントしました。結婚とは、あらゆる人間関係と同様で、本当に大変なことだからです。ただし、配偶者や恋人、家族、友人など、質の高い人間関係を築くことが、幸福で健康長寿を叶えるためのベストな方法なのです。

おわりに

多くの人々は、幸せは運命や運で決まる、と考える傾向があります。それは、つまり、私たちは、正しい遺伝子をもっているのか、健康に恵まれているのか、宝くじに当たったのか、ということです。

ところが、あなたが本書から得た内容は、大きな幸福とより良い健康は、私たち自身がコントロールすることができる、ということです。既に取り組まれている方がいらっしゃるかもしれませんが、遺伝子や生活環境には関係なく、人生の質を高めて、長生きを実現するために、誰にでもできることが存在します。ここで、私からもう一つ、お願いがあります。それは、読者の方々に、自分に合った具体的な実践法を追求して、自分にふさわしい幸福を見つけるために、時間と労力を費やす気持ちになって頂きたい、ということです。ただし、幸福を叶えるための万能の実践法はない、ということも心に留めておいてください。

心理学には「刺激希求尺度」と呼ばれる尺度があります。この尺度では、基本的に、速い心拍、筋肉の緊張、速い呼吸など、高レベルの生理的覚醒を感じることが、どの程度好きか、あるいは嫌いかを測定します。[※1] この感覚が好きな人もいれば、そうでない人もいます。そして、ＩＱのように数値が高ければ良いというものでもなく、どのような状況を最も好ましいと感じるのかは人によって異なります。

いくつかの例を挙げますので、自分がどれに当てはまるか、考えてみてください。これから2つの選択肢を出しますので、自分に最も近い方を選んでください。

- 飛行機からパラシュートで飛び降りたいと思う人がいます。一方で、飛行機からパラシュートで絶対飛び降りたくないと思う人がいます。
- プールに飛び込む人、ジャンプして入る人がいます。一方で、プールに、つま先、足首、膝、太ももと徐々に入る人がいます。
- 外でキャンプをすることで得られる興奮や冒険が好きな人がいます。一方で、高級ホテルの暖かさと快適さを好む人がいます。

ご理解頂けると思いますが、各設問の最初の選択肢が高刺激希求者で、2番目の選択肢が低刺激希求者のことを説明しています。例えば、私は、強固な低刺激希求者に該当することから、夫には「あなたがキャンプをされる場合の奥様は、２番目の奥様になられる方にお願いしてください」と伝えています。

この尺度得点からわかることは、幸福感を得るための実践法は人によって異なるということです。例えば、ある人にとっては、老化についてもっとポジティブな期待をもつようにする、日常生活のちょっとした、あるいは大きなストレス要因を見直してみる、ソーシャルメディア上で人々が見せるバラ色のイメージが現実の生活を反映していないことを認識するなど、世界に対する考え方を変えることを意味するかもしれません。

別の人にとっては、例えば、運動を始めてみる、モノではなく体験にお金を使う、親しい友人と過ごす時間を増やすなど、それは行動を変えることを意味するかもしれません。

したがって、本書で私が説明したマインドセットを変えるための実践法のうち、自分にとって最も効果がありそうな実践法を見つけ出して、それを取り入れてみてください。それ以外の実践法は無視してくださっても結構です。第５章で学習されたように幸福は伝染します。したがって、もし、あなたが自分の幸福感を高めようと行動すれば、あなたの新しい、そして改善された気分は周囲の人々にも伝わり、その方々の幸福感を増やすと思います。

私たちは皆、見知らぬ人に微笑みかけたときに、私たちの笑顔にその人が応えてくれた、という経験をしたことがあると思います。幸福の仕組みはまったく同じです。幸福な人は、周囲の人々に世界をよりポジティブに見せることができ、日々の小さなストレスを冷静に受け止めて、立ち止まってバラの香りを嗅ぐことができます。そして、幸福な人の一歩は、他の人にも伝わり、その人がまた一歩を踏み出すことになるのです。英国の神学者フレデリック・ウィリアム・フェイバーは「たった一度の親切が四方に根を張って、その根が芽吹いて新しい木を作る」と述べています。[※2]

ぜひ、もっと幸福で健康的な人生を送るために、そしてその幸福を周りの人々に伝えるために、本書で学ばれたことを、できるだけ実践してみてください。

謝辞

はじめに、本書の出版を引き受けてくれた出版社BenBella Booksのグレン・イェフェスに感謝します。2017年7月に最初の連絡を受けてから、この出版社は私の本にぴったりだと思いました。この出版社に巡り合えたことを感謝しています。また、エイドリアン・ラング、ジェニファー・カンツォネリ、サラ・アヴィンガー、スーザン・ウェルテ、アリシア・カニア、ジェシカ・リエックなど、このプロジェクトの実現に協力してくれた出版社の多くの方々にも感謝します。特に、編集者のヴィー・トランには、構成、わかりやすさ、論調など、本書のほぼすべての面を改善するために多大な労力を頂いたことに感謝しています。

本書の実現に至るまで、多くの方々が様々な段階で貢献してくれました。スティーブン・シュラギスは、幸福についての講演をするように勧めてくれました。私の兄弟であるマット・サンダーソンは、この本を書くべきだと最初に言ってくれた人です。イザベル・マルゴリンは、初期の原稿を読んで、執筆を続けることを促してくれました。ＰＪ・デンプシーは、私の企画書やサンプルとなる章を読んでくれて、アカデミックな書き方から脱却するように促してくれたり、執筆前にワインを一杯飲むように、という一見変わっているけれども、効果的なアドバイスをしてくれたことに、とても助けられました。

最後に、これは本当に本になるんだよ、と言い続けてくれた夫のバートと、執筆のために静かな時間を与えてくれた３人の子どもたち、アンドリュー、ロバート、キャロライン、に感謝します。

訳者あとがき

本書は、米国の著名な心理学者であるキャサリンA・サンダーソン博士（Catherine A. Sanderson, Ph.D）が２０１９年にBenBella Booksから出版した「The Positive Shift: Mastering Mindset to Improve Happiness, Health, and Longevity」を邦訳したものです。原書はオーディオブック化もされています。

私は、著者と同じ心理学者であることから、職業柄、国内外の心理学の書籍に接する機会に恵まれています。原書は、私が米国の学会に参加したときに知る機会を得ました。原書の表紙は、びっくりするくらいカラフルで、人目を惹くデザインだったことから、物珍しさもあって入手したのですが、その選択は大当たりでした。

本書では、一般の方に向けて、幸福や健康長寿を叶えるための心理学の研究成果を応用した実践法が、軽妙な語り口で、わかりやすく、具体的に提案されています。特に、著者は「どんな人であったとしても、自分自身や世の中に対する考え方を少し変えるだけで、より大きな幸福や健康長寿を得ることができる」というメッセージを、科学的な根拠を示しながら、読者に届けようとしています。

このようなテーマの本は、言い方は悪いかもしれませんが、お説教臭くなりがちです。そして、学者は、専門的で難しい説明を好む傾向があることから、私は当初、最後まで読み進めることは難しいかもしれない、と考えていました。しかし、そんな私の予想は、良い意味で外れました。本書では、著者の人柄を伺い知ることができるエピソードも交えて、実に軽やかに、そしてユーモラスに説明が展開されていきます。著者に親しみを覚えながら、私は楽しく読み終えることができました。その時、この本は、きっと多くの方の役に立つ、と確信しました。こんなに魅力的な心理学の本は希少です。同業の訳者として、著者のメッセージが少しでも多くの方のもとに届き、人生をプラスに変えるきっかけにつながることを願っています。

本書は、心理学に関する様々な研究成果を紹介していますが、原書の刊行から時間が経過したこともあり、取り上げられている研究成果の中には、知見がアップデートされたものも存在しています。例えば、第1章で、ラッキーボールはカップイン率が高い、という研究が紹介されていますが[※1]、その後の追試によれば、同様の現象を確認することはできませんでした[※2]。また、本書では、ステレオタイプ脅威の影響について言及されていますが、この現象に対しては、その後、懐疑的な意見も提示されています[※3]。心理学は、実証的な知見を重んじる学問です。インパクトの強い研究は、追試による検証を受ける傾向があることから、このように知見がアップデートされる事態がしばしば発生します。そのため、引き続き、心理学の研究成果にご注目頂き、今後の研究活動についてもご理解とご支援を頂くことができれば、心理学者の一人として、とても嬉しく、そしてありがたく思います。

最後に、謝辞を述べさせて頂きます。本書の出版においては、株式会社ディスカヴァー・トゥエンティワンの牧野類さん、原典宏さんにご協力頂きました。本書が原書と同じくらい素敵なものに仕上がったのは、ひとえにお二人のお力添えによるものです。そして、いつも私を支えてくれている妻と息子にも感謝します。ありがとうございました。

注記

はじめに

1 Kross, E., Verduyn, P., Demiralp, E., Park, J., Lee, D. S., Lin, N., ... Ybarra, O. (2013). Facebook use predicts declines in subjective well-being in young adults. *PLOS One, 8*(8), e69841.

2 Faasse, K., Martin, L. R., Grey, A., Gamble, G., & Petrie, K. J. (2016). Impact of brand or generic labeling on medication effectiveness and side effects. *Health Psychology, 35*(2), 187–190.

3 Przybylski, A. K., & Weinstein, N. (2012). Can you connect with me now? How the presence of mobile communication technology influences face- to-face conversation quality. *Journal of Social and Personal Relationships, 30*(3), 237–246.

4 Ulrich, R. S. (1984). View through a window may influence recovery from surgery. *Science, 224*(4647), 420–421.

5 Levy, B. R., Slade, M. D., Kunkel, S. R., & Kasl, S. V. (2002). Longevity increased by positive self-perceptions of aging. *Journal of Personality and Social Psychology, 83*(2), 261–270.

第1章：マインドセットとはなにか

1 Plassmann, H., O'Doherty, J., Shiv, B., & Rangel, A. (2008). Marketing actions can modulate neural representations of experienced pleasantness. *Proceedings of the National Academy of Sciences of the United States of America, 105*(3), 1050–1054.

2 Estill, A., Mock, S. E., Schryer, E., & Eibach, R. P. (2018). The effects of subjective age and aging attitudes on mid- to late-life sexuality. *Journal of Sex Research, 55*(2), 146–151.

3 Damisch, L., Stoberock, B., & Mussweiler, T. (2010). Keep your fingers crossed!: How superstition improves performance. *Psychological Science, 21*(7), 1014–1020.

4 Steele, C. M., & Aronson, J. (1995). Stereotype threat and the intellectual test performance of African Americans. *Journal of Personality and Social Psychology, 69*(5), 797–811.

5 Steele, C. M. (2010). *Issues of our time. Whistling Vivaldi: How stereotypes affect us and what we can do.* New York: W. W. Norton.（クロード・スティール（著）藤原朝子（訳）(2020). ステレオタイプの科学:「社会の刷り込み」は成果にどう影響し、わたしたちは何ができるのか. 英治出版）

6 Sherman, A. M., & Zurbriggen, E. L. (2014). "Boys can be anything": Effect of Barbie play on girls' career cognitions. *Sex Roles, 70*, 195–208.

7 Cheryan, S., Plaut, V. C., Davies, P. G., & Steele, C. M. (2009). Ambient belonging: How stereotypical cues impact gender participation in computer science. *Journal of Personality and Social Psychology, 97*(6), 1045– 1060.

8 Bargh, J. A., Chen, M., & Burrows, L. (1996). Automaticity of social behavior: Direct effects of trait construct and stereotype activation on action. *Journal of Personality and Social Psychology, 71*(2), 230–244.

9 Dweck, C. S. (2008) *Mindset: The new psychology of success*. New York: Ballantine Books.（キャロル・S・ドゥエック（著）今西康子（訳）(2016). マインドセット：「やればできる！」の研究. 草思社）

10 Krakovsky, M. (2007, March/April). The effort effect. *Stanford Magazine*. Retrieved from https://alumni.stanford.edu/get/page/magazine/ article/?article_id=32124.

11 Blackwell, L. S., Trzesniewski, K. H., & Dweck, C. S. (2007). Implicit theories of intelligence predict achievement across an adolescent transition: A longitudinal study and an intervention. *Child Development, 78*, 246–263.

12 Schleider, J., & Weisz, J. (2018). A single - session growth mindset intervention for adolescent anxiety and depression: 9 - month outcomes of a randomized trial. *Journal of Child Psychology and Psychiatry, 59*, 160–170.

13 Schroder, H. S., Dawood, S., Yalch, M. M., Donnellan, M. B., & Moser, J. S. (2016). Evaluating the domain specificity of mental health–related mind-sets. *Social Psychological and Personality Science, 7*(6), 508–520.

14 Weiss, D. (2016). On the inevitability of aging: Essentialist beliefs moderate the impact of negative age stereotypes on older adults' memory performance and physiological reactivity. *Journals of Gerontology, Series B: Psychological Sciences and Social Sciences*, gbw08.

15 Schumann, K., Zaki, J., & Dweck, C. S. (2014). Addressing the empathy deficit: Beliefs about the malleability of empathy predict effortful responses when empathy is challenging. *Journal of Personality and Social Psychology, 107*(3), 475–493.

16 Franiuk, R., Cohen, D., & Pomerantz, E. M. (2002). Implicit theories of relationships: Implications for relationship satisfaction and longevity. *Personal Relationships, 9*, 345–367; Knee, C. R. (1998). Implicit theories of relationships: Assessment and prediction of romantic relationship initiation, coping, and longevity. *Journal of Personality and Social Psychology, 74*(2), 360–370.

17 Maxwell, J. A., Muise, A., MacDonald, G., Day, L. C., Rosen, N. O., & Impett, E. A. (2017). How implicit theories of sexuality shape sexual and relationship well-being. *Journal of Personality and Social Psychology, 112*(2), 238–279.

18 Neff, K. D. (2003). Development and validation of a scale to measure self- compassion. *Self and Identity, 2*, 223–250.

19 Gunnell, K. E., Mosewich, A. D., McEwen, C. E., Eklund, R. C., & Crocker, P. R. E. (2017). Don't be so hard on yourself! Changes in self- compassion during the first year of university are associated with changes in well-being. *Personality and Individual Differences, 107*, 43–48.

20 Neff, K. D. (2003). Development and validation of a scale to measure self- compassion. *Self and Identity, 2*, 223–250.

21 Dougherty, K. (2015). Reframing test day. *Teaching/Learning Matters*, 11–12.

22 Gilovich, T., & Medvec, V. H. (1995). The experience of regret: What, when, and why. *Psychological Review, 102*(2), 379–395.

23 Brown, H. J., Jr. (1999). *P.S. I love you* (p. 13). Nashville, TN: Rutledge Hill.

24 Paunesku, D., Walton, G. M., Romero, C. L., Smith, E. N., Yeager, D. S., & Dweck, C. S. (2015). Mindset interventions are a scalable treatment for academic underachievement. *Psychological Science, 26*(6), 784–93; Yeager, D. S., Johnson, R., Spitzer, B. J., Trzesniewski, K. H., Powers, J., & Dweck, C. S. (2014). The far-reaching effects of believing people can change: Implicit theories of personality shape stress, health, and achievement during adolescence. *Journal of Personality and Social Psychology, 106*(6), 867–884.

25 Schumann, K., Zaki, J., & Dweck, C. S. (2014). Addressing the empathy deficit: Beliefs about the malleability of empathy predict effortful responses when empathy is challenging. *Journal of Personality and Social Psychology, 107*(3), 475–493.

第２章：マインドセットと健康

1 Sapolsky, R. M. (1998). *Why zebras don't get ulcers: An updated guide to stress, stress-related diseases, and coping.* New York: W. H. Freeman.

2 Faasse, K., Martin, L. R., Grey, A., Gamble, G., & Petrie, K. J. (2016). Impact of brand or generic labeling on medication effectiveness and side effects. *Health Psychology, 35*(2), 187–190.

3 Waber, R. L., Shiv, B., Carmon, Z., & Ariely, D. (2008). Commercial features of placebo and therapeutic efficacy. *Journal of the American Medical Association, 299*(9), 1016–1017.

4 Espay, A. J., Norris, M. M., Eliassen, J. C., Dwivedi, A., Smith, M. S., Banks, C., ... Szaflarski, J. P. (2015). Placebo effect of medication cost in Parkinson's disease: A randomized double-blind study. *Neurology, 84*(8), 794–802.

5 Moseley, J. B., O'Malley, K., Petersen, N. J., Menke, T. J., Brody, B. A., Kuykendall, D. H., ... Wray, N. P. (2002). A controlled trial of arthroscopic surgery for osteoarthritis of the knee. *New England Journal of Medicine, 347*, 81–88.

6 Buchbinder, R., Osborne, R. H., Ebeling, P. R., Wark, J. D., Mitchell, P., Wriedt, C., ... Murphy, B. (2009). A randomized trial of vertebroplasty for painful osteoporotic vertebral fractures. *The New England Journal of Medicine, 361*, 557–568; Kallmes, D. F., Comstock, B. A., Heagerty, P. J., Turner, J. A., Wilson, D. J., Diamond, T. H., ... Jarvik, J. G. (2009). A randomized trial of vertebroplasty for osteoporotic spinal fractures. *New England Journal of Medicine, 361*(6), 569–579; Goetz, C. G., Wuu, J., McDermott, M. P., Adler, C. H., Fahn, S., Freed, C. R., ... Leurgans, S. (2008). Placebo response in Parkinson's disease: Comparisons among 11 trials covering medical and surgical interventions. *Movement Disorders, 23*, 690–699.

7 Wager, T. D., Rilling, J. K., Smith, E. E., Sokolik, A., Casey, K. L., Davidson, R. J., ... Cohen, J. D. (2004). Placebo-induced changes in fMRI in the anticipation and experience of pain. *Science, 303*(5661), 1162–1167.

8 Tinnermann, A., Geuter, S., Sprenger, C., Finsterbusch, J., & Büchel, C. (2017). Interactions between brain and spinal cord mediate value effects in nocebo hyperalgesia. *Science, 358*(6359), 105–108.

9 Crum, A. J., Corbin, W. R., Brownell, K. D., & Salovey, P. (2011). Mind over milkshakes: Mindsets, not just nutrients, determine ghrelin response. *Health Psychology, 30*(4), 424–429.

10 Crum, A. J., & Langer, E. J. (2007). Mind-set matters: Exercise and the placebo effect. *Psychological Science, 18*(2), 165–171.

11 Keller, A., Litzelman, K., Wisk, L. E., Maddox, T., Cheng, E. R., Creswell, P. D., & Witt, W. P. (2012). Does the perception that stress affects health matter? The association with health and mortality. *Health Psychology, 31*(5), 677–684.

12 Nabi, H., Kivimäki, M., Batty, G. D., Shipley, M. J., Britton, A., Brunner, E. J., ... Singh-Manoux, A. (2013). Increased risk of coronary heart disease among individuals reporting adverse impact of stress on their health: The Whitehall II prospective cohort study. *European Heart Journal, 34*, 2697–2705.

13 Scheier, M. E., & Carver, C. S. (1987). Dispositional optimism and physical well-being: The influence of generalized outcome expectancies on health. *Journal of Personality, 55*, 169–210; Scheier, M. F., & Carver, C. S. (1992). Effects of optimism on psychological and physical well-being: Theoretical overview and empirical update. *Cognitive Therapy and Research, 16*(2), 201–228.

14 De Moor, J. S., De Moor, C. A., Basen-Engquist, K., Kudelka, A., Bevers, M. W., & Cohen, L. (2006). Optimism, distress, health-related quality of life, and change in cancer antigen 125 among patients with ovarian cancer undergoing chemotherapy. *Psychosomatic Medicine, 68*(4), 555–562.

15 Segerstrom, S. C., Taylor, S. E., Kemeny, M. E., & Fahey, J. L. (1998). Optimism is associated with mood, coping, and immune change in response to stress. *Journal of Personality and Social Psychology, 74*(6), 1646– 1655; Taylor, S. E., Burklund, L. J., Eisenberger, N. I., Lehman, B. J., Hilmert, C. J., & Lieberman, M. D. (2008). Neural bases of moderation of cortisol stress responses by psychosocial resources. *Journal of Personality and Social Psychology, 95*(1), 197–211; Tugade, M. M., & Fredrickson, B. L. (2004). Resilient individuals use positive emotions to bounce back from negative emotional experiences. *Journal of Personality and Social Psychology, 86*(2), 320–333.

16 Cohen, S., Alper, C. M., Doyle, W. J., Treanor, J. J., & Turner, R. B. (2006). Positive emotional style predicts resistance to illness after experimental exposure to rhinovirus or influenza A virus. *Psychosomatic Medicine, 68*(6), 809–815.

17 Crum, A. J., Salovey, P., & Achor, S. (2013). Rethinking stress: The role of mindsets in determining the stress response. *Journal of personality and social psychology, 104*(4), 716-733.

18 Ewart, C. K., Harris, W. L., Iwata, M. M., Coates, T. J., Bullock, R., & Simon, B. (1987). Feasibility and effectiveness of school-based relaxation in lowering blood pressure. *Health Psychology, 6*(5), 399–416.

19 Seppälä, E. M., Nitschke, J. B., Tudorascu, D. L., Hayes, A., Goldstein, M. R., Nguyen, D. T. H., … Davidson, R. J. (2014). Breathing-based meditation decreases posttraumatic stress disorder symptoms in U.S. military veterans: A randomized controlled longitudinal study. *Journal of Traumatic Stress, 27*, 397–405.

20 Blumenthal, J. A., Sherwood, A., Smith, P. J., Watkins, L., Mabe, S., Kraus, W. E., … Hinderliter, A. (2016). Enhancing cardiac rehabilitation with stress management training: A randomized clinical efficacy trial. *Circulation, 133*(14), 1341–1350; Stagl, J. M., Bouchard, L. C., Lechner, S. C., Blomberg, B. B., Gudenkauf, L. M., Jutagir, D. R., … Antoni, M. H. (2015). Long - term psychological benefits of cognitive - behavioral stress management for women with breast cancer: 11 - year follow - up of a randomized controlled trial. *Cancer, 121*(11), 1873–1881.

21 Hemenover, S. H. (2001). Self-reported processing bias and naturally occurring mood: Mediators between personality and stress appraisals. *Personality and Social Psychology Bulletin, 27*(4), 387–394.

22 Troy, A. S., Wilhelm, F. H., Shallcross, A. J., & Mauss, I. B. (2010). Seeing the silver lining: Cognitive reappraisal ability moderates the relationship between stress and depressive symptoms. *Emotion, 10*(6), 783–795.

23 Jamieson, J. P., Peters, B. J., Greenwood, E. J., & Altose, A. (2016). Reappraising stress arousal improves performance and reduces evaluation anxiety in classroom exam situations. *Social Psychological and Personality Science, 7*(6), 579–587.

24 Crum, A. J., Salovey, P., & Achor, S. (2013). Rethinking stress: The role of mindsets in determining the stress response. *Journal of Personality and Social Psychology, 104*(4), 716–733.

25 Allen, A. B., & Leary, M. R. (2010). Self-compassion, stress, and coping. *Social and Personality Psychology Compass, 4*(2), 107–118.

26 Breines, J. G., Thoma, M. V., Gianferante, D., Hanlin, L., Chen, X., & Rohleder, N. (2014). Self-compassion as a predictor of interleukin-6 response to acute psychosocial stress. *Brain, Behavior, and Immunity, 37*, 109–114.

第3章：マインドセットと記憶

1 Kennedy, P. (2017, April 7).To be a genius, think like a 94-year-old. *New York Times*. Retrieved from https://www.nytimes.com/2017/04/07/ opinion/sunday/to-be-a-genius-think-like-a-94-year-old.html

2 Hartshorne, J. K., & Germine, L. T. (2015). When does cognitive functioning peak? The asynchronous rise and fall of different cognitive abilities across the lifespan. *Psychological Science, 26*(4), 433–443.

3 Li, Y., Baldassi, M., Johnson, E. J., & Weber, E. U. (2013). Complementary cognitive capabilities, economic decision-making, and aging. *Psychology and Aging, 28*(3), 595–613.

4 Hess, T. M., Auman, C., Colcombe, S. J., & Rahhal, T. A. (2003). The impact of stereotype threat on age differences in memory performance. *Journals of Gerontology, Series B: Psychological Sciences and Social Sciences, 58*(1), P3–P11.

5 Rahhal, T. A., Hasher, L., & Colcombe, S. J. (2001). Instructional manipulations and age differences in memory: Now you see them, now you don't. *Psychology and Aging, 16*(4), 697–706.

6 Haslam, C., Morton, T. A., Haslam, S. A., Varnes, L., Graham, R., & Gamaz, L. (2012). "When the age is in, the wit is out": Age-related self- categorization and deficit expectations reduce performance on clinical tests used in dementia assessment. *Psychology and Aging, 27*(3), 778–784.

7 Wu, S. (2013, July 1). Aging stereotypes can hurt older adults' memory. *USC News*. Retrieved from https://news.usc.edu/52707/aging-stereotypes- can-hurt-older-adults-memory/

8 Levy, B. (1996). Improving memory in old age through implicit self- stereotyping. *Journal of Personality and Social Psychology, 71*(6), 1092–1107.

9 Hughes, M. L., Geraci, L., & De Forrest, R. L. (2013). Aging 5 years in 5 minutes: The effect of taking a memory test on older adults' subjective age. *Psychological Science, 24*(12), 2481–2488.

10 Levy, B. R., Zonderman, A. B., Slade, M. D., & Ferrucci, L. (2012). Memory shaped by age stereotypes over time. *Journals of Gerontology, Series B: Psychological Sciences and Social Sciences, 67*(4), 432–436.

11 Levy, B., & Langer, E. (1994). Aging free from negative stereotypes: Successful memory in

China among the American deaf. *Journal of Personality and Social Psychology, 66*(6), 989–997.

12 Goodwin, J. (2010, April 5). With age comes wisdom: Study. HealingWell.com. Retrieved from http://news.healingwell.com/index. php?p=news1&id=637723

13 Burzynska, A. Z., Jiao, Y., Knecht, A. M., Fanning, J., Awick, E. A.,Chen, T., … Kramer, A. F. (2017). White matter integrity declined over 6-months, but dance intervention improved integrity of the fornix of older adults. *Frontiers in Aging Neuroscience, 9*, 59.

14 Park, D. C., Lodi-Smith, J., Drew, L., Haber, S., Hebrank, A., Bischof,G. N., & Aamodt, W. (2014). The impact of sustained engagement on cognitive function in older adults: The Synapse Project. *Psychological Science, 25*(1), 103–112.

15 Barber, S. J., & Mather, M. (2013). Stereotype threat can enhance, as well as impair, older adults' memory. *Psychological Science, 24*(12), 2522–2529.

16 Robertson, D. A., & Weiss, D. (2017). In the eye of the beholder: Can counter-stereotypes change perceptions of older adults' social status? *Psychology and Aging, 32*(6), 531–542.

17 Whitbourne, S. K. (2012, January 28). 15 wise and inspiring quotes about aging. *Psychology Today*. Retrieved from https://www.psychologytoday.com/ us/blog/fulfillment-any-age/201201/15-wise-and-inspiring-quotes-about- aging

第 4 章：マインドセットと長寿

1 Frankl, V. E. (1984). *Man's search for meaning: An introduction to logotherapy*. New York: Simon & Schuster.（ヴィクトール・E. フランクル（著）池田香代子（訳）（2002）夜と霧：新版．みすず書房．）

2 Hill, P. L., & Turiano, N. A. (2014). Purpose in life as a predictor of mortality across adulthood. *Psychological Science, 25*(7), 1482–1486.

3 Buettner, D. (2012, October 24).The island where people forget to die. *New York Times*. Retrieved from https://www.nytimes.com/2012/10/28/ magazine/the-island-where-people-forget-to-die.html

4 Cavallini, E., Bottiroli, S., Fastame, M. C., & Hertzog, C. (2013). Age and subcultural differences on personal and general beliefs about memory. *Journal of Aging Studies, 27*(1), 71–81.

5 Buettner, D. (2008). *Blue zones* (p. 180). Washington, DC: National Geographic Society.（ダン・ビュイトナー（著）荒川雅志（訳・監修）仙名紀（訳）（2022）THE BLUE ZONES：世界の 100 歳人に学ぶ健康と長寿 9 つのルール．祥伝社）

6 Levy, B. R., Zonderman, A. B., Slade, M. D., & Ferrucci, L. (2009). Age stereotypes held earlier in life predict cardiovascular events in later life. *Psychological Science, 20*(3), 296–298.

7 Levy, B. R., Slade, M. D., Murphy, T. E., & Gill, T. M. (2012). Association between positive age stereotypes and recovery from disability in older persons. *Journal of the American Medical Association, 308*(19), 1972–1973; Segel-Karpas, D., Palgi, Y., & Shrira, A. (2017). The reciprocal relationship between depression and physical morbidity: The role of subjective age. *Health Psychology, 36*(9), 848–851.

8 Bellingtier, J. A., & Neupert, S. D. (2016). Negative aging attitudes predict greater reactivity to daily stressors in older adults. *Journals of Gerontology, Series B: Psychological Sciences and Social Sciences*, gbw086.

9 Levy, B. R., & Bavishi, A. (2016). Survival advantage mechanism: Inflammation as a mediator of positive self-perceptions of aging on longevity. *Journals of Gerontology, Series B: Psychological Sciences and Social Sciences*, gbw035.

10 Levy, B. R., Slade, M. D., Kunkel, S. R., & Kasl, S. V. (2002). Longevity increased by positive self-perceptions of aging. *Journal of Personality and Social Psychology, 83*(2), 261–270.

11 Stephan, Y., Sutin, A. R., & Terracciano, A. (2016). Feeling older and risk of hospitalization: Evidence from three longitudinal cohorts. *Health Psychology, 35*(6), 634–637.

12 Zahrt, O. H., & Crum, A. J. (2017). Perceived physical activity and mortality: Evidence from three nationally representative U.S. samples. *Health Psychology, 36*(11), 1017–1025.

13 Frey, B. S. (2011). Happy people live longer. *Science, 4, Feb*, 542–543; Kim, E. S., Hagan, K. A., Grodstein, F., DeMeo, D. L., De Vivo, I.,& Kubzansky, L. D. (2017). Optimism and cause-specific mortality: A prospective cohort study. *American Journal of Epidemiology, 185*(1), 21–29; Terracciano, A., Löckenhoff, C. E., Zonderman, A. B., Ferrucci, L., & Costa, P. T., Jr. (2008). Personality predictors of longevity: Activity, emotional stability, and conscientiousness. *Psychosomatic Medicine, 70*(6), 621–627.

14 Danner, D. D., Snowdon, D. A., & Friesen, W. V. (2001). Positive emotions in early life and longevity: Findings from the nun study. *Journal of Personality and Social Psychology, 80*(5), 804–813; Pressman, S. D., & Cohen, S. (2012). Positive emotion word use and longevity in famous deceased psychologists. *Health Psychology, 31*(3), 297–305.

15 Giltay, E. J., Geleijnse, J. M., Zitman, F. G., Hoekstra, T., & Schouten, E. G. (2004). Dispositional optimism and all-cause and cardiovascular mortality in a prospective cohort of elderly Dutch men and women. *Archives of General Psychiatry, 61*(11), 1126–1135.

16 Maruta,T.,Colligan,R.C.,Malinchoc,M.,&Offord,K.P.(2000).Optimists vs. pessimists: Survival rate among medical patients over a 30-year period. *Mayo Clinic Proceedings, 75*(2), 140–143.

17 Reece, T. (2015, December 24). 10 habits of people who've lived to be 100. *Prevention*. Retrieved from https://www.prevention.com/life/a20492770/z- redirected-10-habits-of-people-whove-lived-to-be-100/

18 Novotny, P., Colligan, R. C., Szydlo, D. W., Clark, M. M., Rausch,S., Wampfler, J., ... Yang, P. (2010). A pessimistic explanatory style is prognostic for poor lung cancer survival. *Journal of Thoracic Oncology*, *5*(3), 326–332.

19 Abel, E. L., & Kruger, M. L. (2010). Smile intensity in photographs predicts longevity. *Psychological Science, 21*(4), 542–544.

20 Kraft, T. L., & Pressman, S. D. (2012). Grin and bear it: The influence of manipulated facial expression on the stress response. *Psychological Science, 23*(11), 1372–1378.

21 Goldstein, E. (2009, September 21). Living without joy? Thich Nhat Hanh shares a secret. *PsychCentral* (blog). Retrieved from https://blogs.psychcentral.com/mindfulness/2009/09/living-without-joy-thich-nhat- hanh-shares-a-secret/

22 Sarkisian, C. A., Prohaska, T. R., Davis, C., & Weiner, B. (2007). Pilot test of an attribution retraining intervention to raise walking levels in sedentary older adults. *Journal of the American Geriatrics Society, 55*, 1842–1846.

23 Jakubiak, B. K., & Feeney, B. C. (2016). Daily goal progress is facilitated by spousal support and promotes psychological, physical, and relational well-being throughout adulthood.

Journal of Personality and Social Psychology, 111(3), 317–340.
24 Sagi-Schwartz, A., Bakermans-Kranenburg, M. J., Linn, S., & van IJzendoorn, M. H. (2013). Against all odds: Genocidal trauma is associated with longer life-expectancy of the survivors. *PLOS One 8*(7): e69179.

第 5 章：マインドセットと性格

1 Freud, S. (2013). *The interpretation of dreams* (A. A. Brill, Trans.). New York: Macmillan. (Original work published 1899)（フロイト（著）大平健（編訳）（2019）新訳夢判断（新潮モダン・クラシックス）．新潮社.）
2 Carver, C. S., Pozo, C., Harris, S. D., Noriega, V., Scheier, M. F., Robinson, D. S., ... Clark, K. C. (1993). How coping mediates the effect of optimism on distress: A study of women with early stage breast cancer. *Journal of Personality and Social Psychology, 65*(2), 375–390; Ong, A. D., Bergeman, C. S., Bisconti, T. L., & Wallace, K. A. (2006). Psychological resilience, positive emotions, and successful adaptation to stress in later life. *Journal of Personality and Social Psychology, 91*(4), 730–749; Tugade, M. M.,& Fredrickson, B. L. (2004). Resilient individuals use positive emotions to bounce back from negative emotional experiences. *Journal of Personality and Social Psychology, 86*(2), 320–333.
3 Vieselmeyer, J., Holguin, J., & Mezulis, A. (2017). The role of resilience and gratitude in posttraumatic stress and growth following a campus shooting. *Psychological Trauma: Theory, Research, Practice, and Policy, 9*(1), 62–69.
4 Jackson, L. (n.d.). Your health and emotions. *Mountain Express Magazine*. http://mountainexpressmagazine.com/your-health-and-emotions/
5 Scheier, M. F., Matthews, K. A., Owens, J. F., Magovern, G. J., Lefebvre, R. C., Abbott, R. A., & Carver, C. S. (1989). Dispositional optimism and recovery from coronary artery bypass surgery: The beneficial effects on physical and psychological well-being. *Journal of Personality and Social Psychology, 57*(6), 1024–1040.
6 Mandela, N. (1994). *Long walk to freedom: The autobiography of Nelson Mandela*. Boston: Little, Brown.（ネルソン・マンデラ（著）東江一紀（訳）（1996）自由への長い道：ネルソン・マンデラ自伝（上・下）．NHK 出版.）
7 Brissette, I., Scheier, M. F., & Carver, C. S. (2002). The role of optimism in social network development, coping, and psychological adjustment during a life transition. *Journal of Personality and Social Psychology, 82*(1), 102–111.
8 Chan, C. S., Lowe, S. R., Weber, E., & Rhodes, J. E. (2015). The contribution of pre- and postdisaster social support to short and long term mental health after Hurricanes Katrina: A longitudinal study of low-income survivors. *Social Science & Medicine, 138*, 38–43; McDonough, M. H., Sabiston, C. M., & Wrosch, C. (2014). Predicting changes in posttraumatic growth and subjective well - being among breast cancer survivors: The role of social support and stress. *Psycho - Oncology, 23*(1), 114–120; Paul, L. A., Felton, J. W., Adams, Z. W., Welsh, K., Miller, S., & Ruggiero, K. J. (2015). Mental health among adolescents exposed to a tornado: The influence of social support and its interactions with sociodemographic characteristics and disaster exposure. *Journal of Traumatic Stress, 28*(3), 232–239.
9 Murray, S. L., Rose, P., Bellavia, G. M., Holmes, J. G., & Kusche, A. G. (2002). When rejection

stings: How self-esteem constrains relationship-enhancement processes. *Journal of Personality and Social Psychology, 83*(3), 556–573.

10 Pausch, R., & Zaslow, J. (2008). *The last lecture*. New York: Hyperion.（ランディ・パウシュ（著）ジェフリー・ザスロー（著）矢羽野薫（訳）（2008）最後の授業：ぼくの命があるうちに．ランダムハウス講談社.）

11 Nolen-Hoeksema, S., & Morrow, J. (1991). A prospective study of depression and posttraumatic stress symptoms after a natural disaster: The 1989 Loma Prieta earthquake. *Journal of Personality and Social Psychology, 61*(1), 115–121.

12 Nolen-Hoeksema, S., Parker, L. E., & Larson, J. (1994). Ruminative coping with depressed mood following loss. *Journal of Personality and Social Psychology, 67*(1), 92–104.

13 Nolen-Hoeksema, S. (1991). Responses to depression and their effects on the duration of depressive episodes. *Journal of Abnormal Psychology, 100*(4), 569–582.

14 Dupont, A., Bower, J. E., Stanton, A. L., & Ganz, P. A. (2014). Cancer- related intrusive thoughts predict behavioral symptoms following breast cancer treatment. *Health Psychology, 33*(2), 155–163.

15 Joormann, J. (2011, June 2). Depression and negative thoughts. *Association for Psychological Science*. Retrieved from https://www.psychologicalscience. org/news/releases/depression-and-negative-thoughts.html

16 Archontaki, D., Lewis, G. J., & Bates, T. C. (2013). Genetic influences on psychological well-being: A nationally representative twin study. *Journal of Personality, 81*, 221–230.

17 Caspi, A., Sugden, K., Moffitt, T. E., Taylor, A., Craig, I. W., Harrington, H., … Poulton, R. (2003). Influence of life stress on depression: Moderation by a polymorphism in the 5-HTT gene. *Science*, 18 Jul, 386–389.

18 Brooks, A. C. (2015, July 25). We need optimists. *New York Times*. Retrieved from https://www.nytimes.com/2015/07/26/opinion/sunday/arthur-c- brooks-we-need-optimists.html

19 Fritz, H. L., Russek, L. N., & Dillon, M. M. (2017). Humor use moderates the relation of stressful life events with psychological distress. *Personality and Social Psychology Bulletin, 43*(6), 845–859.

20 Ford, B. Q., Lam, P., John, O. P., & Mauss, I. B. (2018). The psychological health benefits of accepting negative emotions and thoughts: Laboratory, diary, and longitudinal evidence. *Journal of Personality and Social Psychology*. Advance online publication. doi: 10.1037/pspp0000157.

21 Baer, R. A., Smith, G. T., Hopkins, J., Krietemeyer, J., & Toney, L. (2006). Using self-report assessment methods to explore facets of mindfulness. *Assessment, 13*(1), 27–45.

22 Anwar, Y. (2017, August 10). Feeling bad about feeling bad can make you feel worse. *Berkeley News*. Retrieved from http://news.berkeley. edu/2017/08/10/emotionalacceptance/

23 Fowler, J. H., & Christakis, N. A. (2008). Dynamic spread of happiness in a large social network: Longitudinal analysis over 20 years in the Framingham Heart Study. *The BMJ, 337*, a2338.

24 Coviello, L., Sohn, Y., Kramer, A. D. I., Marlow, C., Franceschetti, M., Christakis, N. A., & Fowler, J. H. (2014). Detecting emotional contagion in massive social networks. *PLOS One 9*(3): e90315.

第６章：マインドセットと環境

1 Card, D., Mas, A., Moretti, E., & Saez, E (2012). Inequality at work: The effect of peer salaries on job satisfaction. *American Economic Review, 102*(6), 2981–3003.

2 Dachis, A. (2013, May 10). Comparison is the thief of joy. *Lifehacker* (blog). Retrieved from https://lifehacker.com/comparison-is-the-thief-of- joy-499152017

3 Solnick, S. J., & Hemenway, D. (1998). Is more always better?: A survey on positional concerns. *Journal of Economic Behavior & Organization, 37*(3), 373–383.

4 Zhang, J. W., Howell, R. T., & Howell, C. J. (2014). Living in wealthy neighborhoods increases material desires and maladaptive consumption. *Journal of Consumer Culture, 16*(1), 297–316.

5 Tay, L., Morrison, M., & Diener, E. (2014). Living among the affluent: Boon or bane? *Psychological Science, 25*, 1235–1241.

6 Stephens-Davidowitz, S. (2017, May 6). Don't let Facebook make you miserable. *New York Times*. Retrieved from https://www.nytimes. com/2017/05/06/opinion/sunday/dont-let-facebook-make-you- miserable.html

7 Chekhov, A. (1979). Gooseberries. In R. E. Matlaw (ed.). *Anton Chekhov's short stories* (pp. 185–193). New York: W. W. Norton. (Original work published 1898)

8 Jordan, A. H., Monin, B., Dweck, C. S., Lovett, B. J., John, O. P., & Gross, J. J. (2011). Misery has more company than people think: Underestimating the prevalence of others' negative emotions. *Personality & Social Psychology Bulletin, 37*(1), 120–135.

9 Haushofer, J. (2016). CV of failures. Retrieved from https://www. princeton.edu/~joha/Johannes_Haushofer_CV_of_Failures.pdf

10 Lamott, A. (2017, June 9). 12 truths I learned from life and writing [Transcript of video file]. TED Talks. Retrieved from https://www.ted. com/talks/anne_lamott_12_truths_i_learned_from_life_and_writing/ transcript?language=en

11 Kraut, R., Patterson, M., Lundmark, V., Kiesler, S., Mukophadhyay, T., & Scherlis, W. (1998). Internet paradox: A social technology that reduces social involvement and psychological well-being? *American Psychologist, 53*(9), 1017–1031.

12 Huang, C. (2010). Internet use and psychological well-being: A meta- analysis. *Cyberpsychology, Behavior, and Social Networking, 13*(3), 241–249.

13 Song, H., Zmyslinski-Seelig, A., Kim, J., Drent, A., Victor, A., Omori, K., & Allen, M. (2014). Does Facebook make you lonely?: A meta analysis. *Computers in Human Behavior, 36,* 446–452.

14 Kross, E., Verduyn, P., Demiralp, E., Park, J., Lee, D. S., Lin, N., ... Ybarra, O. (2013). Facebook use predicts declines in subjective well-being in young adults. *PLOS One, 8*(8), e69841.

15 Twenge, J. M., Joiner, T. E., Rogers, M. L., & Martin, G. N. (2017). Increases in depressive symptoms, suicide-related outcomes, and suicide rates among U.S. adolescents after 2010 and links to increased new media screen time. *Clinical Psychological Science, 6*(1), 3–17.

16 Shakya, H. B., & Christakis, N. A. (2017). Association of Facebook use with compromised well-being: A longitudinal study. *American Journal of Epidemiology, 185*(3), 203–211.

17 Schwartz, B., Ward, A., Monterosso, J., Lyubomirsky, S., White, K., & Lehman, D. R. (2002). Maximizing versus satisficing: Happiness is a matter of choice. *Journal of Personality and Social Psychology, 83*(5), 1178–1197.

18 Gibbons, F. X., & Buunk, B. P. (1999). Individual differences in social comparison: Development of a scale of social comparison orientation. *Journal of Personality and Social Psychology, 76*(1), 129–142.

19 Borgonovi, F. (2008). Doing well by doing good. The relationship between formal volunteering and self-reported health and happiness. *Social Science & Medicine, 66*(11), 2321–2334.

20 Epictetus (1865). *The Works of Epictetus. Consisting of His Discourses, in Four Books, The Enchiridion, and Fragments* (T. W. Higginson, Ed., & E. Carter, Trans.). Boston: Little, Brown.

21 Emmons, R. A., & McCullough, M. E. (2003). Counting blessings versus burdens: An experimental investigation of gratitude and subjective well- being in daily life. *Journal of Personality and Social Psychology, 84*(2), 377–389.

22 Otto, A. K., Szczesny, E. C., Soriano, E. C., Laurenceau, J.-P., & Siegel, S. D. (2016). Effects of a randomized gratitude intervention on death-related fear of recurrence in breast cancer survivors. *Health Psychology, 35*(12), 1320–1328.

23 Krieger, L. S., & Sheldon, K. M. (2015). What makes lawyers happy?: A data-driven prescription to redefine professional success. *George Washington Law Review, 83*(2), 554–627.

第７章：マインドセットとトラウマ

1 Rigoglioso, M. (2014, February 5). BJ Miller '93: Wounded healer. *Princeton Alumni Weekly*. Retrieved from https://paw.princeton.edu/article/bj-miller- %E2%80%9993-wounded-healer

2 Galanes, P. (2017, May 13). Sheryl Sandberg and Elizabeth Alexander on love, loss and what comes next. *New York Times*. Retrieved from https://www.nytimes.com/2017/05/13/fashion/sheryl-sandberg-and-elizabeth- alexander-on-love-loss-and-what-comes-next.html

3 Cann, A., Calhoun, L. G., Tedeschi, R. G., Taku, K., Vishnevsky,T., Triplett, K. N., & Danhauer, S. C. (2010). A short form of the posttraumatic growth inventory. *Anxiety, Stress & Coping, 23*(2), 127–137.

4 Carver, C. S., & Antoni, M. H. (2004). Finding benefit in breast cancer during the year after diagnosis predicts better adjustment 5 to 8 years after diagnosis. *Health Psychology, 23*(6), 595–598; Rinaldis, M., Pakenham, K. I., & Lynch, B. M. (2010). Relationships between quality of life and finding benefits in a diagnosis of colorectal cancer. *British Journal of Psychology, 101*, 259–275; Wang, A. W.-T., Chang, C.-S., Chen, S.-T., Chen, D.-R., Fan, F., Carver, C. S., & Hsu, W.-Y. (2017). Buffering and direct effect of posttraumatic growth in predicting distress following cancer. *Health Psychology, 36*(6), 549–559.

5 Rassart, J., Luyckx, K., Berg, C. A., Oris, L., & Wiebe, D. J. (2017). Longitudinal trajectories of benefit finding in adolescents with type 1 diabetes. *Health Psychology, 36*(10), 977–986.

6 Lieber, R. (2017, March 19). Basing life on what you can afford. *New York Times*. Retrieved from https://www.nytimes.com/2017/03/19/your- money/budget-what-you-can-afford.html

7 Levitt, S. (2014, February 24). The science of post-traumatic growth. *Live Happy*. Retrieved from https://www.livehappy.com/science/positive- psychology/science-post-traumatic-growth

8 Croft, A., Dunn, E.W., & Quoidbach, J. (2014). From tribulations to appreciation: Experiencing adversity in the past predicts greater savoring in the present. *Social Psychological and Personality Science, 5,* 511–516.

9 Carstensen, L. L., Turan, B., Scheibe, S., Ram, N., Ersner-Hershfield, H., Samanez-Larkin, G. R., ... Nesselroade, J. R. (2011). Emotional experience improves with age: Evidence based on over 10 years of experience sampling. *Psychology and Aging, 26*(1), 21–33.

10 Thomas, M. L., Kaufmann, C. N., Palmer, B. W., Depp, C. A., Martin, A. S., Glorioso, D. K., ... Jeste, D. V. (2016). Paradoxical trend for improvement in mental health with aging: A community-based study of 1,546 adults aged 21–100 years. *Journal of Clinical Psychiatry, 77*(8), e1019– e1025.

11 LaFee, S. (2016, August 24). Graying but grinning: Despite physical ailments, older adults happier. UC San Diego News Center. Retrieved from https://ucsdnews.ucsd.edu/pressrelease/graying_but_grinning_despite_ physical_ailments_older_adults_happier

12 Mather, M., & Carstensen, L. L. (2005). Aging and motivated cognition: The positivity effect in attention and memory. *Trends in Cognitive Sciences, 9*, 496–502.

13 Williams, L. M., Brown, K. J., Palmer, D., Liddell, B. J., Kemp, A. H., Olivieri, G., ... Gordon, E. (2006). The mellow years?: Neural basis of improving emotional stability over age. *Journal of Neuroscience, 26*(24), 6422–6430.

14 Addis, D. R., Leclerc, C. M., Muscatell, K. A., & Kensinger, E. A. (2010). There are age-related changes in neural connectivity during the encoding of positive, but not negative, information. *Cortex, 46*(4), 425–433.

15 Mallozzi, V. M. (2017, August 11). She's 98. He's 94. They met at the gym. *New York Times*. Retrieved from https://www.nytimes.com/2017/08/11/ fashion/weddings/senior-citizen-older-couple-wedding.html

16 Hoerger, M., Chapman, B. P., Prigerson, H. G., Fagerlin, A., Mohile, S. G., Epstein, R. M., ... Duberstein, P. R. (2014). Personality change pre- to post-loss in spousal caregivers of patients with terminal lung cancer. *Social Psychological and Personality Science, 5*(6), 722–729.

17 Lim, D., & DeSteno, D. (2016). Suffering and compassion: The links among adverse life experiences, empathy, compassion, and prosocial behavior. *Emotion, 16*(2), 175–182.

18 Hayhurst, J., Hunter, J. A., Kafka, S., & Boyes, M. (2015). Enhancing resilience in youth through a 10-day developmental voyage. *Journal of Adventure Education and Outdoor Learning, 15*(1), 40–52.

19 Seery, M. D., Holman, E. A., & Silver, R. C. (2010). Whatever does not kill us: Cumulative lifetime adversity, vulnerability, and resilience. *Journal of Personality and Social Psychology, 99*(6), 1025–1041.

20 Wade, J. B., Hart, R. P., Wade, J. H., Bekenstein, J., Ham, C., & Bajaj, J. S. (2016). Does the death of a spouse increase subjective well-being: An assessment in a population of adults with neurological illness. *Healthy Aging Research, 5*(1), 1–9.

21 Carey, B. (2011, January 3). On road to recovery, past adversity provides a map. *New York Times*. Retrieved from https://www.nytimes. com/2011/01/04/health/04mind.html

22 Talbot, M. (2013, October 21). Gone girl. *New Yorker*. Retrieved from https://www.newyorker.com/magazine/2013/10/21/gone-girl-2

23 Rilke, R. M. (2005). *Rilke's book of hours: Love poems to God* (A. Barrows & J. Macy, Eds.). New York: Riverhead Books.

24 Diener, E., & Diener, C. (1996). Most people are happy. *Psychological Science, 7*(3), 181–184.

25 Sheryl Sandberg's 2016 commencement address at University of California, Berkeley. (2016, May 14). *Los Angeles Times*. Retrieved from http://www.latimes.com/local/california/la-sheryl-sandberg- commencement-address-transcript-20160514-story.html
26 Sikkema, K. J., Hansen, N. B., Ghebremichael, M., Kochman, A., Tarakeshwar, N., Meade, C. S., & Zhang, H. (2006). A randomized controlled trial of a coping group intervention for adults with HIV who are AIDS bereaved: Longitudinal effects on grief. *Health Psychology, 25*(5), 563–570.
27 Mancini, A. D., Littleton, H. L., & Grills, A. E. (2016). Can people benefit from acute stress? Social support, psychological improvement, and resilience after the Virginia Tech campus shootings. *Clinical Psychological Science, 4*(3), 401–417.
28 Becker, H. A. (n.d.). This grieving mom donated 92 gallons of breastmilk in her stillborn's honor. *Parents*. Retrieved from https://www.parents. com/baby/all-about-babies/this-grieving-mom-donated-92-gallons-of- breastmilk-in-her-stillborns-honor/
29 Egan, N. W. (2018, April 19). How the Krims found love and healing after their children were murdered. *People*. Retrieved from https://people.com/ crime/how-the-krims-found-love-and-healing-after-their-children-were- murdered/

第８章：行動を変えればマインドセットは変わる

1 Pergament, K. I. (1997). *The psychology of religion and coping: Theory, research, practice.* London: Guilford.
2 McCarthy, J., & Brown, A. (2015, March 2). Getting more sleep linked to higher well-being. Gallup. Retrieved from http://news.gallup.com/ poll/181583/getting-sleep-linked-higher.aspx
3 Tang, N. K. Y., Fiecas, M., Afolalu, E. F., & Wolke, D. (2017). Changes in sleep duration, quality, and medication use are prospectively associated with health and well-being: Analysis of the UK household longitudinal study. *Sleep, 40*(3).
4 Steptoe, A., O'Donnell, K., Marmot, M., & Wardle, J. (2008). Positive affect, psychological well-being, and good sleep. *Journal of Psychosomatic Research*, 64(4), 409–415.
5 Nota, J. A., & Coles, M. E. (2018). Shorter sleep duration and longer sleep onset latency are related to difficulty disengaging attention from negative emotional images in individuals with elevated transdiagnostic repetitive negative thinking. *Journal of Behavior Therapy and Experimental Psychiatry, 58*, 114–122; Nota, J. A., & Coles, M. E. (2015). Duration and timing of sleep are associated with repetitive negative thinking. *Cognitive Therapy and Research, 39*(2), 253–256; Vargas, I., Drake, C. L., & Lopez- Duran, N. L. (2017). Insomnia symptom severity modulates the impact of sleep deprivation on attentional biases to emotional information. *Cognitive Therapy and Research, 41*(6), 842–852.
6 Jike, M., Itani, O., Watanabe, N., Buysse, D. J., & Kaneita, Y. (2018). Long sleep duration and health outcomes: A systematic review, meta-analysis and meta-regression. *Sleep Medicine Reviews, 39*, 25–36; Redeker, N. S., Ruggiero, J. S., & Hedges, C. (2004). Sleep is related to physical function and emotional well-being after cardiac surgery. *Nursing Research, 53*(3), 154–162.
7 Prather, A. A., Janicki-Deverts, D., Hall, M. H., & Cohen, S. (2015). Behaviorally assessed sleep and susceptibility to the common cold. *Sleep, 38*(9), 1353–1359.

8 Potter, L. M., & Weiler, N. (2015, August 31). Sleep deprived? Expect to get sick too. *University of California News*. Retrieved from https://www. universityofcalifornia.edu/news/sleep-deprived-get-sick-more-often

9 Gabriel, S., & Young, A. F. (2011). Becoming a vampire without being bitten: The narrative collective-assimilation hypothesis. *Psychological Science, 22*(8), 990–994.

10 Kidd, D. C., & Castano, E. (2013, October 18). Reading literary fiction improves theory of mind. *Science*, 377–380.

11 Vezzali, L., Stathi, S., Giovannini, D., Capozza, D., & Trifiletti, E. (2015). The greatest magic of Harry Potter: Reducing prejudice. *Journal of Applied Social Psychology, 45*(2), 105–121.

12 Johnson, D. (2016, July 21). Reading fictional novels can make you more empathetic. *Science World Report*. Retrieved from https://www. scienceworldreport.com/articles/44162/20160721/reading-fictional- novels-can-make-you-more-empathetic.htm

13 Bavishi, A., Slade, M. D., & Levy, B. R. (2016). A chapter a day— Association of book reading with longevity. *Social Science & Medicine, 164*, 44–48.

14 Forcier, K., Stroud, L. R., Papandonatos, G. D., Hitsman, B., Reiches, M., Krishnamoorthy, J., & Niaura, R. (2006). Links between physical fitness and cardiovascular reactivity and recovery to psychological stressors: A meta-analysis. *Health Psychology, 25*(6), 723–739; Zschucke, E., Renneberg, B., Dimeo, F., Wüstenberg, T., & Ströhle, A. (2015). The stress-buffering effect of acute exercise: Evidence for HPA axis negative feedback. *Psychoneuroendocrinology, 51*, 414–425.

15 Bherer, L., Erickson, K. I., & Liu-Ambrose, T. (2013). A review of the effects of physical activity and exercise on cognitive and brain functions in older adults. *Journal of Aging Research, 2013*, 657508.

16 Hsu, C. L., Best, J. R., Davis, J. C., Nagamatsu, L. S., Wang, S., Boyd, L. A., ... Liu-Ambrose, T. (2018). Aerobic exercise promotes executive functions and impacts functional neural activity among older adults with vascular cognitive impairment. *British Journal of Sports Medicine, 52*(3), 184–191.

17 McCann, I. L., & Holmes, D. S. (1984). Influence of aerobic exercise on depression. *Journal of Personality and Social Psychology, 46*(5), 1142–1147; Mammen, G., & Faulkner, G. (2013). Physical activity and the prevention of depression. *American Journal of Preventive Medicine, 45*(5), 649–657.

18 Puterman, E., Weiss, J., Beauchamp, M. R., Mogle, J., & Almeida, D. M. (2017). Physical activity and negative affective reactivity in daily life. *Health Psychology, 36*(12), 1186–1194.

19 Craft, L. L., & Perna, F. M. (2004). The benefits of exercise for the clinically depressed. *Primary Care Companion to the Journal of Clinical Psychiatry, 6*(3), 104–111; Schuch, F. B., Vancampfort, D., Richards, J., Rosenbaum, S., Ward, P. B., & Stubbs, B. (2016). Exercise as a treatment for depression: A meta-analysis adjusting for publication bias. *Journal of Psychiatric Research, 77*, 42–51.

20 Blumenthal, J. A., Babyak, M. A., Moore, K. A., Craighead, W. E., Herman, S., Khatri, P., ... Krishnan, K. R. (1999). Effects of exercise training on older patients with major depression. *Archives of Internal Medicine, 159*(19), 2349–2356.

21 Diaz, K. M., Howard, V. J., Hutto, B., Colabianchi, N., Vena, J. E., Safford, M. M., ... Hooker, S. P.

(2017). Patterns of sedentary behavior and mortality in U.S. middle-aged and older adults: A national cohort study. *Annals of Internal Medicine, 167*, 465–475.

22 Blanchflower, D. G., & Oswald, A. J. (2004). Money, sex and happiness: An empirical study. *Scandinavian Journal of Economics, 106*, 393–415.

23 Loewenstein, G., Krishnamurti, T., Kopsic, J., & McDonald, D. (2015). Does increased sexual frequency enhance happiness? *Journal of Economic Behavior & Organization, 116*, 206–218.

24 Koenig, H. G., McCullough, M. E., & Larson, D. B. (2001). *Religion and health*. New York: Oxford University Press; VanderWeele, T. J. (2017). Religious communities and human flourishing. *Current Directions in Psychological Science, 26*(5), 476–481.

25 McCullough, M., Hoyt, W. T., Larson, D. B., Koenig, H. G., & Thoresen, C. (2000). Religious involvement and mortality. *Health Psychology, 19*(3), 211–222.

26 Contrada, R. J., Goyal, T. M., Cather, C., Rafalson, L., Idler, E. L., & Krause, T. J. (2004). Psychosocial factors in outcomes of heart surgery: The impact of religious involvement and depressive symptoms. *Health Psychology, 23*(3), 227–238.

27 Li, S., Stampfer, M. J., Williams, D. R., & VanderWeele, T. J. (2016). Association of religious service attendance with mortality among women. *JAMA Internal Medicine, 176*(6), 777–785.

28 Ai, A. L., Park, C. L., Huang, B., Rodgers, W., & Tice, T. N. (2007). Religious coping styles: A study of short-term psychological distress following cardiac surgery. *Personality and Social Psychology Bulletin, 33*(6), 867–882.

29 Leeson, L. A., Nelson, A. M., Rathouz, P. J., Juckett, M. B., Coe, C. L., Caes, E. W., & Costanzo, E. S. (2015). Spirituality and the recovery of quality of life following hematopoietic stem cell transplantation. *Health Psychology, 34*(9), 920–928.

30 Park, C. L., George, L., Aldwin, C. M., Choun, S., Suresh, D. P., & Bliss, D. (2016). Spiritual peace predicts 5-year mortality in congestive heart failure patients. *Health Psychology, 35*(3), 203–210.

31 Oishi, S., & Diener, E. (2014). Residents of poor nations have a greater sense of meaning in life than residents of wealthy nations. *Psychological Science, 25*(2), 422 –430.

32 Gu, J., Strauss, C., Bond, R., & Cavanagh, K. (2015). How do mindfulness- based cognitive therapy and mindfulness-based stress reduction improve mental health and wellbeing? A systematic review and meta-analysis of mediation studies. *Clinical Psychology Review, 37*, 1–12; Khoury, B., Sharma, M., Rush, S. E., & Fournier, C. (2015). Mindfulness-based stress reduction for healthy individuals: A meta-analysis. *Journal of Psychosomatic Research, 78*(6), 519–528.

33 Fredrickson, B. L., Cohn, M. A., Coffey, K. A., Pek, J., & Finkel, S. M. (2008). Open hearts build lives: Positive emotions, induced through loving-kindness meditation, build consequential personal resources. *Journal of Personality and Social Psychology, 95*(5), 1045–1062; Kok, B. E., Coffey, K. A., Cohn, M. A., Catalino, L. I., Vacharkulksemsuk, T., Algoe, S.B., … Fredrickson, B. L. (2013). How positive emotions build physical health: Perceived positive social connections account for the upward spiral between positive emotions and vagal tone. *Psychological Science, 24*(7), 1123–1132.

34 Braden, B. B., Pipe, T. B., Smith, R., Glaspy, T. K., Deatherage, B. R.,& Baxter, L. C. (2016). Brain and behavior changes associated with an abbreviated 4 - week mindfulness - based stress

reduction course in back pain patients. *Brain and Behavior, 6*(3), e00443; Feuille, M., & Pargament, K. (2015). Pain, mindfulness, and spirituality: A randomized controlled trial comparing effects of mindfulness and relaxation on pain-related outcomes in migraineurs. *Journal of Health Psychology, 20*(8), 1090–1106.

35 Johns, S. A., Brown, L. F., Beck - Coon, K., Monahan, P. O., Tong, Y., & Kroenke, K. (2015). Randomized controlled pilot study of mindfulness - based stress reduction for persistently fatigued cancer survivors. *Psycho - Oncology, 24*(8), 885–893; Lengacher, C. A., Shelton, M. M., Reich, R. R., Barta, M. K., Johnson-Mallard, V., Moscoso, M. S., ... Lucas, J. (2014). Mindfulness based stress reduction (MBSR(BC)) in breast cancer: Evaluating fear of recurrence (FOR) as a mediator of psychological and physical symptoms in a randomized control trial (RCT). *Journal of Behavioral Medicine, 37*(2), 185–195; Witek-Janusek, L., Albuquerque, K., Chroniak, K. R., Chroniak, C., Durazo-Arvizu, R., & Mathews, H. L. (2008). Effect of mindfulness based stress reduction on immune function, quality of life and coping in women newly diagnosed with early stage breast cancer. *Brain, Behavior, and Immunity, 22*(6), 969–981.

36 Barnes, V. A., Kapuku, G. K., & Treiber, F. A. (2012). Impact of transcendental meditation on left ventricular mass in African American adolescents. *Evidence-Based Complementary and Alternative Medicine*, 923153.

37 Ornish, D., Scherwitz, L. W., Billings, J. H., Gould, K. L., Merritt, T. A., Sparler, S., ... Brand, R. J. (1998). Intensive lifestyle changes for reversal of coronary heart disease. *Journal of the American Medical Association, 280*(23), 2001–2007.

38 Jazaieri, H., Lee, I. A., McGonigal, K., Jinpa, T., Doty, J. R., Gross, J. J., & Goldin, P. R. (2016). A wandering mind is a less caring mind: Daily experience sampling during compassion meditation training. *Journal of Positive Psychology, 11*(1), 37–50.

39 Sweeny, K., & Howell, J. L. (2017). Bracing later and coping better: Benefits of mindfulness during a stressful waiting period. *Personality and Social Psychology Bulletin, 43*(10), 1399–1414.

40 Hölzel, B. K., Carmody, J., Vangel, M., Congleton, C., Yerramsetti, S. M., Gard, T., & Lazar, S. W. (2011). Mindfulness practice leads to increases in regional brain gray matter density. *Psychiatry Research, 191*(1), 36–43.

41 Luders, E., Cherbuin, N., & Kurth, F. (2015). Forever young(er): potential age-defying effects of long-term meditation on gray matter atrophy. *Frontiers in Psychology, 5*.

42 Hoge, E. A., Chen, M. M., Orr, E., Metcalf, C. A., Fischer, L. E., Pollack, M. H., ... Simon, N. M. (2013). Loving-kindness meditation practice associated with longer telomeres in women. *Brain, Behavior, and Immunity, 32*, 159–163.

43 Eyre, H. A., Acevedo, B., Yang, H., Siddarth, P., Van Dyk, K., Ercoli, L., ... Lavretsky, H. (2016). Changes in neural connectivity and memory following a yoga intervention for older adults: A pilot study. *Journal of Alzheimer's Disease, 52*(2), 673–684.

44 Schulte, B. (2015, May 26). Harvard neuroscientist: Meditation not only reduces stress, here's how it changes your brain. *Washington Post*. Retrieved from https://www.washingtonpost.com/news/inspired-life/ wp/2015/05/26/harvard-neuroscientist-meditation-not-only-reduces- stress-it-literally-changes-your-brain/

45 Patrick, V. M., & Hagtvedt, H. (2012). "I don't" versus "I can't": When empowered refusal

motivates goal-directed behavior. *Journal of Consumer Research, 39*(2), 371–381.

46 Kushlev, K., & Dunn, E. W. (2015). Checking email less frequently reduces stress. *Computers in Human Behavior, 43*, 220–228.

第 9 章：自然環境が心と身体に良い理由

1 Ryan, R. M., Weinstein, N., Bernstein, J., Brown, K. W., Mistretta, L., & Gagné, M. (2010). Vitalizing effects of being outdoors and in nature. *Journal of Environmental Psychology, 30*(2), 159–168.

2 White, M. P., Alcock, I., Wheeler, B. W., & Depledge, M. H. (2013). Would you be happier living in a greener urban area? A fixed-effects analysis of panel data. *Psychological Science, 24*(6), 920–928.

3 Beyer, K. M. M., Kaltenbach, A., Szabo, A., Bogar, S., Nieto, F. J., & Malecki, K. M. (2014). Exposure to neighborhood green space and mental health: Evidence from the survey of the health of Wisconsin. *International Journal of Environmental Research and Public Health, 11*(3), 3453–3472.

4 Bertrand, K. Z., Bialik, M., Virdee, K., Gros, A., & Bar-Yam, Y. (2013, August 20). *Sentiment in New York City: A high resolution spatial and temporal view.* Cambridge, MA: New England Complex Systems Institute. arXiv:1308.5010.

5 Dravigne, A., Waliczek, T. M., Lineberger, R. D., & Zajicek, J. M. (2008). The effect of live plants and window views of green spaces on employee perceptions of job satisfaction. *HortScience, 43*, 183–187.

6 Nieuwenhuis, M., Knight, C., Postmes, T., & Haslam, S. A. (2014). The relative benefits of green versus lean office space: Three field experiments. *Journal of Experimental Psychology: Applied, 20*(3), 199–214.

7 Berman, M. G., Jonides, J., & Kaplan, S. (2008). The cognitive benefits of interacting with nature. *Psychological Science, 19*(12), 1207–1212.

8 Berman, M. G., Kross, E., Krpan, K. M., Askren, M. K., Burson, A., Deldin, P. J., … Jonides, J. (2012). Interacting with nature improves cognition and affect for individuals with depression. *Journal of Affective Disorders, 140*(3), 300–305.

9 Li, D., & Sullivan, W. C. (2016). Impact of views to school landscapes on recovery from stress and mental fatigue. *Landscape and Urban Planning, 148*, 149–158.

10 Lee, K. E., Williams, K. J. H., Sargent, L. D., Williams, N. S. G., & Johnson, K. A. (2015). 40-second green roof views sustain attention: The role of micro-breaks in attention restoration. *Journal of Environmental Psychology, 42*, 182.

11 Aspinall, P., Mavros, P., Coyne, R., & Roe, J. (2015). The urban brain: Analysing outdoor physical activity with mobile EEG. *British Journal of Sports Medicine, 49*, 272–276.

12 Bratman, G. N., Daily, G. C., Levy, B. J., & Gross, J. J. (2015). The benefits of nature experience: Improved affect and cognition. *Landscape and Urban Planning, 138*, 41–50.

13 Bratman, G. N., Hamilton, J. P., Hahn, K. S., Daily, G. C., & Gross, J. J. (2015). Nature experience reduces rumination and subgenual prefrontal cortex activation. *Proceedings of the National Academy of Sciences of the United States of America, 112*(28), 8567–8572. doi: 10.1073/pnas.1510459112.

14 Li, Q. (2010). Effect of forest bathing trips on human immune function. *Environmental Health and Preventive Medicine, 15*(1), 9–17; Park, B. J., Tsunetsugu, Y., Kasetani, T., Kagawa, T., & Miyazaki, Y. (2010). The physiological effects of *shinrin-yoku* (taking in the forest atmosphere or forest bathing): Evidence from field experiments in 24 forests across Japan. *Environmental Health and Preventive Medicine, 15*(1), 18–26.

15 Grahn, P., & Stigsdotter, U. A. (2003). Landscape planning and stress. *Urban Forestry & Urban Greening, 2*(1), 1–18.

16 Bhatt, V. (2014, August 12). People living in green neighborhoods are happy: Study. *MDnewsdaily*. Retrieved from https://www.mdnewsdaily. com/articles/1135/20140412/living-around-greenery-makes-you- happy.htm

17 Van den Berg, M. M. H. E., Maas, J., Muller, R., Braun, A., Kaandorp, W., van Lien, R., … van den Berg, A. E. (2015). Autonomic nervous system responses to viewing green and built settings: Differentiating between sympathetic and parasympathetic activity. *International Journal of Environmental Research and Public Health, 12*(12), 15860–15874.

18 Kim, G.-W., Jeong, G.-W., Kim, T.-H., Baek, H.-S., Oh, S.-K., Kang, H.-K., … Song, J.-K. (2010). Functional neuroanatomy associated with natural and urban scenic views in the human brain: 3.0T functional MR imaging. *Korean Journal of Radiology, 11*(5), 507–513.

19 Ulrich, R. S. (1984). View through a window may influence recovery from surgery. *Science, 224*(4647), 420–421.

20 Park, S-.H., & Mattson, R. H. (2009). Ornamental indoor plants in hospital rooms enhanced health outcomes of patients recovering from surgery. *Journal of Alternative and Complementary Medicine, 15*(9), 975–980.

21 Park, S.-H., & Mattson, R. H. (2008). Effects of flowering and foliage plants in hospital rooms on patients recovering from abdominal surgery. *HortTechnology, 18*, 563–568.

22 Ulrich R. S., Lundén O., & Eltinge J. L. (1993). Effects of exposure to nature and abstract pictures on patients recovering from heart surgery. *Psychophysiology, 30*, 7.

23 De Vries, S., Verheij, R. A., Groenewegen, P. P., & Spreeuwenberg, P. (2003). Natural environments—healthy environments? An exploratory analysis of the relationship between greenspace and health. *Environment and Planning, 35*(10), 1717–1731.

24 Brown, S. C., Lombard, J., Wang, K., Byrne, M. M., Toro, M., Plater- Zyberk, E., … Szapocznik, J. (2016). Neighborhood greenness and chronic health conditions in Medicare beneficiaries. *American Journal of Preventive Medicine, 51*(1), 78–89.

25 Shanahan, D. F., Bush, R., Gaston, K. J., Lin, B. B., Dean, J., Barber, E., & Fuller, R. A. (2016). Health benefits from nature experiences depend on dose. *Scientific Reports, 6*, 28551.

26 James, P., Hart, J. E., Banay, R. F., & Laden, F. (2016). Exposure to greenness and mortality in a nationwide prospective cohort study of women. *Environmental Health Perspectives, 124*, 1344–1352.

27 Franklin, D. (2012, March 1). How hospital gardens help patients heal. *Scientific American*. Retrieved from https://www.scientificamerican.com/ article/nature-that-nurtures/

28 Nisbet, E. K., & Zelenski, J. M. (2011). Underestimating nearby nature: Affective forecasting errors obscure the happy path to sustainability. *Psychological Science, 22*(9), 1101–1106.

29 Largo-Wight, E., Chen, W. W., Dodd, V., & Weiler, R. (2011). Healthy workplaces: The effects of

nature contact at work on employee stress and health. *Public Health Reports, 126*(Suppl. 1), 124–130.
30 Passmore, H.-A., & Holder, M. D. (2017). Noticing nature: Individual and social benefits of a two-week intervention. *Journal of Positive Psychology, 12*(6), 537–546.
31 Van den Berg, A. E., & Custers, M. H. (2011). Gardening promotes neuroendocrine and affective restoration from stress. *Journal of Health Psychology, 16*(1), 3–11.
32 Soga, M., Gaston, K. J., & Yamaura, Y. (2017). Gardening is beneficial for health: A meta-analysis. *Preventive Medicine Reports, 5*, 92–99.
33 Ulrich, R. S. (1983). Natural versus urban scenes: Some psychophysiological effects. *Environment and Behavior, 13*, 523–556; White, M., Smith, A., Humphryes, K., Pahl, S., Cracknell, D., & Depledge, M. (2010). Blue space: The importance of water for preferences, affect and restorativeness ratings of natural and built scenes. *Journal of Environmental Psychology, 30*, 482–493.

第 10 章：お金の賢い使い方

1 Böll, H. (2011). *The collected stories*. Brooklyn, NJ: Melville House Books
2 Myers, D. G., & Diener, E. (2018). The scientific pursuit of happiness. Perspectives on Psychological Science, 75(2),218-225.
3 Brickman, P., Coates, D., & Janoff-Bulman, R. (1978). Lottery winners and accident victims: Is happiness relative? *Journal of Personality and Social Psychology, 36*(8), 917–927.
4 Graham, C. (2012). *Happiness around the world: The paradox of happy peasants and miserable millionaires*. New York: Oxford University Press, 214.
5 Brooks, D. (2011). *The social animal: The hidden sources of love, character, and achievement*. New York: Random House.（デイヴィッド・ブルックス（著）夏目大（訳）（2012）人生の科学：「無意識」があなたの一生を決める．早川書房.）
6 Kahneman, D., & Deaton, A. (2010). High income improves evaluation of life but not emotional well-being. *Proceedings of the National Academy of Sciences of the United States of America, 107*(38), 16489–16493.
7 Kahneman, D., Krueger, A. B., Schkade, D., Schwarz, N., & Stone, A. A. (2006, June 30). Would you be happier if you were richer? A focusing illusion. *Science*, 1908–1910.
8 Haushofer, J., & Shapiro, J. (2016). The short-term impact of unconditional cash transfers to the poor: Experimental evidence from Kenya. *Quarterly Journal of Economics, 131*(4), 1973–2042.
9 Dittmar, H., Bond, R., Hurst, M., & Kasser, T. (2014). The relationship between materialism and personal well-being: A meta-analysis. *Journal of Personality and Social Psychology*, 107(5), 879–924; Kasser, T. (2002). *The high price of materialism*. Boston: MIT Press.
10 Carroll, J. S., Dean, L. R., Call, L. L., & Busby, D. M. (2011). Materialism and marriage: Couple profiles of congruent and incongruent spouses. *Journal of Couple & Relationship Therapy, 10*(4), 287–308.
11 Bauer, M. A., Wilkie, J. E. B., Kim, J. K., & Bodenhausen, G. V. (2012). Cuing Consumerism: Situational materialism undermines personal and social well-being. *Psychological Science, 23*(5), 517–523.

12 Corless, R. (1989). *The vision of Buddhism: The space under the tree*. New York: Paragon House.

13 Franklin, B. (1998). *Benjamin Franklin: Wit and wisdom*. White Plains, NY: Peter Pauper Press.

14 Kahneman, D., Krueger, A. B., Schkade, D. A., Schwarz, N., & Stone, A. A. (2004, December 3). A survey method for characterizing daily life experience: The day reconstruction method. *Science*, 1776–1780.

15 Bianchi, E. C., & Vohs, K. D. (2016). Social class and social worlds: Income predicts the frequency and nature of social contact. *Social Psychological and Personality Science, 7*(5), 479–486.

16 Piff, P. K., & Moskowitz, J. (2018). Wealth, poverty, and happiness: Social class is differentially associated with positive emotions. *Emotion, 18*, 902–905.

17 Sliwa, J. (2017, December 18). How much people earn is associated with how they experience happiness. *American Psychological Association*. Retrieved from http://www.apa.org/news/press/releases/2017/12/ earn-happiness.aspx

18 Van Boven, L., & Gilovich, T. (2003). To do or to have? That is the question. *Journal of Personality and Social Psychology, 85*(6), 1193–1202.

19 Weed, J. (2016, December 12). Gifts that Santa, the world traveler, would love. *New York Times*. Retrieved from https://www.nytimes. com/2016/12/12/business/gifts-that-santa-the-world-traveler-would- love.html

20 Pchelin, P., & Howell, R. T. (2014). The hidden cost of value-seeking: People do not accurately forecast the economic benefits of experiential purchases. *Journal of Positive Psychology, 9*(4), 332–334.

21 Nowlis, S. M., Mandel, N., & McCabe, D. B. (2004). The effect of a delay between choice and consumption on consumption enjoyment. *Journal of Consumer Research, 31*(3), 502–510.

22 Kumar, A., Killingsworth, M. A. & Gilovich, T. (2014). Waiting for Merlot: Anticipatory consumption of experiential and material purchases. *Psychological Science, 25*(10), 1924–1931.

23 Krakauer, J. (1997). *Into the wild*. New York: Anchor Books.（ジョン・クラカワー（著）佐宗鈴夫（訳）（2007）荒野へ. 集英社文庫.）

24 Caprariello, P. A., & Reis, H. T. (2013). To do, to have, or to share? Valuing experiences over material possessions depends on the involvement of others. *Journal of Personality and Social Psychology, 104*(2), 199–215.

25 Kumar, A. & Gilovich, T. (2015). Some "thing" to talk about? Differential story utility from experiential and material purchases. *Personality and Social Psychology Bulletin, 41*(10), 1320–1331.

26 Hershfield, H. E., Mogilner, C., & Barnea, U. (2016). People who choose time over money are happier. *Social Psychological and Personality Science, 7*(7), 697–706; Whillans, A. V., Dunn, E. W., Smeets, P., Bekkers, R., & Norton, M. I. (2017). Buying time promotes happiness. *Proceedings of the National Academy of Sciences of the United States of America, 114*(32), 8523–8527.

27 Whillans, A. V., Weidman, A. C., & Dunn, E. W. (2016). Valuing time over money is associated with greater happiness. *Social Psychological and Personality Science, 7*, 213–222.

28 Diehl, K., Zauberman, G., & Barasch, A. (2016). How taking photos increases enjoyment of experiences. *Journal of Personality and Social Psychology, 111*(2), 119–140.

29 Nawijn, J., Marchand, M. A., Veenhoven, R., & Vingerhoets, A. J. (2010). Vacationers happier, but most not happier after a holiday. *Applied Research in Quality of Life, 5*(1), 35–47.

30 Van Boven, L., & Ashworth, L. (2007). Looking forward, looking back: Anticipation is more evocative than retrospection. *Journal of Experimental Psychology: General, 136*(2), 289–300.

第11章：プレゼントはみんなに

1 Santi, J. (2015, December 1). The science behind the power of giving (op- ed). *LiveScience*. Retrieved from https://www.livescience.com/52936-need- to-give-boosted-by-brain-science-and-evolution.html

2 Dunn, E. W., Aknin, B. B., & Norton, M. I. (2008). Spending money on others promotes happiness. *Science, 21*, 1687–1688.

3 Aknin, L. B., Barrington-Leigh, C. P., Dunn, E. W., Helliwell, J. F., Burns, J., Biswas-Diener, R., … Norton, M. I. (2013). Prosocial spending and well-being: Cross-cultural evidence for a psychological universal. *Journal of Personality and Social Psychology, 104*(4), 635–652.

4 Dunn, E. W., Aknin, L. B., & Norton, M. I. (2008, March 21). Spending money on others promotes happiness. *Science, 21*, 1687–1688.

5 Deaton, A. (2008). Income, health, well-being around the world: Evidence from the Gallup World Poll. *Journal of Economic Perspectives, 22*, 53–72.

6 Aknin, L. B., Dunn, E. W., Sandstrom, G. M., & Norton, M. I. (2013). Does social connection turn good deeds into good feelings? On the value of putting the 'social' in prosocial spending. *International Journal of Happiness and Development*, *1*(2), 155–171.

7 Dulin, P. L., Gavala, J., Stephens, C., Kostick, M., & McDonald, J. (2012). Volunteering predicts happiness among older Māori and non-Māori in the New Zealand health, work, and retirement longitudinal study. *Aging & Mental Health, 16*(5), 617–624.

8 Borgonovi, F. (2008). Doing well by doing good. The relationship between formal volunteering and self-reported health and happiness. *Social Science & Medicine, 66*(11), 2321–2334.

9 McCann, S. J. H. (2017). Higher USA state resident neuroticism is associated with lower state volunteering rates. *Personality and Social Psychology Bulletin, 43*(12), 1659–1674.

10 Twain, M. (1935). *Mark Twain's notebook*. New York: Harper & Brothers.

11 Cunningham, M. R., Steinberg, J., & Grev, R. (1980). Wanting to and having to help: Separate motivations for positive mood and guilt-induced helping. *Journal of Personality and Social Psychology, 38*, 181–192.

12 Aknin, L. B., Hamlin, J. K., & Dunn, E. W. (2012). Giving leads to happiness in young children. *PLOS One, 7*(6): e39211.

13 Moll, J., Krueger, F., Zahn, R., Pardini, M., de Oliveira-Souza, R., & Grafman, J. (2006). Human fronto-mesolimbic networks guide decisions about charitable donation. *Proceedings of the National Academy of Sciences of the United States of America, 103*(42), 15623–15628.

14 Harbaugh, W. T., Mayr, U., & Burghart, D. R. (2007, June 15). Neural responses to taxation and voluntary giving reveal motives for charitable donations. *Science*, 1622–1625.

15 Sullivan, G. B., & Sullivan, M. J. (1997). Promoting wellness in cardiac rehabilitation: Exploring

the role of altruism. *Journal of Cardiovascular Nursing, 11*(3), 43–52; Ironson, G., Solomon, G. F., Balbin, E. G., O'Cleirigh, C., George, A., Kumar, M., … Woods, T. E. (2002). The Ironson-Woods Spirituality/Religiousness Index is associated with long survival, health behaviors, less distress, and low cortisol in people with HIV/AIDS. *Annals of Behavioral Medicine, 24*(1), 34–48.

16 Whillans, A. V., Dunn, E. W., Sandstrom, G. M., Dickerson, S. S., & Madden, K. M. (2016). Is spending money on others good for your heart? *Health Psychology, 35*(6), 574–583.

17 Piferi, R. L., & Lawler, K. A. (2006). Social support and ambulatory blood pressure: An examination of both receiving and giving. *International Journal of Psychophysiology, 62*(2), 328–336.

18 Raposa, E. B., Laws, H. B., & Ansell, E. B. (2016). Prosocial behavior mitigates the negative effects of stress in everyday life. *Clinical Psychological Science, 4*(4), 691–698.

19 Inagaki, T. K., & Eisenberger, N. I. (2016). Giving support to others reduces sympathetic nervous system-related responses to stress. *Psychophysiology, 53*(4), 427–435; Brown, S. L., Fredrickson, B. L., Wirth, M. M., Poulin, M. J., Meier, E. A., Heaphy, E. D., … Schultheiss, O. C. (2009). Social closeness increases salivary progesterone in humans. *Hormones and Behavior, 56*(1), 108–111.

20 Brown, S. L., Nesse, R. M., Vinokur, A. D., & Smith, D. M. (2003). Providing social support may be more beneficial than receiving it: Results from a prospective study of mortality. *Psychological Science, 14*(4), 320–327.

21 Oman, D., Thoresen, C. E., & McMahon, K. (1999). Volunteerism and mortality among the community-dwelling elderly. *Journal of Health Psychology, 4*(3), 301–316.

22 Poulin, M. J., Brown, S. L., Dillard, A. J., & Smith, D. M. (2013). Giving to others and the association between stress and mortality. *American Journal of Public Health, 103*(9), 1649–1655.

23 Weinstein, N., & Ryan, R. M. (2010). When helping helps: Autonomous motivation for prosocial behavior and its influence on well-being for the helper and recipient. *Journal of Personality and Social Psychology, 98*(2), 222–244.

24 Poulin, M. J. (2014). Volunteering predicts health among those who value others: Two national studies. *Health Psychology, 33*(2), 120–129.

25 Konrath, S., Fuhrel-Forbis, A., Lou, A., & Brown, S. (2012). Motives for volunteering are associated with mortality risk in older adults. *Health Psychology, 31*(1), 87–96.

26 Buchanan, K. E., & Bardi, A. (2010). Acts of kindness and acts of novelty affect life satisfaction. *Journal of Social Psychology, 150*(3), 235–237.

27 Aknin, L, B., Dunn, E. W., Whillans, A. V., Grant, A. M., & Norton, M. I. (2013). Making a difference matters: Impact unlocks the emotional benefits of prosocial spending. *Journal of Economic Behavior & Organization, 88*, 90–95.

28 Seligman, M. E. P., Steen, T. T., Park, N., & Peterson, C. (2005). Positive psychology progress: Empirical validation of interventions. *American Psychologist, 60*, 410–421.

第 12 章：人付き合いは愛があれば大丈夫

1 Gawande, A. (2014). *Being mortal: Medicine and what matters in the end*. New York:

Metropolitan Books.（アトゥール・ガワンデ（著）原井宏明（訳）（2016）死すべき定め：死にゆく人に何ができるか．みすず書房．）

2 Gilbert, D. (2007, June 12). What is happiness? *Big Think*. Retrieved from https://bigthink.com/videos/what-is-happiness

3 Vaillant, G. E. (2002). *Aging well: Surprising guideposts to a happier life from the landmark Harvard study of adult development*. Boston: Little, Brown.（ジョージ・E. ヴァイラント（著）米田隆（訳）（2008）50歳までに「生き生きした老い」を準備する．ファーストプレス．）

4 Mehl, M. R., Vazire, S., Holleran, S. E., & Clark, C. S. (2010). Eavesdropping on happiness: Well-being is related to having less small talk and more substantive conversations. *Psychological Science, 21*(4), 539–541.

5 Venaglia, R. B., & Lemay, E. P., Jr. (2017). Hedonic benefits of close and distant interaction partners: The mediating roles of social approval and authenticity. *Personality and Social Psychology Bulletin, 43*(9), 1255–1267.

6 Sandstrom, G. M., & Dunn, E. W. (2014). Social interactions and well- being: The surprising power of weak ties. *Personality and Social Psychology Bulletin, 40*(7), 910–922.

7 Epley, N., & Schroeder, J. (2014). Mistakenly seeking solitude. *Journal of Experimental Psychology: General, 143*(5), 1980–1999.

8 Lambert, N. M., Gwinn, A. M., Baumeister, R. F., Strachman, A., Washburn, I. J., Gable, S. L., & Fincham, F. D. (2013). A boost of positive affect: The perks of sharing positive experiences. *Journal of Social and Personal Relationships, 30*, 24–43.

9 Smith, M. (2000). *The letters of Charlotte Brontë: With a selection of letters by family and friends* (Vol. 2, 1848–1851). Oxford: Oxford University Press.

10 Boothby, E., Clark, M. S., & Bargh, J. A. (2014). Shared experiences are amplified. *Psychological Science, 25*(12), 2209–2216.

11 Lambert, N. M., Gwinn, A. M., Baumeister, R. F., Strachman, A., Washburn, I. J., Gable, S. L., & Fincham, F. D. (2013). A boost of positive affect: The perks of sharing positive experiences. *Journal of Social and Personal Relationships, 30*, 24–43.

12 Stone, A. A., Schwartz, J. E., Broderick, J. E., & Deaton, A. (2010). A snapshot of the age distribution of psychological well-being in the United States. *Proceedings of the National Academy of Sciences of the United States of America, 107*(22), 9985–9990.

13 U-bend of life, the. (2010, December 16). *Economist*. Retrieved from https://www.economist.com/christmas-specials/2010/12/16/the-u-bend- of-life

14 English, T., & Carstensen, L. L. (2014). Selective narrowing of social networks across adulthood is associated with improved emotional experience in daily life. *International Journal of Behavioral Development, 38*(2), 195–202.

15 Fredrickson, B. L., & Carstensen, L. L. (1990). Choosing social partners: How old age and anticipated endings make people more selective. *Psychology and Aging, 5*(3), 335–347.

16 Carstensen, L. L., & Fredrickson, B. L. (1998). Influence of HIV status and age on cognitive representations of others. *Health Psychology, 17*(6), 494–503.

17 Yang, Y. C., Boen, C., Gerken, K., Li, T., Schorpp, K., & Harris, K. M. (2016). Social relationships and physiological determinants of longevity across the human life span. *Proceedings of the National Academy of Sciences of the United States of America, 113*(3), 578–583.

18 Orth-Gomér, K., Rosengren, A., & Wilhelmsen, L. (1993). Lack of social support and incidence of coronary heart disease in middle-aged Swedish men. *Psychosomatic Medicine, 55*(1), 37–43.

19 Holt-Lunstad, J., Smith, T. B., & Layton, J. B. (2010). Social relationships and mortality risk: A meta-analytic review. *PLOS Medicine, 7*(7), e1000316.

20 Berkman, L. F., & Syme, S. L. (1979). Social networks, host resistance, and mortality: A nine-year follow-up study of Alameda County residents. *American Journal of Epidemiology, 109*(2), 186–204.

21 Giles, L., Glonek, G., Luszcz, M., & Andrews, G. (2005). Effect of social networks on 10 year survival in very old Australians: The Australian longitudinal study of aging. *Journal of Epidemiology and Community Health, 59*(7), 574–579.

22 Kroenke, C. H., Kubzansky, L. D., Schernhammer, E. S., Holmes, M. D., & Kawachi, I. (2006). Social networks, social support, and survival after breast cancer diagnosis. *Journal of Clinical Oncology, 24*(7), 1105–1111.

23 Ruberman, W., Weinblatt, E., Goldberg, J. D., & Chaudhary, B. S. (1984). Psychosocial influences on mortality after myocardial infarction. *New England Journal of Medicine, 311*(9), 552–559.

24 Brummett, B. H., Barefoot, J. C., Siegler, I. C., Clapp-Channing, N. E., Lytle, B. L., Bosworth, H. B., ... Mark, D. B. (2001). Characteristics of socially isolated patients with coronary artery disease who are at elevated risk for mortality. *Psychosomatic Medicine, 63*(2), 267–272.

25 Rosengren, A., Orth-Gomér, K., Wedel, H., & Wilhelmsen, L. (1993). Stressful life events, social support, and mortality in men born in 1933. *BMJ: British Medical Journal, 307*(6912), 1102–1105.

26 Coan, J. A., Schaefer, H. S., & Davidson, R. J. (2006). Lending a hand: Social regulation of the neural response to threat. *Psychological Science, 17*(12), 1032–1039.

27 Cohen, S., Janicki-Deverts, D., Turner, R. B., & Doyle, W. J. (2015). Does hugging provide stress-buffering social support? A study of susceptibility to upper respiratory infection and illness. *Psychological Science, 26*(2), 135–147.

28 Hawkley, L. C., & Cacioppo, J. T. (2010). Loneliness matters: A theoretical and empirical review of consequences and mechanisms. *Annals of Behavioral Medicine, 40*(2), 218–227.

29 Perissinotto, C. M., Cenzer, I. S., & Covinsky, K. E. (2012). Loneliness in older persons: A predictor of functional decline and death. *Archives of Internal Medicine, 172*(14), 1078–1083; Valtorta, N. K., Kanaan, M., Gilbody, S., Ronzi, S., & Hanratty, B. (2016). Loneliness and social isolation as risk factors for coronary heart disease and stroke: Systematic review and meta-analysis of longitudinal observational studies. *Heart, 102*, 1009–1016.

30 Murthy, V. (2017, September 27). Work and the loneliness epidemic. *Harvard Business Review*. Retrieved from https://hbr.org/cover- story/2017/09/work-and-the-loneliness-epidemic

31 Teo, A. R., Choi, H., & Valenstein, M. (2013). Social relationships and depression: Ten-year follow-up from a nationally representative study. *PLOS One, 8*(4), e62396.

32 Birmingham, W. C., Uchino, B. N., Smith, T. W., Light, K. C., & Butner, J. (2015). It's complicated: Marital ambivalence on ambulatory blood pressure and daily interpersonal

functioning. *Annals of Behavioral Medicine, 49*(5), 743–753.

33 King, K. B., & Reis, H. T. (2012). Marriage and long-term survival after coronary artery bypass grafting. *Health Psychology, 31*(1), 55–62; King, K. B., Reis, H. T., Porter, L. A., & Norsen, L. H. (1993). Social support and long-term recovery from coronary artery surgery: Effects on patients and spouses. *Health Psychology, 12*(1), 56–63.

34 Bakalar, N. (2008, April 1). Patterns: Another reason to choose a mate wisely. *New York Times*. Retrieved from https://www.nytimes. com/2008/04/01/health/research/01patt.html

35 American Time Use Survey Summary. (2018, June 28). Bureau of Labor Statistics. Retrieved from https://www.bls.gov/news.release/atus.nr0.htm/

36 Przybylski, A. K., & Weinstein, N. (2012). Can you connect with me now? How the presence of mobile communication technology influences face- to-face conversation quality. *Journal of Social and Personal Relationships, 30*(3), 237–246.

37 Misra, S., Cheng, L., Genevie, J., & Yuan, M. (2014). The iPhone effect: The quality of in-person social interactions in the presence of mobile devices. *Environment and Behavior, 48*(2), 275–298.

38 Mubanga, M., Byberg, L., Nowak, C., Egenvall, A., Magnusson, P. K., Ingelsson, E., & Fall, T. (2017). Dog ownership and the risk of cardiovascular disease and death—a nationwide cohort study. *Scientific Reports, 7*(1), 15821.

39 Siegel, J. M. (1990). Stressful life events and use of physician services among the elderly: The moderating role of pet ownership. *Journal of Personality and Social Psychology, 58*(6), 1081–1086.

40 Müller, C. A., Schmitt, K., Barber, A. L. A., & Huber L. (2015). Dogs can discriminate emotional expressions of human faces. *Current Biology, 25*(5), 601–605.

41 Tolstoy, L. (2003). *Anna Karenina: A novel in eight parts* (R. Pevear & L. Volokhonsky, Trans.). London: Penguin.

おわりに

1 Zuckerman, M., Kolin, E. A., Price, L., & Zoob, I. (1964). Development of a sensation-seeking scale. *Journal of Consulting Psychology, 28*(6), 477–482.

2 Faber, F. W. (1860). *Spiritual conferences*. London: Thomas Richardson and Son.

訳者あとがき

1 Damisch, L., Stoberock, B., & Mussweiler, T. (2010). Keep Your Fingers Crossed!: How Superstition Improves Performance. *Psychological Science, 21*(7), 1014–1020.

2 Calin-Jageman, R. J., & Caldwell, T. L. (2014). Replication of the superstition and performance study by Damisch, Stoberock, and Mussweiler (2010). *Social Psychology, 45*(3), 239–245.

3 Shewach, O. R., Sackett, P. R., & Quint, S. (2019). Stereotype threat effects in settings with features likely versus unlikely in operational test settings: A meta-analysis. *Journal of Applied Psychology, 104*(12), 1514–1534.

ポジティブ・シフト

心理学が明かす幸福・健康・長寿につながる心の持ち方

発行日　2023年6月23日　第1刷

Author　キャサリン・A・サンダーソン

Translator　本多明生

Book Designer　krran 西垂水敦（装丁）
小林祐司（本文・図版）

Publication　株式会社ディスカヴァー・トゥエンティワン
〒102-0093　東京都千代田区平河町2-16-1 平河町森タワー11F
TEL　03-3237-8321（代表）03-3237-8345（営業）／FAX　03-3237-8323
https://d21.co.jp/

Publisher　谷口奈緒美
Editor　原典宏

Marketing Solution Company
小田孝文　蛯原昇　飯田智樹　早水真吾　古矢薫　山中麻吏　佐藤昌幸　青木翔平　磯部隆　井筒浩　小田木もも　工藤奈津子　佐藤淳基　庄司知世　鈴木雄大　副島杏南　津野主揮　野村美空　野村美紀　廣内悠理　松ノ下直輝　八木眸　山田諭志　高原未来子　藤井かおり　藤井多穂子　井澤徳子　伊藤香　伊藤由美　小山怜那　葛目美枝子　鈴木洋子　畑野衣見　町田加奈子　宮崎陽子　青木聡子　新井英里　岩田絵美　大原花桜里　末永敦大　時田明子　時任炎　中谷夕香　長谷川かの子　服部剛

Digital Publishing Company
大山聡子　川島理　藤田浩芳　大竹朝子　中島俊平　小関勝則　千葉正幸　原典宏　青木涼馬　伊東佑真　榎本明日香　王廳　大﨑双葉　大田原恵美　坂田哲彦　佐藤サラ圭　志摩麻衣　杉田彰子　滝口景太郎　舘瑞恵　田山礼真　中西花　西川なつか　野﨑竜海　野中保奈美　橋本莉奈　林秀樹　星野悠果　牧野類　三谷祐一　宮田有利子　三輪真也　村尾純司　元木優子　安永姫菜　足立由実　小石亜季　中澤泰宏　浅野目七重　石橋佐知子　蛯原華恵　千葉潤子

TECH Company
大星多聞　森谷真一　馮東平　宇賀神実　小野航平　斎藤悠人　林秀規　福田章平

Headquarters
塩川和真　井上竜之介　奥田千晶　久保裕子　田中亜紀　福永友紀　阿知波淳平　近江花渚　仙田彩歌　池田望　齋藤朋子　俵敬子　宮下祥子　丸山香織

Proofreader　文字工房燦光
Proofreader　株式会社 RUHIA
Printing　共同印刷株式会社

ISBN 978-4-7993-2954-2　The Positive Shift　by Catherine A.Sanderson

Discover

人と組織の可能性を拓く
ディスカヴァー・トゥエンティワンからのご案内

本書のご感想をいただいた方に
うれしい特典をお届けします！

特典内容の確認・ご応募はこちらから

https://d21.co.jp/news/event/book-voice/

最後までお読みいただき、ありがとうございます。
本書を通して、何か発見はありましたか？
ぜひ、感想をお聞かせください。

いただいた感想は、著者と編集者が拝読します。

また、ご感想をくださった方には、お得な特典をお届けします。